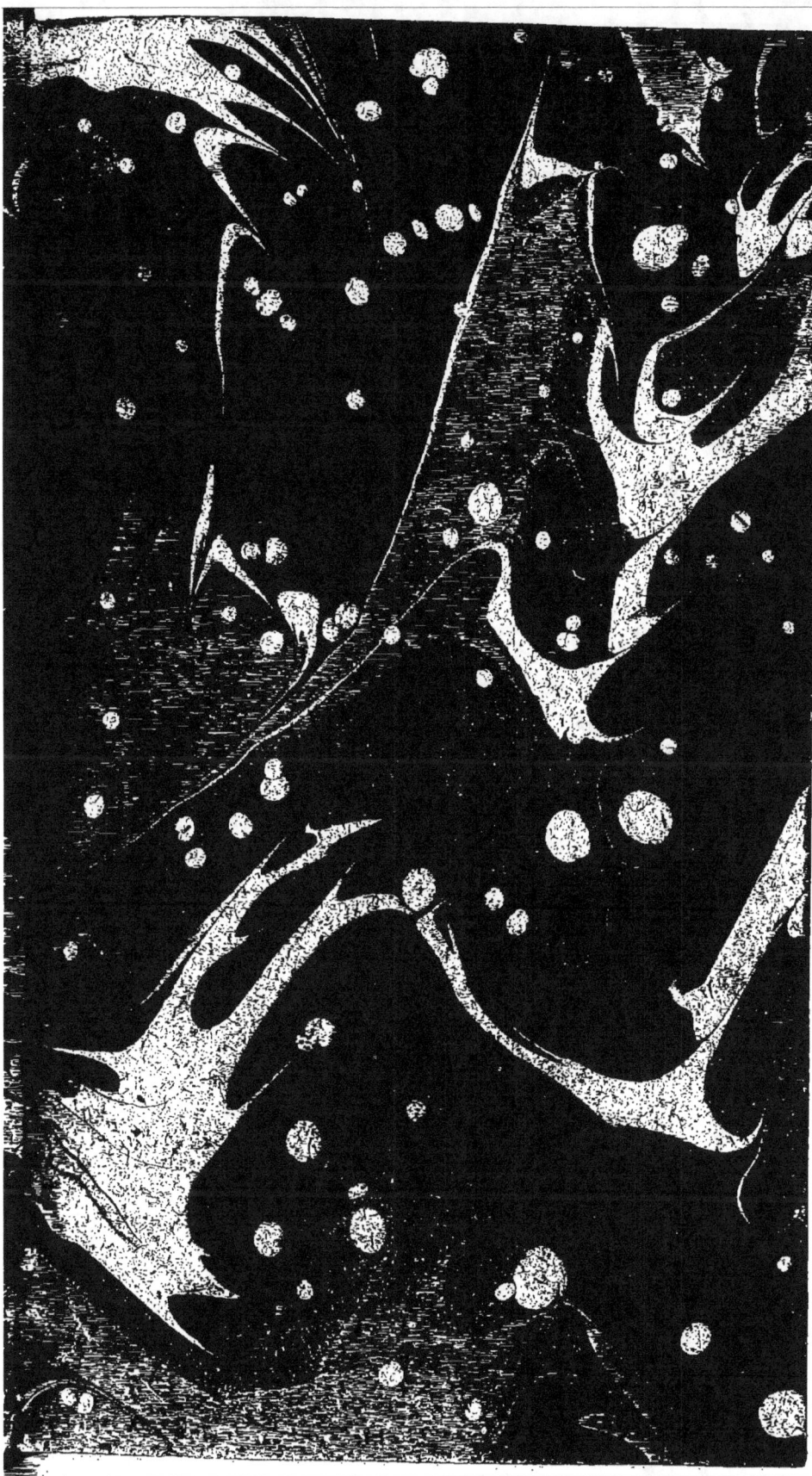

4185 84 sc. α.

HISTOIRE
NATURELLE
DE
L'UNIVERS
TOME III.

HISTOIRE NATURELLE DE L'UNIVERS,

DANS LAQUELLE ON RAPPORTE des Raisons Physiques, sur les Effets les plus curieux, & les plus extraordinaires de la Nature.

Enrichie de Figures en Taille-douce.

Par Monsieur COLONNE, Gentilhomme Romain.

TOME TROISIE'ME.

A PARIS,

Chez ANDRÉ CAILLEAU, Quay des Augustins, au coin de la ruë Gist-le-Cœur, à S. André.

M. DCC. XXXIV.

Avec Approbation & Privilege du Roy.

Ex Bibliotheca D. Crozat

HISTOIRE
NATURELLE
DE
L'UNIVERS.

QUATRIE'ME PARTIE.

DU ROYAUME DE NEPTUNE.

CHAPITRE I.
Du Flux & Reflux de la Mer en général, & de celui de l'Euripe en particulier.

'A I parcouru, suivant mes foibles forces, le Royaume de Pluton où la terre est dominante ; il faut à present redoubler mes efforts pour visiter celui de Neptune, qui est encore plus ample & plus

étendu ; puisque ce Dieu domine non-seulement sur toutes les eaux & les liqueurs qui coulent sur la terre, mais aussi sur tous les végétaux, dans la composition desquels l'eau prédomine sur l'élement terrestre, comme l'experience le fait voir.

Mais d'autant que la mer est l'assemblage sensible de toutes les eaux, qui se sont rassemblées ensemble dans ce lieu qu'on appelle mer, suivant l'ordre du souverain Estre, qui dit : * *Congregentur aquæ in locum unum & apparuit vuida, & vocavit congregationem aquarum maria* ; je commencerai mon examen par la mer, où, suivant la fable mystique, Neptune tient sa Cour.

Rien, à mon avis, n'est si grand, si étendu, ni si merveilleux que la mer, qui contient tant d'habitans differens. Elle a paru telle aussi au Prophete Royal, qui, en décrivant les ouvrages de Dieu, n'en dit autre chose, sinon, qu'il regarde avec étonnement cette étendue immense des eaux de la mer, remplie de tant d'animaux si differens, & sur laquelle les vaisseaux courent comme les chariots sur la terre. Que si l'on considere après, ses mouvemens differens, son flux & reflux merveilleux si re-

* Genes. c. 1.

glé, ses courans, ses gouffres, & tant d'autres choses qui font avec raison l'admiration de celui qui les considere, il faudra avoüer que le divin ouvrier de ces choses est bien grand, quoique nous ne voyons sur ce petit monde, où nous habitons, que la moindre partie des merveilles que sa puissance & sa sagesse infinie ont répandu dans tous les autres globes & dans chaque coin de l'Univers. Mais après avoir consideré comme homme ce qu'il y a de merveilleux dans ces effets, il faut aussi comme Philosophe en rendre quelque raison, qui soit au moins apparente, si ce n'est pas la vraïe, & qui puisse satisfaire en quelque maniere la curiosité du Lecteur.

Tout est admirable : cependant ce qui l'est encore plus à l'homme, c'est ce dont il croit ne pas connoître la cause. Telle est principalement celle du flux & reflux de la mer, qui a été recherchée envain jusqu'à present; c'est pourquoi j'espere que l'on me pardonnera, si je ne dis pas mieux dans la suite que ceux qui en ont parlé avant moi.

Il est vrai que Descartes en avoit formé un systême, qui avec facilité rendoit une raison sensible du flux & reflux, en supposant, comme l'on sçait, que la lune pressant avec son corps les eaux de l'Ocean, les faisoit déborder. Que se trouvant aux quadratures dans son apogée, & par consequent plus loin, la pression ne pouvoit être que plus foible, ce qui étoit la cause que dans les quadratures de la lune le flux étoit à peine sensible; mais que dans la conjonction & l'opposition avec le soleil, se trouvant dans le perigée, c'est-à-dire, dans la plus basse partie de son cercle, & consequemment plus proche de la mer; la pression étoit plus forte, & par consequent le débordement de la mer sur les terres contiguës.

Comme dans le lieu où se fait la pression, l'eau ne peut pas monter, il suppose que dans les mers de la zone torride, il n'y a point de flux non plus que dans la mer Mediterranée, où il n'admet que le courant de l'Ocean, qui, étant pressé par la lune, déborde & court en entrant par le détroit de Gibraltar, ne faisant que raser & parcourir les côtes de cette mer.

Mais par malheur ce système qui seroit beau en lui-même, étant très-sensible, ne manque que de verité en tout ce qu'il suppose. Premierement, il n'est pas vrai que dans les conjonctions & les oppositions où se font les grandes marées, la lune soit toûjours dans le perigée, & que par consequent, comme étant plus proche de la terre, la compression & les marées doivent être plus fortes. De quoi ceux qui ne sont pas versez dans l'astronomie, peuvent s'éclaircir dans les éphemerides de Kepler, de Boilieu, & de Mrs. de l'Observatoire de Paris, où l'on verra à la marge que la lune n'est pas toûjours à l'apogée dans les quarrez, ni au perigée dans les conjonctions & oppositions avec le soleil, comme Descartes l'avance; ce que feu Mr. Cassini m'a confirmé, en m'assurant que la lune étoit indifferemment en l'un & en l'autre de ces apogées ou perigées. Le moins entendu dans l'astronomie sçait que les apogées des planettes changent, quoique lentement; mais celui de la lune change beaucoup plus vîte que les autres. Cependant depuis que l'on a mémoire du monde, le flux & reflux a toûjours suivi les mouvemens de la lune, c'est-à-dire, que les marées ont toûjours été plus fortes dans les conjonctions & oppositions avec le soleil, & plus foibles dans les quarrez, quoique son apogée ait changé de place.

En second lieu, il est faux qu'il n'y ait pas de flux & reflux sous la zone torride, & apparemment que Descartes ne s'est informé que de la mer qui est depuis l'Affrique & l'Europe, jusqu'à l'Amerique, où il est vrai que les marées ne sont pas si grandes en certaines côtes, comme elles sont en d'autres. Car tous ceux qui navigent dans ces mers, rapportent qu'il y en a un plus ou moins grand, suivant la différence des côtes, comme on le peut voir dans plusieurs Auteurs, & particulierement dans Vossius qui en parle expressément à l'occasion du flux & reflux. Au surplus, en parlant de cette prétenduë pression de la lune, il y a encore une autre difficulté qui ne laisse pas d'avoir sa force, c'est que lorsque la lune est sur l'Affrique elle ne peut pas presser la mer, mais seulement la terre de cette partie du monde ; quoiqu'on puisse dire que l'air contigu, qui est celui qui étant pressé par la lune, presse immediatement la mer, peut faire cet effet. Mais cela devroit au moins produire un grand flux dans la Mediterranée, où Descartes dit qu'il n'y en a point, car il y en devroit avoir un, comme dans l'Ocean vers le Cap de Bonne-Esperance, dans les tems de la conjonction & de l'opposition de la lune, qui arrivent vers la fin des Gemeaux & dans l'Ecrevisse, parce que ces signes ne sont pas plus éloignez de la Mediterranée que le signe du Capricorne l'est de la mer Oceane, où le flux se fait incontestablement, quoique la lune soit alors sur l'Affrique. En un mot il paroît que le systême que Descartes a avancé avec beaucoup de confiance, n'a aucun fondement véritable & solide ; c'est pourquoi il faut dire qu'il y a quelqu'autre cause que celle que ce Philosophe suppose, & je prétends en ceci ne rien ôter du merite de ce grand homme, puisqu'il est certain que jusqu'à present dans ce point du flux & reflux, comme en plusieurs autres choses, la verité est non-seulement dans le puits, mais pour mieux dire dans le plus profond de l'Ocean.

SYSTÊME DE L'AUTEUR.

LE Systême de Descartes étant regardé comme faux par ceux qui ne sont pas aveuglément prévenus, il faudroit en trouver un meilleur, & je laisse ce soin à des personnes plus habiles que moi. Cependant comme on me pressera peut-être de dire mon sentiment, puisque je me suis chargé de faire l'Histoire Naturelle, & même de vouloir rendre raison des effets les plus surprenans de la nature, je vais en dire quelque chose, non pas pour l'assurer à la maniere Cartesienne, mais pour exciter ces Mrs. & les engager à me contrarier, & par là à découvrir la veritable cause du flux de la mer. Ils vont avoir un beau champ pour contredire, puisque je vais attribuer la cause du flux aux rayons du soleil mêlez avec les influences de la lune, à laquelle je sçai que ces Mrs. nient un atmosphere, c'est-à-dire, qu'elle transpire aucune vapeur, qui est ce qu'on appelle influence ou effluence vaporeuse.

Je dis donc que lorsque les rayons du soleil viennent directement sur la terre, teints (pour ainsi-dire) & mêlez des vapeurs de la lune, le flux doit être plus fort, comme il arrive dans l'opposition & dans la conjonction. Quant à l'opposition la chose est visible, & elle l'est aussi dans la conjonction. Car dans ce tems, quoique la lune ne paroisse point avoir de lumiere, cependant la partie qui regarde le soleil est éclairée, de même que dans l'opposition, & les rayons du soleil descendent sur la terre teints & mêlez avec les vapeurs de la lune, comme dans l'opposition, ce qu'on peut considerer & voir encore mieux dans la figure, * soit que la lune se trouve dans l'apogée ou perigée, plus loin ou plus près de la terre, de même que cela a été depuis que le monde est monde. Il suffiroit de dire que dans les points les plus éloignez de ces deux points principaux, le flux doit être moins sensible. Mais parcequ'il faut démontrer, je prie le lecteur non

---

* Voyez la premiere Figure.

prévenu de considerer, que dans les quadratures de la lune avec le soleil, ses rayons frapant ce globe obliquement, les rayons solaires auxquels j'attribuë la principale action, ne peuvent se réfléchir que de biais, suivant la regle de Geometrie, que l'angle de réflexion est égal à l'angle d'incidence. C'est pourquoi les rayons du soleil qui se réfléchissent sur la lune, ne viennent pas directement sur la terre, mais ils se réfléchissent de biais, & par consequent se perdent dans l'air, en réfléchissant vers le soleil ou loin de la terre. L'on objectera sans doute que l'on voit toute la moitié de la lune éclairée, & par consequent tous les rayons que la lune réfléchit viennent directement sur la terre; à quoi il est facile de répondre que c'est une illusion de la vûë, & on peut le démontrer en plusieurs manieres. La premiere qui doit décider sans autre démonstration, c'est que l'œil ne voit que par l'incidence des rayons lumineux, & je ne vois la lune que par les rayons qui viennent à mon œil. Cependant toute la terre voit la lune ou pleine ou à demi-pleine, comme je la vois. Ce qui arrive, parce que les rayons qui se réfléchissent aux uns & aux autres, sont si près l'un de l'autre, qu'on ne distingue pas le lieu où la lumiere qui se réfléchit vient à manquer. Cela eſt ſi vrai, que nous croyons voir une piece d'étoffe teinte entierement en rouge, quoique cela ne ſoit pas vrai. Donc la cauſe vient de ce que les particules de la teinture ſont ſi près les unes des autres, que nous ne diſtinguons pas les lieux où elles manquent, à moins que le microſcope ne nous aide à les diſtinguer. Je pourrois rapporter d'autres exemples & des raiſons auſſi évidentes, mais ſi celles-ci ne frapent pas, les autres ne perſuaderoient pas davantage.

Je repete donc que la lumiere du ſoleil qui frappe la lune dans les quadratures ſe réfléchiſſant de biais, ces rayons ne deſcendent ſur la terre qu'en petite quantité, & preſque point, comme on le peut voir groſſierement dans la figure ; & c'eſt la cauſe, à mon avis, que le flux eſt très-petit dans ce tems là.

Mais quoique j'aye dit que les apogées & les perigées du ſoleil & de la lune ne ſont pas la cauſe du plus grand ou du plus petit flux, il faut entendre que je dis cela dans le ſens que Deſcartes le prétend ; car je crois qu'ils font quelque choſe, c'eſt-à-dire qu'ils diverſifient ſeulement un peu les marées, étant certain que plus la cauſe eſt proche ou éloignée, l'effet en ſera plus ou moins grand : auſſi voit-on que les marées de Juin & de Juillet font plus petites, parce que le foleil, ou la terre fi l'on veut, eſt alors dans ſon apogée, c'eſt-à-dire, dans la partie la plus éloignée. Il ne convient pas moins à mon Hiſtoire qu'au Syſtême de rapporter qu'en 16.... dans la conjonction avec le foleil, la mer monta en Hollande de 14. pieds & deux pouces ſeulement, parce que la lune étoit dans l'apogée, mais dans l'oppoſition elle paſſa dix-neuf, à cauſe qu'elle étoit alors dans le perigée, & par conſequent plus proche de pluſieurs centaines de lieuës. Que fi l'on faiſoit attention aux marées ſur ce principe que je dis, peut-être qu'on y trouveroit la convenance requiſe.

Je ſuis donc porté à croire que le flux de la mer provient d'une fermentation qui ſe fait dans les eaux, leſquelles s'enflent & ſe dilatent par les exhalaiſons que la lune éleve du ſein de la terre ſur laquelle la mer repoſe. C'eſt par cette fermentation, ou boüillonnement & dilatation, qu'elles débordent dans les terres contiguës; ou elles s'elevent quand elles ne peuvent pas déborder, comme il arrive à toutes les liqueurs qui fermentent. Cela eſt probable & même apparent; car la mer ne peut déborder comme elle fait, ſans que ſes eaux ne renflent.

La difficulté consiste à connoître quelle peut être la cause de cette fermentation, que Saint Augustin appelle avec les anciens *æstus maris*, chaleur de la mer. Car la cause de cette fermentation étant invisible, puisqu'on ne voit rien autour de la mer ni de la terre qui puisse la causer, il semble qu'on peut d'autant plus facilement conjecturer qu'elle vient du ciel & des astres. Or, comme il est évident que le flux & reflux suit le mouvement de la lune, il est à croire, que puisque le flux ne se produit point par la pression de la lune, comme Descartes le dit, il faut qu'elle le cause de quelqu'autre maniere, c'est-à-dire, par l'émission de ses vapeurs que je suppose être salines, ou qui en quelqu'autre maniere ont rapport à la salure de la mer, avec laquelle ces vapeurs qu'elle répand dans l'air se mêlant, font fermenter & enfler les eaux marines.

Mais il faut remarquer une chose importante, c'est que le globe de la lune lui-même étant un corps sans ame, c'est-à-dire, sans lumiere, les vapeurs ou influences de la lune ne peuvent s'élever & se repandre dans l'air, & dans les eaux que l'air environne, à moins que la lumiere du soleil n'éleve ces influences ou vapeurs de la lune. De maniere que cette fermentation arrive par la lumiere du soleil, teinte (pour ainsi dire) ou mêlée avec les vapeurs salines (ou autres) de la lune, c'est pourquoi il faut avoir égard à l'illumination de la lune plus ou moins grande ; car plus la lumiere du soleil teinte des influences lunaires qui descendront sur la terre sera grande, plus le flux sera considerable; & moins il y aura de lumiere du soleil qui se réflechira de la lune sur la mer, plus le flux sera moindre. De façon que le soleil sera dans ce sistême la cause principale du flux & de la fermentation de la mer. Non pas les rayons du soleil tous seuls, mais d'autant qu'ils sont mêlés des vapeurs de la lune, que je supose d'un sel alcali, qui avec le sel acide de la mer, aidé de la chaleur du soleil, causent la fermentation & la dilatation des eaux de la mer. Or, suivant ce sistême, les plus grandes marées doivent arriver, comme elles arrivent en effet, dans le tems de la conjonction & de l'opposition du soleil & de la lune, parceque alors les rayons du soleil tombent directement & à plein sur la mer, comme on le peut voir dans la figure que j'ai mise exprès pour aider l'imagination du lecteur. Dans les points les plus éloignés de l'opposition ou conjonction le flux doit être moins considérable, à cause que les rayons du soleil * (auquel j'attribuë la principale action) teints des vapeurs de la lune, se reflechissent presque tous loin de la mer. Ainsi le flux doit être moindre, parce que la cause fermentante qui est la lumiere du soleil & de la lune, se reflechit ailleurs que dans la mer ou centre de la terre.

Cependant on dira qu'en niant, comme on fait aujourd'hui, les évaporations ou influences de la lune, mon système tombe absolument, & que c'est à moi de prouver les pretenduës influences. Je dis que si la lune n'a point d'influences, sans doute mon système est nul, & je ne l'ai proposé qu'afin qu'en ce cas on en fasse un meilleur. Quant à ce qu'on veut que je prouve les influences lunaires, je réponds que si les effets se trouvent d'accord avec le système que je propose, c'est la preuve la plus autentique qu'on en puisse donner. D'ailleurs quantité de grands Philosophes & Astronomes, tant anciens que modernes, ont cru que la lune avoit un atmosphere, & par consequent des influences. Plusieurs Académies celebres, particulierement celle de Londres, sont du même avis. De maniere que si ma croyance est vaine, j'aurai du moins pour mon excuse d'être tombé dans l'erreur avec d'habiles gens. Au-

* Cela se voit dans la Figure.

reste je ne donne pas ce fyftême pour infaillible, comme les Cartefiens le prétendent en tout ce qu'ils difent, mais je le propofe feulement afin que des gens de loifir & qui aiment à contrarier, l'examinent & le faffent trouver mauvais comme j'ai fait celui de Defcartes. Je foumets donc mon opinion à leur critique, perfuadé que je puis être encore plus fautif dans mes penfées que ce celebre Philofophe.

Quant aux irrégularités du flux, qui avance ou retarde le long de certaines côtes, je crois qu'il y a plufieurs caufes qui y contribuent, & qu'il n'eft pas facile de déterminer dans un fyftême général. Par exemple, les caps ou promontoires des terres qui s'étendent dans la mer du côté du courant, qu'il faut toûjours confiderer qui amene le flux, ou qui fe mêle avec lui, peuvent avancer ou retarder en un lieu, ou en un autre. La profondeur de la mer en certains endroits peut auffi y contribuer. Les grandes rivieres qui par leur courant repouffent la mer peuvent auffi apporter quelque retardement. Dampierre nous affure que les Ifles qui font dans la haute mer, ont peu de flux, parce que la mer, dit-il, peut s'étendre loin des terres de ces Ifles. La repercuffion de ces Ifles, comme celles qui font fréquentes dans la Mediterranée, produifent auffi quelque irregularité, parce que l'une retarde le flux, une autre le repercute. Les golphes où les eaux ne peuvent pas s'étendre, ont plus de flux, comme celui de Venise, de Corinthe, & autres semblables. Le courant de l'air qui seconde le flux fait encore une irregularité, & le flux qui se fait sous la zone torride qui va frapper avec impetuosité contre les côtes du Mexique, par exemple, forme un courant impetueux au lieu de flux le long de ces côtes, qui court avec tant de violence vers l'Isle de Cube & la Floride, que de grands Navigateurs m'ont assuré que nonobstant le vent contraire, les navires peuvent en faveur de ce grand courant passer outre, & doubler leur cours vers l'Orient pour retourner en Europe : pendant que de l'autre côté du Mexique le flux, quoique sous la zone torride, est extrêmement grand au golphe de saint Michel, séparé de peu de lieuës de la côte opposée. Il faut noter que l'obliquité de la côte qui s'étend & se plie vers la Floride, contribuë à former ce courant, qui glisse & s'écoule vers la Floride & l'Isle de Cube ; pendant que de l'autre côté dans la mer Pacifique, vers le golphe de Saint-Michel, comme je l'ai dit, le flux est si grand que quelques sçavans ont cru que la terre de cet Istme qui joint l'Amerique meridionale à la septentrionale

septentrionale étoit ouverte, & que la mer y paſſoit comme ſous les arches d'un pont.

Enfin il y a tant d'autres choſes qui peuvent produire quelque irrégularité contre la régle générale, qu'il n'y a que ceux qui étant Philoſophes, & qui habitent les côtes où il y a quelque déreglement, qui s'attachant à découvrir la cauſe, puiſſent la trouver. Pour moi il me ſuffit d'avoir propoſé mon opinion ſur ce point.

Quant à la méditerranée quoiqu'on diſe qu'elle n'ait aucun flux, je crois cependant qu'elle en a un, très-petit à la verité ; mais cette mer étant incomparablement plus petite que l'Ocean, l'élévation des eaux doit être à proportion. De maniere que ce que Deſcartes appelle un ſimple courant de la mer qui court le long des côtes, je dis que c'eſt un véritable flux de cette mer, mais très-petit en comparaiſon de celui de l'Ocean. Pour mieux faire entendre ma penſée, & par ce moyen la cauſe de cette difference, je prie le lecteur de conſiderer le gonflement ou la dilatation que chaque goute d'eau en particulier doit recevoir, & comparant le nombre des goutes de l'Ocean avec celles de la Méditerranée, on verra qu'il n'y a point de proportion. De ſorte que la dilatation de la mer mediterranée, à peine peut-elle être

Tome III. B

sensible, excepté (notez bien) en quelques golphes, comme celui de Venise, où la mer étant resserrée, elle ne peut se dilater qu'à proportion de l'étendue, & comme elle fait dans la vaste étendue de l'Ocean. Je crois donc volontiers que ce qu'on appelle courant sur les côtes, est un vrai flux, puisqu'il arrive dans les heures marquées, c'est-à-dire, quand la lune est dans le méridien de ce lieu ; ce qui ne pourroit pas arriver, ce me semble, si ce courant prétendu venoit de la dilatation des eaux de l'Ocean en passant par le détroit de Gibraltar, comme Descartes & ses sectateurs le prétendent. Car par exemple, lorsque le flux se fait dans le méridien qui passe également par le Cap de Bonne-Esperance & sur la Morée, le flux se fait aussi dans l'Euripe, qui est à peu près sous le même meridien. Or remarqués qu'il n'est pas possible que le gonflement des eaux qui se fait au Cap de Bonne-Esperance s'étende si vîte dans tout l'Ocean, qu'il puisse venir jusqu'au Détroit, & par-là jusqu'à l'Archipel, & produire le flux, où ces prétendus courans, qui ne laissent pas d'être fort reglés dans ces endroits de la méditerranée. S'il n'y avoit qu'un courant qui vint regulierement par le détroit de Gibraltar vers l'Asie, on diroit que cela peut être ainsi ; mais il faudroit que cela n'arrive pas avec la regularité des autres flux,

L'Euripe même a un flux régulier, quoiqu'il ſoit mêlé de quelques irrégularités, dont les cauſes ſont ſi cachées & entremêlées, qu'il eſt autant difficile de s'en aviſer, que de les découvrir. J'en dirai mon avis, quoique je n'eſpere pas de connoître ce qu'Ariſtote, le plus grand des Genies, qui étoit ſur les lieux n'a pû découvrir. En attendant je prie le lecteur de faire attention, par le récit que je ferai, que cette côte de Negrepont ſi loin du détroit de Gibraltar, a un véritable flux, qu'on remarque très-regulier dans les tems que la lune eſt très-forte, & que les plus grandes irrégularités arrivent quand la lune eſt très-foible; & ce qui importe, c'eſt que le vrai flux regulier arrive quand la lune eſt dans le méridien de Negreponr, & non ailleurs. Ce qui marque, ce me ſemble, que la méditerranée a un veritable flux, que le ſoleil & la lune y produiſent comme dans les autres lieux; quoique plus foible par les raiſons que nous avons déja rapportées.

Pour donner une intelligence plus claire ſur ce que je dirai du flux & reflux de l'Euripe, voyons auparavant ce que nous en dit le ſçavant & curieux Wheler qui l'a obſervé ſur les lieux mêmes.

* ” Le flux de l'Euripe, dit-il, eſt reglé
” comme celui des autres mers, (il y a donc

* Voyage de Grece.

un flux reglé dans la mediteranée,) & com-
» me celui du golphe de Venise. Ce flux
» est fort reglé durant 19. jours, c'est-à-
» dire, dans les jours les plus proches de la
» nouvelle & pleine lune. (Parce que la
cause qui le produit, comme je l'ai dit,
est plus forte,& que les causes accidentelles ne
peuvent pas l'en détourner si facilement.)
» Dans les autres jours il est fort dereglé, car
» il est semblable à un homme qui a le cer-
» veau troublé, & il a presque 14. à 15. flux
» en 25. heures. (Ce qui est plûtôt une
agitation qu'un vrai flux.)

» La plus grande élévation de son flux est
» d'un pied jusqu'à deux. Les trois der-
» niers jours de la lune jusqu'au 8. de la
» nouvelle, son flux est fort reglé ; & le 9.
» de la lune, il commence à être ir-
» régulier, & il continuë jusqu'au 13. in-
» clusivement : le 14. il redouble, c'est-à-dire,
» il fait deux marées par jour, & il est ré-
» gulier jusqu'au 21. (Dans ces derniers tems
la lune est plus forte, car c'est avant &
après son plein.) » Il continuë à être irré-
» gulier jusqu'au 27. «) Car le flux commence
toûjours à être plus fort deux ou trois jours
avant la conjonction & avant l'opposition,
comme aussi deux ou trois jours après.)
» Dans lequel tems (jusqu'au 27.) la lune est
» foible, mais approchant de la conjonction

» elle reprend vigueur, & il commence à
» être régulier.

» Dans les jours irreguliers, il a, comme
» je l'ai dit, quatorze ou quinze flux & autant
» de reflux en 24. ou 25. heures, ainsi que
» le Pere Babin, Jesuite, l'a observé, ce qui
» est plus que les anciens n'ont dit, puis-
» qu'ils n'en mettoient au plus que 7. ou 8.
» en 24. heures.

» La force des vents ne fait rien ni pour
» croître, ni pour diminuer : dans ces jours
» l'eau monte environ demi-heure, & descend
» près de trois quarts d'heures. Les jours ré-
» guliers, il est comme l'Ocean & le golphe
» de Venise : mais l'Euripe ne monte jamais
» plus d'un pied & rarement deux: L'O-
» cean va jusqu'à 8. coudées, quoiqu'il ne
» monte jamais plus haut dans les Isles de
» l'Amerique que dans l'Euripe, ce qui a
» fait croire aux gens mal informez, &
» entr'autres à Descartes qu'il n'y avoit
» point de flux sous la zone torride, (dé-
» cidant aussi que dans la Mediterranée il
» n'y en avoit point du tout, mais un simple
» courant qui vient de l'Ocean,) quoique
» dans la côte occidentale de l'Amerique
» (particulierement du côté du golphe de
» St. Michel) le flux soit très-considerable.

» La seconde difference consiste en ce que
» lorsque l'eau baisse dans l'Ocean, elle se

» retire dans la haute mer, & s'éleve &
» couvre plus de terres proche des côtes.
» L'Euripe court autrement, car son montant
» arrive lorsque son eau s'ecoule vers les Isles
» de l'Archipel où la mer est plus grande.
(Ce qui me feroit soupçonner que l'eau de
la mer noire qui s'écoule par les Dardanelles
vers cet endroit de l'Euripe, pourroit bien
avoir part à son irregularité.) » Son descen-
»dant se fait lorsqu'elle coule vers la Thessalie
» & par le canal où les Galeres passent pour
» aller à Thessalonique, qui est au Nord. Il
» y a entre le montant & le descendant un
» petit intervalle dans l'Euripe, qui fait pa-
» roître l'eau en repos, comme il arrive au
» flux & reflux de toutes les autres mers
» reglées. Je vous renvoye, dit cet Auteur,
» au Pere Babin & à la lettre qu'il a écrit à
» l'Abbé Pequoil, Chanoine de St. Just à
» Lyon, (ce que Wheler rapporte ici en est
l'abregé consideré sur les lieux.) » J'ai re-
» marqué encore, ajoûte-t-il que le canal
» de l'Euripe fait un tour, son cours venant
» du Pont-Euxin au Sud-Oüest vers l'At-
» tique & les Isles de l'Archipel, & qu'il a
» un autre cours vers Thessalonique & Cons-
» tantinople. Quant à moi, dit-il, je pour-
» rois dire que les terres sont peut-être assez
» hautes de ce côté-là, & que la mer re-
» monte agitée par l'équilibre en croissant

» médiocrement, parce que l'eau ne peut
» point paffer par ce canal, ce qui n'ar-
» rive pas dans la nouvelle & pleine lune,
» où l'eau eft plus forte, &c.

Si je puis dire à préfent ma penfée, je croirois volontiers que la chute des eaux du
lac de Livadie, (dont j'ai donné la def-
cription au Chapitre de la pénétration des
eaux, * où je renvoye le Lecteur pour éviter
la répétition,) peut être à mon avis, une des
principales caufes du dereglement du flux &
reflux dans les jours irréguliers, pendant lefquels, comme on l'a dit, la lune étant foible,
elle ne peut pas réfifter au flux étranger,
que les eaux qui fe déchargent dans le canal
de Negrepont caufent dans cette mer.

Ce fçavant & curieux voyageur ajoûte
que dans le golphe de Corinthe il y a
auffi une efpece de marée affez forte, particulierement vers Lepanthe; car l'eau monte le matin jufqu'au Château, & le foir elle
s'en retourne. Il paroît, dit-il, que cela
eft dans tous les golphes comme auprès
de Venife, & dans le détroit & courant des
Dardanelles; car dans tous les lieux étroits,
comme eft celui où fe forme le flux & reflux de l'Euripe, & par-tout où la mer en-

* Chap. 6. de la feconde partie.

tre ou fort, elle fe fait fentir plus vivement, ce que Dampierre obferve auffi : comme le vent qui eft moins fenfible quand les portes font entierement ouvertes, que lorfqu'elles font à demi fermées J'ajoûterai encore que le fieur du Loir * à l'occafion de ce flux & reflux, dit ces paroles " Je donnai " un écu à un Batelier pour me mettre à terre " dans un endroit où je puffe le voir exacte- " ment *durant un jour*. Le flux ne fe fait que " quatre fois de fix heures en fix heures, com- " me à Venife ; mais il eft vrai qu'il eft fi vio- " lent qu'il fait moudre des moulins de part & " d'autre. « Comme cet Auteur n'a confideré l'Euripe qu'un feul jour, je ne crois pas qu'il faille s'en rapporter tout-à-fait à lui.

Par ce que je viens de dire de la chute des eaux du lac de Lyvadie, qui s'écoulent par des canaux inconnus à la plûpart des hommes, dans le détroit ou canal refferré que cette Ifle forme avec les terres de la Grece, on peut croire que fuivant les difpofitions des terres voifines, & par des caufes qui échapent à la vûë, il fe peut former certains effets dont il n'eft pas facile de rendre raifon, parce qu'on n'en voit pas la caufe. Car outre ce que nous avons

* Voyage du Sieur du Loir, pag. 301.

dit

dit de la décharge de ces eaux, le courant de la mer qui vient de Constantinople, & qui se décharge par le detroit des Dardanelles, peut, sans doute, encore y avoir part. De maniere que quand il y a plusieurs causes compliquées, il est difficile à l'homme de raisonner, particulierement quand il ne les connoît pas, ou qu'il ne peut pas facilement démêler les contrarietez de ces causes qui forment un effet fort étéroclite : c'est pourquoi je laisse aux Philosophes de chaque païs, d'examiner les causes particulieres qui peuvent contribuer à l'irrégularité de certains effets du flux & reflux qui ne conviennent pas à la regle générale, n'étant pas possible à un particulier de connoître toutes les côtes & les lieux particuliers du monde, & par consequent de former un sistême général qui n'ait point d'exceptions, à moins de mentir & de supposer des choses qui ne sont pas véritables : ce que j'en dis n'est que pour donner occasion aux curieux qui sont ou qui seront sur les lieux, de faire encore des observations sur ce fondement, sur lequel je n'ose pas décider autre chose, sinon que je suis porté à croire que la mer Mediterranée a un flux reglé comme l'Ocean, & qui arrive dans le même tems que dans la grande mer, c'est-à-dire, lorsque la lune est au meridien de ce lieu;

mais que le flux de la Mediterranée est si petit en comparaison de celui de l'Ocean, qu'à peine est-il sensible, excepté dans les golphes où l'eau ne peut pas s'épancher, & dans lesquels paroissent beaucoup d'irregularitez, causées par les differentes réflexions des eaux contre les terres, vers lesquelles l'eau qui se réfléchit va & vient plusieurs fois, comme il arrive à toutes sortes de liqueurs agitées; ainsi je crois donc que ce qu'on appelle communément courant le long des côtes, est un vrai flux indépendant de l'Ocean, (de qui Descartes veut qu'il dépende,) quoique plus foible que l'autre par deux raisons. La premiére, parce que la mer Mediterranée n'est qu'un petit lac en comparaison de l'Ocean, & par consequent la quantité de ses eaux étant incomparablement plus petite & moindre que celles de l'Ocean, elle doit s'enfler moins dans sa quantité, que l'Ocean dans la sienne.

La seconde raison est que la lumiere du soleil, teinte des vapeurs salines de la lune tombant plus obliquement sur la Mediterranée, que sur l'Ocean, peut rendre la fermentation de ces eaux moins efficace, comme ses rayons plus ou moins obliques, sont plus ou moins chauds, & fait la difference si considerable des divers climats.

De maniere que la petite quantité des

eaux d'une part, & l'obliquité des rayons du soleil de l'autre, peuvent produire un si petit mouvement dans les eaux de la mer Mediterranée, que cela paroîtra plûtôt une espece de courant, qu'un flux effectif, semblable à celui de l'Ocean, duquel ce courant est absolument indépendant, comme je l'ai montré ci-dessus.

Le Pere du Tertre assûre que le flux & reflux de la mer est reglé à Rhodes comme en France ; mais qu'il ne monte que trois ou quatre pieds au plus, comme dans la plûpart des Isles Antilles qui sont sous la zone torride. La raison qu'il rend de ce peu de flux des Indes, est qu'il l'attribuë à la grande étenduë de la mer Oceane; mais cette raison seroit bonne, à mon avis, pour le reflux, dans lequel tems les eaux s'épanchent dans la grande étenduë de la mer, & non dans le flux, à moins de dire que l'excressance des eaux n'est pas si sensible dans les endroits où il y a beaucoup de fond.

Le Pere Kirker attribuë les inégalitez du flux & reflux de la Mediterranée, à la quantité d'Isles dont cette mer est parsemée.

Ce que nous venons de dire de la Mediterranée se doit entendre de la Caspienne, de la Baltique, & de toutes les autres, suivant les circonstances des lieux & de leur situation, & à proportion de leur distance & éloignement du Zodiaque. En un mot, le flux est par-tout, quoiqu'il ne soit pas régulier dans toutes sortes d'endroits. Ce qui vient des côtes, des courans, des répercussions des mers, & autres circonstances dont il est impossible qu'un seul homme soit instruit, & qu'il puisse les observer. Il faudroit en chaque endroit un Philosophe avec les mêmes principes, & que tous cherchassent là-dessus la verité.

* A Christiana en Norvegue le flux & reflux est très-régulier ; mais on dit qu'il est reglé de cinq en cinq heures, & qu'il suit exactement le cours de la lune. Dans le détroit qu'on appelle *Mer Christiana*, situé dans le Groenland, le reflux est formidable à cause de deux courans contraires qui se rencontrent dans ce détroit : l'un causé par le reflux des deux côtez de cette mer, & l'autre par le reflux & les courans de l'Ocean & de la mer Christiaire qui viennent à se rencontrer dans ce lieu. Ce sont ces courans des côtes & de la mer où le flux va se décharger, ausquels je crois qu'on peut & qu'on doit attribuer une grande partie des irrégularitez du flux & reflux, qui arrivent en certaines côtes plûtôt ou plûtard.

Relation du Groenland.

Ce que je voudrois que le Lecteur pût observer, c'est qu'en général le flux n'est autre chose qu'une émotion ou fermentation que la lune & le soleil causent dans les eaux : or cette émotion se fait dans la Mediterranée ; par où je conclus que le soleil & la lune agissent régulierement sur cette mer à proportion de sa grandeur, indépendamment de l'Ocean dont on veut que ce petit flux qu'on appelle courant dépende, & qui paroît plus sensible dans les Golphes, où les eaux s'élévent visiblement à une certaine hauteur.

CHAPITRE II.

Des Tempêtes, & autres Météores de la Mer.

L'On aura moins de peine à comprendre qu'une matiere ou influence invisible, telle qu'est celle que j'ai supposé causer le flux & reflux, fasse fermenter & enfler les eaux de la mer, si l'on fait réflexion de quelle maniere elle s'enfle, & comme elle éleve ses eaux jusqu'au ciel dans une tempête. Il est visible que dans ce tems la mer ne peut s'enfler sans se dilater. Ses Ondes sont alors si grosses & si enflées, qu'elles paroissent des montagnes.

L'opinion commune est que les tempêtes sont formées par les vents, parce que les vents sont fort grands pendant les tempêtes. Cependant je ne crois pas que les vents puissent faire enfler les eaux, mais tout au-contraire ils peuvent les aplanir en soufflant, comme on le voit entr'autres dans le vent du Nord, qui plus il est impetueux, plus la mer est pour lors calme & unie. Que si l'on dit que c'est la proprieté du vent froid ; je réponds qu'il est toûjours vrai que le vent n'enfle point les eaux, & ne produit pas toûjours les tempêtes.

Je crois donc, en genéral, que par-tout, ce ne font pas les vents qui agitent les eaux de la mer, mais que ce font les tempêtes & l'agitation de la mer qui produifent les vents. C'eft pourquoi les anciens ont dit dans leurs fables myftiques, que l'Ocean étoit le pere des vents, qu'il avoit foumis au gouvernement d'Eole, lequel les avoit emprifonnés dans les cavernes de la terre. En effet ce gonflement des eaux qui s'éleve fi haut, ne peut pas être caufé par les vents qui ne font que rafer fa fuperficie; n'étant pas poffible que les eaux puiffent s'élever fi haut fans s'enfler, ni qu'elles s'enflent, fans des exhalaifons chaudes, venant du fond de la mer, qui les dilatent & qui les agitent.

De maniere que je fuis perfuadé qu'il y a des exhalaifons qui viennent du fond de la terre où la mer repofe, lefquelles gonflent & mettent en mouvement fes ondes, qui fe réduifent en vapeurs, comme l'eau d'un vafe qui boût fur le feu. Et ce font ces vapeurs qui prennent un certain cours, qui forment les vents, auxquels on attribue l'émotion de la mer. Ce qui eft encore plus vifible, en ce qu'on remarque prefque toujours dans les tempêtes qu'il n'y

C iiij

a pas un vent reglé, mais differens vents qui fouflent tantôt d'un côté, tantôt d'un autre, & fouvent en forme de tourbillons. Ce qui arrive, parce que les vapeurs qui produifent ces vents, s'élevent fans régle de divers endroits de la même mer, & chacune d'elles cherchant à s'étendre de fon coté, elles forment dans l'air ce combat & cette irrégularité fi dangereufe pour les vaiffeaux. En un mot, ce gonflement des eaux ne peut arriver que par des exhalaifons chaudes, qui les font boüillonner, & qui en les fubtilifant, en réduit une partie en vapeurs qui forment les vents, comme je le montrerai plus au long dans le Chapitre, où je traiterai cette matiére en particulier.

Les Curieux demanderont, fans doute, quelle eft la caufe qui fait que ces exhalaifons émanent de la terre plûtôt en certains tems qu'en d'autres: Et pourquoi dans ces tems la tempête eft dans une certaine étenduë de mer, & non pas dans une autre qui joüit de fa tranquillité?

Quant à la derniere demande, on répond que c'eft dans ce lieu, & non par-tout, qu'il y a des feux foûterrains qui forment ces exhalaifons; & quant à la caufe motrice qui meut ces feux en certains tems & non pas en d'autres, je tiens que cela vient du soleil & des astres qui se joignent à lui, qui sont propres à exciter & mouvoir ces exhalaisons chaudes de la terre.

Cette réponse n'est pas nouvelle, c'est celle de plusieurs grands Philosophes & Astronômes très-estimés dans l'antiquité, dont on peut voir beaucoup de choses dans les vers d'Aratus, dans Ptolomée, & autres Auteurs. C'est sur cette doctrine que les Poëtes ont dit *Nimbosus Orion*, * parce que les mariniers ont observé que quand le soleil se leve avec l'etoile d'Orion, cette constellation cause des tempêtes, comme ils ont reconnu aussi que les Pleyades donnent ordinairement de la pluïe, ou de la rosée.

Peut-être que quelqu'un me dira : Mais aujourd'hui la plus grande partie des sçavans n'admettent point les influences des astres, par conséquent on ne doit pas y croire. Et Descartes, aussi-bien que Bernier dans l'abregé de Gassendi, s'en mocquent. Je réponds, que j'en suis fâché pour ceux qui ne le croyent pas, & que je ne me suis pas engagé à leur faire croire ce qu'ils ne veulent point, non plus qu'à dire des raisons qui leur plaisent. Celle que je rapporte ici a paru bonne à grand nombre d'habiles gens,

* Virgil. Æneid. 2.

& elle le paroît encore à quelques-uns. Si ma raison ne plaît pas à quelques Philosophes, c'est à eux de tâcher d'en trouver une meilleure, ou de rester dans leur opinion. J'ai bien fait un livre, (*a*) dans lequel je montre fort au long les fondemens & les raisons de l'Astrologie, où j'ai indiqué dans le commencement qu'avec la lumiere du soleil & des astres, viennent à nous certaines vapeurs très-subtiles qui s'exhalent de leurs corps, qui ont le pouvoir d'alterer les choses d'ici-bas : Mais je ne me suis pas engagé à faire croire tout ce que je dis, & en certaines choses je suis de l'avis d'un sçavant Anglois, (*b*) qui a fait un Traité de *la Liberté de penser*. Pensez donc comme il vous plaît en toute liberté, & laissez-moi joüir de la mienne en me laissant dire tout ce que je pense, comme je vous laisse le champ libre pour le blâmer ; & si la cause éloignée ne vous plaît pas, qui suppose que chaque effet doit avoir une cause, & que celle des tempêtes provient des influences des astres qui excitent certaines exhalaisons ignées de la terre, voyez si la cause immé-

(*a*) Ce Manuscrit subsiste.

(*b*) Monsieur *Colins*. Il est mort à Londres, au commencement de l'année 1730.

diate des tempêtes vous agrée, qui consiste dans les simples exhalaisons chaudes qui sont dans le sein de la terre, lesquelles enflent la mer en certains endroits d'où elles sortent, & non dans les autres où elles ne sortent pas. Vous pouvez même dire que c'est le hazard qui cause ces exhalaisons. Mais une des choses qui peut encore faire soupçonner que j'ai quelque raison d'avancer cette proposition, c'est que ces tempêtes viennent rarement accompagnées de vents froids ; ce qui marque ce que je prétends prouver, c'est-à-dire, que les eaux dont la vapeur produit les vents qui soufflent, sont échauffées, & enflées par une exhalaison chaude.

Il y a encore une autre réflexion plus forte, c'est la diversité des vents qui se combattent comme j'ai dit, en soufflant des endroits qui sont souvent directement opposés, ce qui est si dangereux aux Navires, & dont les Pilotes ont tant de peine à se tirer. Mais ce qui importe le plus, c'est que les vagues ne suivent pas le mouvement des vents, comme il faudroit nécessairement qu'elles fissent, si les vents qui soufflent causoient les tempêtes.

Il ne paroît pas probable que le vent qui souffle par dehors enfle les ondes jusqu'au plus profond de la mer, où il n'est pas apparent que ces vents penetrent. Il me paroît donc plus convenable de croire qu'une exhalaison subtile & ignée enfle les eaux depuis le fond jusqu'à sa superficie, & les agite avec tant d'impétuosité. Et cela me paroît bien plus naturel ; car le simple vent qui souffle par-dessus ne peut pas faire tant de fracas, quand nous voions, comme je l'ai dit, que le vent du Nord le plus violent ne produit aucune émotion dans les eaux de la mer, & ne fait que les applanir. Je conclus donc dans cette recherche : Que ce ne sont pas les vents qui forment les tempêtes, mais les tempêtes qui forment les vents qui regnent alors, lesquels ne sont autre chose en général que de l'eau réduite en vapeur subtile, comme nous le montrerons ailleurs, & que les eaux sont agitées par une exhalaison chaude & mobile, qui enfle & meut la mer avec cette fureur, que ceux qui se sont trouvés dessus dans ce tems horrible, connoissent mieux qu'on ne peut le décrire. Je l'ai vû de dessus le rivage, élever ses ondes jusqu'au ciel, (pour ainsi dire,) & répandre la terreur dans les personnes qui les regardent, terreur qui doit être encore bien plus forte dans ceux qui se trouvent dessus cet élément en fureur ; & j'ai quelquefois chanté sur le bord ces vers de Lucrece :

Suave mari magno turbantibus aquora ventis,
Et terra magnum alterius spectare periculum.

Je ne veux pas obmettre un phénoméne, qui arrive quelquefois un peu avant que les tempêtes finissent. C'est que l'on voit en quelques endroits du tillac un feu éclatant qui ne brûle point, que les anciens appelloient *Castor & Pollux*, lesquelles Divinités (disoient-ils) venoient leur annoncer la fin de la tempête, & à qui les Italiens ont donné le nom de *feu Saint-Helme*. Il est sans doute produit par la mer, & par les vagues qui s'entrechoquent, lesquelles même forment en plein jour, en se frappant, des feux étincelans, que j'ai vû plusieurs fois. Ces feux néanmoins ne sont (à mon avis) que la partie onctueuse du sel marin dont les vagues sont pleines, & qui en se choquant s'enflamment ; le mouvement, comme je l'ai dit, étant la cause de la chaleur ou du feu.

Lors donc que cette onctuosité est poussée dans le navire où les vagues entrent, elle y reste attachée sans brûler le bois. (Ce qui faisoit le miracle que les anciens attribuoient à leurs Divinités.) Cet effet arrivoit, & il arrive encore à cause de l'eau qui est mêlée avec cette graisse saline. Mais ce qui rendoit le fait plus merveilleux, c'est que ce feu étoit ordinairement un présage certain de la fin de la tempête, & parconséquent de se voir bientôt délivrés du danger.

Quoiqu'il ne soit pas si facile de rendre raison de ce que ce feu pronostique le calme & le beau tems, on pourroit peut-être dire, que les ondes n'ayant pas tant de violence, cette onctuosité qui s'est produite par l'agitation, & qui étoit toûjours mêlée & confonduë avec les vagues, surnâge dessus quand leur mouvement se rallentit, & venant à s'attacher au bois, elle paroît en forme d'une flamme legere qui ne dure pas long-tems, & qui annonce la fin du mauvais tems, parce qu'elle ne surnage que d'autant que l'agitation des vagues se rallentit. Si j'avois vû cette flamme sur un vaisseau, que je l'eusse examinée de près, peut-être que je dirois quelque raison meilleure que celle-ci, & dont moi-même je ne suis pas fort content. Quoique j'insiste toûjours à croire que ce feu est formé par une onctuosité du sel marin, parce que les experiences chimiques m'ont fait voir avec évidence que ce sel abonde en une certaine graisse oleagineuse. En voilà assez sur ce point. Mais comme un effet en éclaircit un autre, je crois à propos de rapporter ici la raison de ce que les Mariniers voyent quelquefois & qu'ils appellent *Trompes*. Pour en donner une plus grande intelligence au Lecteur qui ne les a pas vûës, je crois à propos d'en faire une legere description, & même de lui en crayonner une peinture suivant le rapport des Navigateurs, & entr'autres de Thevenot.

Il dit en substance qu'on voit s'élever de la mer vers le ciel, une vapeur comme de la fumée, qui s'arrête & se dilate à une certaine hauteur dans l'air, & que cette fumée, après avoir continué à s'élever pendant quelque tems, reste enfin dans une espece d'immobilité, & de la figure d'une piramide, dont la baze est sur les eaux, & la pointe dans la nuë qu'elle a formée, & qu'elle paroît soutenir à peu près de la maniere qu'on le voit dans la figure. *

Les Pilotes experts s'éloignent le plus qu'ils peuvent de ces trompes ; car si un navire passe dessous, & qu'il brise la composition de cette trompe, il court risque d'être submergé par la grande quantité d'eau qui tombe alors d'en-haut comme un déluge. Les Ignorans croïent que c'est la nuée qui descend sur la mer & qui attire à elle l'eau ; mais cette opinion n'a pas besoin d'être refutée, puisque l'on sait que les nuées ne sont autre chose que des vapeurs

* Voyez la Fig. 2.

de l'eau qui s'élevent de la mer ou de quelqu'autre lieu, & non pas la nuée qui descend sur l'eau pour la tirer à elle. Il faut donc dire que c'est par quelque exhalaison soûterraine, causée par des feux qui sont renfermés dans le sein de la terre, que l'eau s'éleve vers le ciel dans l'endroit où se forment ces trompes, (qui occupent une grande étenduë, quoiqu'elle paroisse petite sur le papier,) & en si grande quantité qu'elle produit cette fumée épaisse & sensible, que toutes les nuées forment, y ayant néanmoins cette difference, qu'ici la vapeur monte toûjours par le même endroit à peu près comme la fumée d'un vase d'eau qui est sur le feu, & forme enfin ce nuage épais qui tient à la mer, parce que l'eau continue à s'élever, & soutient l'autre qui est déja montée avant qu'elle soit tombée en pluye. Que s'il arrive, comme on l'a dit, qu'un vaisseau passe par-dessous, & qu'il rompe par son mouvement cette connexion de l'eau superieure avec l'inferieure, qui en quelque maniere la soutient pendant qu'elle monte en vapeur, alors la nuée se relâche, & l'eau tombe avec une si grande abondance, que le vaisseau court risque de faire naufrage. C'est pourquoi les Navigateurs s'éloignent le plus qu'ils peuvent quand ils découvrent de ces trompes

pes; ou bien ils tirent de loin vers ces vapeurs quelques volées de canon, dont le coup, joint au retentissement de l'air, fait fondre la trompe sans danger.

La chronique Islandoise * rapporte comme une chose monstrueuse de la mer qui est entre l'Islande & le Groenland, le phénomene suivant. Il arrive quelquefois que l'on voit s'élever de la mer quand elle est agitée & tempêtueuse, trois grosses têtes ou montagnes d'eau que les gens du païs appellent *Hafgier-daguer*, & quand par malheur des vaisseaux se trouvent engagés dans le triangle que ces trois montagnes forment ordinairement, ils perissent presque tous, & peu en rechappent. On comprend bien, sans le dire, que ces eaux sont ainsi élevées comme des montagnes par les mêmes exhalaisons soûterraines qui forment generalement les tempêtes, & qui sont très-violentes en ce lieu. Ce livre ajoute qu'il y a dans cette mer de grandes masses de glace élevées comme des statues, d'une figure étrange & extraordinaire; ce qui n'est pas difficile à croire dans cette mer glaciale, où l'eau se gele, suivant la relation, à plus de cent pieds de profondeur dans la mer, laquelle se cassant & s'élevant sur l'eau, forme diverses sortes de figures,

* Relat. de Groenland, page 111.

Tome III.

qui paroiffent épouvantables, à qui les regarde dans cette affreufe folitude, où on ne voit que des monftres & des chofes qui infpirent de la terreur; l'on y a vû une fois une ville, avec quelque chofe qui reffembloit à toutes les fortifications d'une place de guerre.

Quoique ces trompes, & autres femblables effets de la mer, paroiffent merveilleux, ils ne font néanmoins que trop communs; mais on doit trouver que ces exhalaifons qui les caufent, à mon avis, font des effets encore plus étonnans dans tous les endroits où ces feux foûterrains abondent : Je rapporterai même à cette occafion en peu de mots, ce qui eft arrivé au Perou, où l'on verra l'exemple d'un évenement prodigieux, caufé par ces exhalaifons foûterraines, qui fans le fecours des vents, ni d'aucune autre caufe vifible, produifirent une efpece de tempête bien plus violente, & plus finguliere comme nous allons voir.

Il y a quelques années qu'il arriva à Pifco près de Lima quelque chofe de femblable à ce qui étoit arrivé en 1690. La relation rapporte qu'on s'apperçut tout d'un coup que la mer s'étoit retirée affez loin, & qu'elle avoit laiffé le rivage qui eft vis-à-vis de Pifco à sec. Bien des gens accoururent pour voir un spectacle si extraordinaire, ne se doutant pas du malheur qui étoit tout proche; car à peine étoient-ils arrivés sur le rivage, qu'ils remarquerent une grosse tumeur ou enflure dans la mer, & en même tems ils la virent boüillir & petiller comme si elle avoit du feu sous elle, & les vagues se grossissant, se replier les unes sur les autres, mugler, fremir, & rouler avec précipitation : Ce n'étoit plus des vagues, mais des montagnes d'eau si hautes, qui s'éleverent en un instant, que les spectateurs perdirent toute esperance de se sauver. Cependant ils le furent ; car heureusement pour eux, la mer qui revenoit avec impetuosité, s'étant fendue avant d'arriver où ils étoient, elle les laissa sur le rivage sans les endommager, ni la petite ville de Pisco, & se répandit à droite & à gauche, à la hauteur de deux piques, & entrant plus d'une grande lieüe avant sur la terre, parcourut plus de trois cent lieües de côtes, où la mer fumoit & boüilloit, abîmant & desolant tout le païs. Dans le même tems, (nottez bien) la montagne d'Ornate, & plusieurs autres, qui depuis quelque tems jettoient de la fumée, & quantité de cendres commencerent à s'ébranler, & peu après le païs fut saisi d'un si grand tremblement, & secoué d'une si é-

D ij

trange façon, qu'on croïoit que tout devoit être abîmé : la mer entra en plusieurs endroits plus de soixante lieües dans les terres & engloutit & renversa un grand nombre de villes & de villages, entr'autres la celebre ville de Cumana, avec une quantité incroïable d'hommes & d'animaux ; plusieurs rochers sauterent ; d'autres furent abîmés, & tout cela en moins d'un quart d'heure que ce parofisme terrible dura, & plus de trois cent lieües de païs le long de la côte se sentirent, comme je l'ai dit, de la fureur de la mer.

J'ai fait voir quelque chose de semblable, en parlant de l'embrasement du mont Etna, où j'ai rapporté que la mer se retira de même.

On ne peut pas attribuer cet effet aux vents puisque la relation nous assure que l'air fut toûjours calme & serain pendant tout le tems que durerent les mouvemens de la mer & les tremblemens de la terre ; mais bien plutôt aux feux, & aux exhalaisons soûterraines. C'est pourquoi je ne crois pas avoir si grand tort d'attribuer aux mêmes exhalaisons, plutôt qu'aux vents, les tempêtes & les autres phenomenes.

CHAPITRE III.

Des Pluïes ordinaires.

POur bien entendre ce que je veux dire, il faut expliquer quelque chose de la raréfaction & condensation des élemens.

La raréfaction arrive lorsqu'entre les particules d'un élement, il y entre d'autres particules, qui les écartent de façon qu'elles ne puissent pas se réunir facilement. Quoiqu'on ne se serve pas communément de ce terme à l'égard des corps grossiers, cependant pour mieux faire entendre ma pensée, j'en donnerai un exemple sur des corps de cette nature. Si l'on jette une poignée de sable en l'air, tous les petits grains s'écartent de maniere qu'ils ne se touchent plus l'un & l'autre, y ayant entre deux grains plusieurs particules d'Air, & parconséquent nous pouvons dire (en un certain sens) que ce sable a été raréfié, quoique l'usage commun veut qu'on dise qu'il est épars çà & là : & plus l'éloignement sera grand d'un grain à l'autre, plus la raréfaction sera grande. Or l'on doit entendre la même chose des particules de l'eau, auxquelles le mot de raréfaction par l'usage convient mieux. Plus les particules de l'eau, ou de quelqu'autre liqueur seront écartées, & qu'il y aura entre elles une plus grande quantité d'air, d'autant plus l'eau & les liqueurs seront raréfiées, ce qu'on doit concevoir aussi des particules de l'air. Comme la condensation consiste au contraire dans l'attouchement des particules, plus cet attouchement sera parfait, plus le corps sera condensé. Ainsi plus les grains de sable seront dans un parfait attouchement, ils formeront un corps d'autant plus condensé & même plus dur, qu'ils seront plus ou moins étroitement joints ensemble. Dequoi on pourra tirer un exemple par les grains de sable qui forment la pierre qu'on appelle *Grés*, laquelle se réduit facilement en petites parcelles sabloneuses. Quoique le terme de condensation ne convienne pas trop au corps dur, cependant comme il est question d'entendre ce qu'on veut dire, il ne faut pas tant s'arrêter aux mots, qu'aux choses mêmes.

Cela étant bien entendu, il est manifeste qu'afin que la pluye se produise, il faut qu'auparavant les particules de l'eau se raréfient en particules invisibles, & qui ensuite, quand elles se sont élevées en haut, se condensent. Ce qui est visible dans la distilation, où l'on remarque que la chaleur raréfie l'eau & la réduit en vapeurs invisibles, & que ces vapeurs assemblées dans la chape d'un alambic retombent en gouttes. Donc les particules de la chaleur du soleil ou de l'éter subtilisent & raréfient l'eau de la mer, ou autre, en s'interposant entre ses molecules qu'elles agitent & élevent en l'air, qui les écartant aussi se mêle entr'elles, & les tient ainsi raréfiées. Et d'autant plus elles sont raréfiées, plus elles ont de difficulté à se rejoindre ; & comme en été la chaleur est plus grande,* il en résulte que les particules de l'eau sont plus raréfiées, & par consequent elles peuvent plus difficilement se condenser, & c'est la cause, que dans ce tems les pluïes sont moins fréquentes, quoique la verité soit, que dans cette saison il y a plus de particules humides dans l'étenduë de l'air qu'en d'autres tems, comme on le peut voir par la secheresse de la terre, par la diminution des rivieres, & de tous les lieux humides, ce qu'il faut remarquer avec soin.

Or ces vapeurs peuvent tomber en pluyes de deux manieres ; la premiere quand les particules de chaleur qui les tenoient raréfiées, ou qui les écartoient les unes des autres, & qui les faisoient mouvoir comme l'air, les abandonnent & s'en separent ; alors les parti-

* C'est-à-dire qu'il y a plus de corpuscules de chaleur qui se mettent entre les particules de l'eau.

cules de l'eau qui étoient éparses, se rapprochant les unes des autres, elles grossissent en petites gouttes, dont plusieurs ensemble en font une grosse, laquelle par son propre poids retombe à terre; & d'autant que j'ai expliqué dans le traité du mouvement, comment un corps est dit pesant, & pourquoi il tombe, je ne le repete point ici : La seconde maniere est quand en peu de tems il s'eleve une si grande quantité de vapeurs humides, qu'elles n'ont pas assez de tems pour être bien raréfiées, ce qu'on voit arriver particulierement en été, & qui cause les pluyes d'orage; & on le remarque encore mieux sous la zone torride, où le tems des pluyes est celui dans lequel le soleil est le plus direct sur ces pays; car alors il éleve en peu de tems tant d'eau, que n'étant pas bien raréfiée, les particules se reprennent au plus vîte & retombent sur la terre, de maniere que les pluyes de l'indostan, au rapport du Philosophe Bernier, sont plûtôt des sceaux d'eau, que des gouttes qui tombent. Et c'est la raison aussi par laquelle les pluyes d'été sont grosses, mais rares, parce que pour pleuvoir de cette sorte, il faut cette circonstance, qu'en peu de tems le soleil éleve beaucoup de vapeurs : car si le soleil a le tems convenable pour les bien raréfier, alors ces vapeurs subtiles, répandues çà & là, se soutiennent avec l'air & ne retombent pas. Mais

Mais qu'il me soit permis de dire mon opinion sur les pluyes frequentes de l'hiver & de l'automne, dans nos climats temperés.

Je crois donc que l'été le soleil est assez fort pour raréfier les vapeurs de l'eau, & les tenir suspendues dans l'air de la maniere que j'ai dit; & je crois même que l'atmosphere de ces vapeurs est plus haut en été qu'en un autre tems; ce que la secheresse de la terre indique assez, l'eau qui la moüilloit n'étant pas anéantie; or à mesure que le soleil se retire, cet atmosphere se rapetisse & s'abaisse, & par conséquent les particules d'eau qui étoient éparses & raréfiées se rapprochent peu à peu, & alors les pluyes tombent facilement & elles sont plus frequentes; & d'autant plus frequentes que les vapeurs qui sont élevées en haut, ne peuvent pas être bien raréfiées, faute de chaleur qui ne les éleve pas assés haut; c'est pourquoi elles retombent facilement & abondamment, rendant à la terre & aux rivieres l'eau dont elle les avoient privées: Et notez que les pluyes d'hiver arrivent plûtôt dans un tems chaud qui peut élever quelque peu de vapeurs, qui retombent presqu'aussi-tôt en pluye, parce que la chaleur qui peut les tenir raréfiées est trop foible dans cette saison.

CHAPITRE IV.

Des Pluyes extraordinaires & merveilleuses.

APRE´S avoir dit ce que je pense sur la cause des Pluyes naturelles, je vais passer à examiner celles qui ont quelque chose d'extraordinaire & de merveilleux, qui nous sont rapportées par plusieurs Historiens, comme sont les pluyes de pierres, de sang, de grenoüilles & autres semblables. Je dis donc que sans déroger à la foi qu'on doit aux Historiens dans les autres choses, on ne doit point tout-à-fait les croire en celles-ci : je veux dire que les faits qu'ils rapportent sont véritables selon la croyance commune, mais manque d'avoir bien examiné la chose, ils ont été trompez, ou ils se sont trompez eux-mêmes. Car quoiqu'il ne soit pas absolument impossible que dans la premiere région de l'air, il ne se produise quelque chose de semblable aux pierres, au sang, &c. Cependant il ne faut pas que les apparences nous trompent si fort, jusqu'à croire que la nature se soit absolument dévoyée de son cours : mais en examinant bien les choses, on voit enfin que cette sage ouvriere agit toûjours par des routes ordinaires, & cela est infaillible : c'est pourquoi il ne faut pas croire facilement qu'elle se détourne de sa route ordinaire, car l'ignorance vulgaire, ou l'exageration du merveilleux si agréable aux hommes, leur a fait quelquefois croire le contraire, d'autant plus encore que tous les Historiens ne sont pas Philosophes. Par exemple, j'ai vû pleuvoir quelque chose qui approchoit des pierres ; c'étoit une pluye de grêle, dont les grains pesoient pour la plûpart environ une livre, & ce qui importe, dans le centre de chaque grain, il y avoit une matiere terrestre, opaque & approchante de la pierre : l'on n'aura pas de difficulté à croire, que les vignes, les moissons, les arbres, les toits, &c. où cette pluye tomba furent ruinez ; que les animaux & même les hommes qui ne purent se mettre à couvert de cette tempête, furent tuez, & à peu de chose près on pouvoit dire, sans beaucoup s'éloigner de la verité, que c'étoit une pluye de pierres, d'autant plus que l'intérieur de cette grêle étoit pierreux : cependant ce n'étoit pas de vrayes pierres, d'autant que l'air n'est pas le lieu où elles s'engendrent; car la pierre est formée d'une substance humide, dans laquelle la terre surabonde. Il n'est pas impossible qu'il ne s'éleve avec les vapeurs de l'eau beaucoup de substance terrestre, qui se condensant avec l'eau, forment ensuite quelque chose qui ressemble à la pierre, comme il y en avoit dans le centre des grains de grêle dont nous venons de parler; mais il n'est pas possible, que de véritables pierres se produisent en telle abonce, que l'on puisse dire que cela soit semblable à une pluye de pierres, comme l'histoire Romaine dit être arrivé à Albano; cependant on dira, le fait est constant qu'il a plû des pierres dans le mont Alban, & en d'autres lieux ; mais supposant le fait à la letre, comme on le rapporte, & étant certain que la nature ne se dévoye point, voyons de quelle maniere il est possible que cela arrive. Mon esprit n'en trouve que deux : Je laisse aux plus clair-voyans d'en trouver d'autres. Un vent ou tourbillon impetueux peut enlever quelques petites pierres, & les transporter à quelque distance, où en tombant, on peut croire que c'est une pluye de pierres, que le vulgaire dira s'être engendrées dans le Ciel : & il n'est pas merveilleux que cela arrive, puisque nous avons vû des vents qui ont arraché de grands arbres, & les ont transportés à quelque distance; qu'ils abattent des cheminées, & transportent des tuiles & des ardoises en l'air comme des plumes, & qu'il y a des ouragans qui enlevent des masses énormes dans les airs, comme je pourrois en conter quelques évenemens que nous avons tous vûs à Paris, il y a quinze ou vingt ans.

La seconde maniere est semblable, ou la même que nous avons vû être communément dans les volcans qui jettent quantité de pierres à demi-brûlées. Il n'est pas impossible que dans le même tems que ces bouches infernales jettent des pierres & qu'elles sont en l'air, qu'un vent impétueux, qui accompagne souvent ces terribles effets, ne les ait transportées bien loin. Il est même possible qu'il y ait eu proche du lieu où ces pierres sont tombées quelque eruption de ces feux soûterrains, qui ayent fait sauter en l'air de la terre & des pierres, comme feroit une mine artificielle, qui fait sauter les murs & les bastions d'une ville ; & comme les Habitans du lieu où ces pierres tombent, ignorent l'endroit où s'est fait cette eruption, ils ont pû dire que des pierres & de la terre avoient plû dans leurs campagnes. Nous avons fait voir par des faits historiques, que les cendres des volcans ont été transportées trente ou quarante lieuës loin de leurs sources, & les habitans des lieux où elles sont tombées, ont pû croire qu'il avoit plû des cendres au lieu

E iij

d'eau, cependant il n'est rien de plus naturel, & de plus facile que cela arrive; & quoiqu'il soit moins difficile au vent de transporter des cendres que des pierres, néanmoins il est certain que cela est possible à un vent impetueux & fort, lequel arrivant rarement avec les circonstances dont nous parlons, rend l'évenement plus rare & plus merveilleux : Au reste, il ne faut pas croire que cette pluye de pierres, ou de cendres, ait duré aussi long-tems qu'une pluye d'eau, ni que les pierres ayent été aussi nombreuses que les gouttes de pluie, ni même que la grosseur de ces pierres ait été fort grande. Il suffit, pour rendre la chose merveilleuse, que quelques petits cailloux soient tombés d'en haut pour répandre l'épouvante chez les habitans de quelque lieu, qui sont facilement étonnés de ce qu'ils ne connoissent pas, & qui ne laisse pas d'avoir quelque chose de prodigieux.

Une semblable pluïe de pierres & de terre tomba dans le siecle précedent en certains villages de Suisse, du canton de Berne, & l'on remarque que cette terre tournoit en rond comme un tourbillon, & de la même maniere que lorsque l'eau d'une riviere ou de la mer tombe en quelque abîme : marque évidente que ces pierres & cette terre étoient poussées en l'air par quelque ouragan, ou tourbillon de vents impétueux qui sortoient de la terre. Il est à remarquer aussi, qu'il y a proche de ce lieu un petit volcan, & ce qui confirme la conjecture, c'est que cette terre traînoit avec elle une grande puanteur de soufre ; ce qu'on peut probablement attribuer à quelque eruption de la terre qui exale son feu, qui cause aussi des vents & des tourbillons impétueux dans l'air, & ce feu étant renfermé & repercuté dans ces montagnes, peut facilement produire un tel effet de pluïes de terre, de cendres, & même de quelques pierres.

Mais s'il y a quelque chose de plus épouvantable, c'est de voir pleuvoir du sang ou de voir les ruisseaux couler une liqueur semblable : cependant comme la nature ne produit le sang que dans les veines des animaux, je crois qu'on doit au moins suspendre son jugement, & bien examiner la chose ; à cette occasion, je raconterai un évenement arrivé à la Haye, environ en 1670. Swammerdam * qui le conte ne dit pas précisément le tems, qui est néanmoins à peu près celui que je dire. Il dit donc qu'un matin on entendit une grande rumeur dans les ruës, les gens étonnés

* Histoire des Insectes.

& épouvantés de voir que les canaux qui traversent ce beau village, paroissoient remplis de sang, aulieu d'eau comme à l'ordinaire, ce qui faisoit leur juste frayeur : mais Mr. ** Docteur en Médecine aïant entendu par les fenêtres les cris & l'épouvante des habitans, étonné en partie comme les autres, & connoissant que dans l'ordre naturel l'eau ne peut pas se changer en sang, il descendit, & remplit un verre de ce prétendu sang. L'aïant bien consideré avec un microscope, il vit que l'eau n'avoit pas changé de nature, mais qu'elle étoit pleine d'une infinité de petits animaux rouges, qui n'étoient pas plus grands que des pointes d'épingles, lesquels nageant dans cette eau, comme feroient les petites parties de la laque ou du minium, la faisoient paroître teinte de couleur rouge, comme font toutes les autres couleurs. Et comme dans l'air & dans l'eau même il y a un grand nombre de toutes sortes de ces petits animaux, comme nous le ferons voir en parlant des insectes; le prodige consistoit en ce que ces petits animaux s'étoient multipliés si fort, en une nuit que toute l'eau paroissoit rouge, & teinte de la couleur du sang. Il ne faut donc pas précipiter son jugement; mais croire que comme tout ce qui reluit n'est pas or, de même toutes les liqueurs rouges ne font pas sang. Ce n'est pas à dire pour cela que je veüille nier que parce que ces effets sont naturels, on ne puisse en pronostiquer quelqu'évenement singulier, chose que nos Savans modernes nient absolument; car cette multiplication soudaine d'un si grand nombre de petits animaux qui teignoient l'eau en rouge, ne pouvant pas se faire sans quelques dispositions extraordinaires de l'air, qui influë sans doute sur le païs, il y avoit lieu de craindre sur lui quelque chose d'extraordinaire qu'il n'est pas facile de deviner, & il est peut-être probable que cela pronostiquoit la guerre, que le Roi de France Loüis XIV. fit à la Hollande peu de tems après, desolant & ruinant la plûpart de ce païs, qui depuis environ 40. ans avoit joüi d'une paix tranquille. Mais comme il est difficile de rendre raison & de sçavoir quelle connexion peuvent avoir les dispositions de l'air de la Hollande, pour attirer sur elle la colere des François, je ne m'en mêlerai pas. Je dirai seulement que les Egyptiens, & les Romains à leur exemple, marquoient soigneusement dans leurs Annales tout ce qui arrivoit de prodigieux, de monstrueux, & d'extraordinai-

& les évenemens qui les avoient suivis un peu après, afin que si de tels prodiges arrivoient encore, ils pussent se précautionner contre les accidens qui pouvoient leur être annoncés. Je voudrois donc bannir le merveilleux qu'on attribuë à certains effets de la nature, comme je l'ai promis dans le commencement de cet ouvrage. Je souhaiterois aussi qu'on jugeât sainement des choses que la nature fait, & qu'on connoisse les principes de ses actions. Cependant je ne prétends pas dire que parce que certaines choses sont naturelles, elles n'ayent point de suites ; mais on croit mériter le titre d'esprit fort en les niant. Rien n'est si naturel que la foudre & la grêle, la premiere tuë, & l'autre desole les champs, néanmoins la petitesse de notre esprit ne pénétre pas, & ne peut point sçavoir la raison de ce que ces prodiges pronostiquent : c'est pourquoi, comme j'ai dit, les Egyptiens y faisoient attention, afin de se précautionner comme font les gens sages ; mais ceux qui prétendent avoir plus d'esprit que les anciens, aiment mieux nier ces effets, que d'avoüer qu'ils ne les connoissent pas. J'appelle prodiges, des productions rares de la nature, qui souvent sont suivies d'autres évenemens rares : & je crois que le Philosophe qui examine le plus la nature, ne doit pas s'étonner de ce qu'elle fait en certain tems, mais il peut appréhender avec cette crainte, *quò cadit inconstantem rerum,* que certains effets rares de la nature n'aïent des suites, soit en bien ou soit en mal, qui arrive le plus souvent, & qui nous derangent ; car certains derangemens de l'air & des élemens, peuvent être une marque de quelque dérangement qui doit arriver sur la terre, & à ceux qui l'habitent.

Ce que je viens de dire des pluïes couleur de sang se doit entendre de toute autre couleur ; car des exalaisons sulfureuses & bitumineuses mêlées avec les eaux qui tombent du Ciel, peuvent aussi les teindre en diverses couleurs. J'exhorte donc le Lecteur curieux de ne pas précipiter son jugement, mais d'examiner auparavant ce qu'il voit pleuvoir, & ce qui importe, les circonstances qui l'accompagnent, & que l'on obmet ordinairement, dans le récit qu'on en fait, pour en augmenter le merveilleux.

Non-seulement Swammerdam avance le fait de ces petits animaux, que nous avons dit qui colorent les eaux en rouge, mais voici ce que Derham avoüe par ces paroles.

» Les insectes qui colorent les eaux sont

« pour la plûpart ce que Swammerdam
» appelle *Pulices aquatici arborefantes*. Les-
» quels font en si grand nombre, qu'ils
» donnent leur couleur à l'eau. La cause de
» ce grand concours, ajoûte cet Auteur,
» c'est qu'ils s'assemblent & se joignent en-
» semble pour faire l'action de la géneration,
» ce qui arrive à la fin de Mai, ou au com-
» mencement de Juin. Les eaux marécageu-
» ses en sont si pleines, qu'elles changent
» leur couleur naturelle, soit en rouge en-
» flammé, ou en jaune, suivant la couleur
» des animaux.

J'ai examiné avec feu M. Geoffroi * la même chose dans un réservoir d'eau qui étoit
dans sa maison. On en voyoit au printems un
grand nombre, & plus encore avec le microscope. Derham dit au surplus que le verd
qu'on voit sur les eaux, particulierement en
été, & qu'on croit être de l'herbe ou corrup-
tion de l'eau, est ordinairement formé par
une multitude très grande de ces petits animaux; » j'ai vû dit-il, des canards en man-
» ger à poignées; ces petits animaux servent
» d'aliment à d'autres plus grands, de même
» que les gros poissons mangent les petits.

Il faut à present parler des pluyes qu'on

* Celebre Apoticaire de Paris.

prétend de certains animaux, & particulierement des pluïes de grenouilles qui sont assez fréquentes à Rome, où j'en ai vû souvent.

Mais il faut remarquer deux choses sur ces sortes de pluïes de grenoüilles, ou de crapeaux. La premiere, qu'elles arrivent toûjours après une grande secheresse, & plutôt dans des Pays fort chauds qu'en des climats froids. La seconde, que ces grenoüilles ne viennent pas comme les autres grenoüilles & crapeaux, les jambes enveloppées dans une peau, comme on le voit quand ces animaux naissent dans les étangs ou fossés. Et ce qu'il y a de particulier, c'est que dans ma jeunesse, après les grandes chaleurs de notre climat, j'en ai vû les ruës de Rome couvertes (pour ainsi dire) après une pluye fort chaude, & sauter entre les jambes des passans. Ce qui a donné lieu de croire à quelques personnes que si ces petits animaux (car ils ne sont pas plus grands que la moitié du pouce) ne tomboient pas du Ciel, comme quelques-uns le prétendent, y en ayant qui m'ont dit hardiment qu'au milieu d'une campagne dégarnie d'arbres il leur en étoit tombé sur le chapeau; que s'ils ne tomboient pas du Ciel, dis-je, au moins il se pouvoit en produire dans le même instant sur la terre qui étoit mêlée du sperme de ces animaux, qui étant échauffée par le soleil & humectée par la pluye chaude, faifoit fauter ces grenoüilles ou crapeaux terreftres au milieu des champs & de la Ville, où le vent pouvoit avoir porté ce fperme réduit en pouffiere. Mais ce fyftéme fouffre de grandes difficultés ; la premiere eft que ces animaux fe produifant par des œufs très-petits, comme nous le verrons en parlant de la génération des animaux, (quoiqu'on puiffe dire que ces œufs ayent été portés par le vent dans cette pouffiere,) cependant ces animaux font cent fois plus grands que les œufs, & il n'eft pas poffible de croire qu'en un inftant & en naiffant, ils foient devenus fi gros. Mais ce qui importe, c'eft que fi l'on ouvre quelqu'un de ces animaux dans le moment qu'ils paroiffent, on trouve que leurs entrailles font pleines d'herbes, & d'autre nourriture à demi digerée, comme l'illuftre Rhedi l'a remarqué. Et il ne paroît pas naturel de dire que la nature produife en un inftant ces animaux fi grands, que, pour ainfi-dire ils naiffent chauffés, vêtus, & même nourris par une providence extraordinaire de la même nature. Mais, comme dit Rhedi, qui a fait voir à bien des gens tout cela, il eft impoffible de les tirer de la prévention qui leur fait croire que ces animaux tombent du Ciel tout comme on les voit, ou qu'ils croyent produits du fperme des grenoüilles qui eft dans la

terre. Il est vrai que je ne puis revenir de quelqu'étonnement, d'avoir vû plusieurs fois, comme je l'ai dit, un très-grand nombre de ces animaux, & plus qu'on ne peut croire dans toutes les rües de Rome. Car je ne serois pas surpris que cela puisse arriver dans les champs;) mais la raison veut que l'on croye plûtôt ce que le sçavant Rhedi en dit par ces paroles. » * Dans mes observations sur la
» vipere, j'ai fait remarquer que ces gre-
» nouilles que nous voyons sortir de la terre
» en été quand la pluye tombe, sont nées
» quelque tems avant que la pluye arrose la
« terre, & lesquels animaux étant dans des
» lieux secs & couverts de la poudre, ou des
» herbes, comme ils sont à peu près de la
» même couleur & immobiles, on ne peut
» pas les voir si facilement, ni savoir s'ils
» sont nés avant la pluye. Ce qui est ma-
» nifeste, car si on les ouvre dans le mo-
» ment qu'ils paroissent, on leur trouvera
» l'estomac & les intestins pleins d'her-
» bes & d'excremens. Et il n'est pas proba-
» ble que dans le même tems que ces gre-
» noüilles sont formées, la Nature ait pourvû
» deja à leur subsistance pour vivre. Je ne
» suis pas même l'inventeur de cette opinion
» (notés bien,) car Theophraste, disciple
» d'Aristote, en parlant des animaux qui

* De generatione animalium, p. 208.

» paroissent à l'improviste, (dans le fragment
» qui se conserve dans la bibliotheque de
» Phocius,) dit à peu près les mêmes choses
» que moi.

Voilà ce que dit Rhedi, cependant il est toûjours vrai qu'il est surprenant que ces animaux quittent les champs, pour venir dans les villes & les villages. Mais la cause de cela étant cachée, il ne faut pas, quoique nous l'ignorions, se départir des régles certaines de la nature, qui ne produit pas des grenoüilles dans l'air, & encore moins de l'herbe pour les y nourrir. Elle a ses progrès pour l'accroissement des animaux, & il est ridicule de dire qu'elle produise ces animaux déja adultes & bien nourris. Il n'y a point de quadrupede, d'amphibie, ni d'autre animal qui ne naisse de l'accouplement du mâle & de la femelle. Les grenoüilles, comme les poissons, naissent d'un petit œuf fécondé par le mâle, & cet œuf est mille fois plus petit que les grenoüilles que nous voyons dans ce tems, dont parmi les petites j'en ai vû quelqu'unes assez grandelettes, & le double plus que les autres. Et enfin, s'il est vrai que quelqu'un de ces animaux soit tombé sur la tête de quelqu'un dans une plaine campagne, ou près d'un arbre, il peut avoir été transporté dans les airs,

ou

ou sur un arbre par quelque tourbillon de vent, qui peut avoir emporté quelqu'unes de ces petites bêtes, plus facilement qu'une pierre, d'autant plus que dans les pluies d'été il y a toûjours quelques vents & quelques orages impétueux.

Le curieux Wheler nous rapporte que dans la Grece il y a des grenoüilles vertes. Elles paroissent à terre comme une demie noix verte. Elles montent sur les arbres, ayant aux pieds des griffes & des ongles comme des épingles, & là elles font un grand bruit croassant fortement. Peut-être que ceux qui disent que les grenoüilles viennent du ciel avec la pluye, & qu'il leur en est tombé sur la tête, c'en étoit quelques unes qui par quelque moyen avoient pû monter sur un arbre, supposant encore que le fait soit vrai, car on aime fort à dire quelque chose de merveilleux.

Ce que j'ai dit des pluyes de grenoüilles, se doit entendre encore plus facilement des pluyes que quelques simples ont crû de sauterelles. Parce qu'il est arrivé qu'en certaines années leurs œufs ayant produit un plus grand nombre de ces animaux, on les a vû fondre comme des nuages sur les champs, & dévorer tous les fruits de la terre. Mais comme ces choses sont trop triviales, &

* Voyage de Grece.

qu'elles ne tombent pas dans la tête des gens qui ont l'ombre du bon sens, je ne m'y arreterai pas davantage. Je dirai seulement que dans ma grande jeunesse j'en ai vû des nuages que les vents ont fait précipiter dans le Tibre, qui en étoit tout couvert & qu'on disoit que le Pape avoit excommuniées, ce qui étoit la cause qu'elles s'étoient ainsi precipitées dans la riviere.

Je veux rapporter encore un exemple d'une pluye extraordinaire, qui m'a été racontée par un Gentilhomme Seigneur du lieu où elle est tombée. Il y a environ cinq ou six ans, * qu'à *Valgrand* près de Villeroi, éloigné de Paris de dix lieuës, vers la fin d'Août, après une grande secheresse, il survint tout-à-coup sur les trois ou quatre heures du soir un orage, avec une espece d'ouragan & de pluye violente, qui dura deux heures; la pluye s'étant écoulée, on trouva sur cette terre beaucoup de poisson, c'est-à dire des tanches, des gardons, qui n'avoient pas plus d'un demi pied de long; & l'on remarque que cette terre est sur une plaine très-élevée, & éloignée de toute riviere, de deux lieuës de tous côtés; cependant cet éloignement de riviere de deux lieuës, est dit *gratis*; car à Villeroi, qui n'en est qu'à trois quarts de

* L'Auteur écrivoit cet ouvrage en 1725.

pas si amis du merveilleux pourront, par le peu que je viens de dire, rendre des raisons naturelles de semblables prodiges: car, par exemple, je pourrois dire que j'ai vû un soir en été une pluye de mouches, & voici le fait. Il y a environ dix ans qu'étant à la campagne je joüois à l'ombre l'après-dîner avec quelques Dames, & comme c'étoit en été, les fenêtres étoient ouvertes, lorsqu'après un petit tourbillon de vent nous fûmes presque tous couverts d'un nuage de mouches, longues & noires, & d'une espece que je n'avois pas encore vû, lesquelles se prirent à ma perruque aussi-bien qu'aux cheveux & aux coeffures des Dames; si l'on vouloit affecter le merveilleux, on pourroit faire passer cela pour une pluye de mouches extraordinaires, que la nature avoit engendré ce soir là pour se divertir; quoi qu'à dire la verité il n'y en eut pas tant que la pluye a de gouttes d'eau. Cependant j'ai mieux aimé croire encore, que dans la partie superieure de l'air il y a beaucoup de differens insectes, comme je le montrerai dans le chapitre de ces animaux, dont les oiseaux, & particulierement les hirondelles entr'autres se nourrissent en partie, & je crois que le tourbillon de vent qui venoit de haut en bas les avoit chassées vers nous avec impétuosité, & avoit produit cette espece de pluye qui ne dura pas demi-quart d'heu-

lieuës, il y a une riviere assez abondante en eau.

Mais dira-t-on que ce poisson long de demi pied s'est engendré en l'air par la pluye, pour moi je ne le crois pas, j'aimerois mieux croire, ou que la terre se fût ouverte en quelqu'endroit, & qu'elle eût donné issuë à ce poisson; ou que l'ouragan l'eût emporté de quelque étang voisin, ces poissons que nous avons nommés étant des poissons d'étang: ou bien que les eaux s'enflant dans quelque étang plus élevé que ces terres, ayent debordé & porté ce poisson dans la plaine de Valgrand. Ce qu'il y a de plus sûr, c'est que ce poisson n'est pas tombé du ciel, mais en quelque maniere que nous ignorons, il est venu certainement de la terre, & peut-être, comme je viens de le dire, de quelque étang voisin qui a debordé, & dont on nous cache le lieu pour augmenter le merveilleux.

Voilà, ce que j'avois à dire sur les pluyes particulieres & prodigieuses; il feroit à souhaiter que ceux qui font le rapport de ces choses admirables, eussent autant de soin d'examiner les circonstances de ces évenemens, qu'ils en ont de les rendre merveilleux, & qu'ils s'appliquassent plus à pénétrer ce que la nature fait faire, qu'à encherir sur ce qu'elle ne fait point. Ceux qui ne sont

re, & qui ne laissa pas dans le moment de nous causer quelque étonnement. Je crois qu'il faut raisonner à peu près de même sur les autres choses qui nous paroissent extraordinaires, mais qui sont ordinaires dans le cours de nature.

J'ajouterai encore ici ce que je trouve écrit dans les Mémoires de la Société Royale de Londres, qui confirme ce que je viens de dire sur les pluyes extraordinaires.

» L'on parle de plusieurs autres pluyes que
» le vulgaire prend pour merveilleuses, com-
» me elles seroient en effet, si elles étoient
» telles qu'on les croit formées dans le ciel,
» mais la verité est qu'elles ne viennent que
» de la terre par quelque accident violent,
» comme on peut juger par les Histoires sui-
» vantes.

» Par exemple y ayant eu en Silesie, dans
» le siecle passé une grande disette de fro-
» ment, le bruit courut qu'il y avoit plû du
» millet ; mais après avoir examiné mieux
» ce prodige, on trouva que c'étoit des pe-
» tits grains de veronique, qui est une es-
» pece de lierre, qui vient en très-grande
» abondance dans ce pais, & que le tour-
» billon de vent avoit enlevé & emporté
» dans ce lieu, en assez grande quantité pour
» rendre la chose merveilleuse. Il arriva
» quelque chose de semblable prés de Wer-
» mister dans le Comté de Wilts, où l'on

» crut qu'il avoit plû du froment, mais le
» sieur Cole ayant bien examiné la chose,
» trouva que c'étoit de la graine de lierre
» que la tempête avoit transporté. En 1696.
» à Cranstead, prés de Wrotham dans le
» Comté de Kent, on trouva dans une
» vaste prairie une grande quantité de petits
» poissons, de l'espece des merlans, qu'on
« disoit être tombés du ciel, pendant une
» tempête accompagnée de beaucoup d'é-
» clairs & de tonnerres, lesquels sans aucun
» doute venoient de la mer, d'où ils avoient
» été transportés par la tempête; ce qui ne doit
» pas paroître impossible, si l'on considere à
» quelle distance & en quelle quantité les
» eaux de la mer furent transportées au mois
» de Novembre 1703. de laquelle chose
» un de mes amis de la Terre de Lewes au
» Comté de Sussex, m'envoya la relation
» suivante; elle contenoit en substance qu'un
» Médecin allant un peu après la tempête à
» la Terre de Fischurst, éloignée de vingt
» milles de la mer, qui en font bien qua-
» rante d'Italie, en passant à cheval il arracha
» quelques feüilles aux arbres de la forêt,
» & les ayant machées, il les trouva salées;
» à Lewes quelques raisins qui pendoient
» aux treilles se trouverent encore plus sa-
» lées. Et le sieur Willamson à Ripe trouva
» toutes les feüilles des plantes de son jardin

« falées deux jours après, & quelques per-
» fonnes trouverent encore la même chofe
» dans la femaine fuivante ; les herbes des
» pâturages aux environs de Lewes étoient
» fi falées, que les brebis n'en vouloient pas
» manger, jufqu'à ce que la faim les y con-
» traignît. Le Meunier de Berwick qui eft à
« trois milles de la mer, voulant avec fon
» garçon enfermer les toiles de fon moulin
» à vent, ils furent fi fort mouillés de cer-
» taines ondées d'eau de mer, de même que
» lors que les ondes fe rompent contre un
» écueil, qu'ils en refterent prefque fuffoqués,
» & ils furent contraints d'abandonner leur
» ouvrage pour fe fauver. Par ces exemples
on peut conjecturer ce qui eft des autres
pluyes merveilleufes ; ayant traduit ceci des
Mémoires de l'Academie de Londres, j'ai le
bonheur de me rencontrer de fon avis fur ces
fortes de pluyes, auffi-bien que fur la gene-
ration des animaux, dont je parlerai dans la
fuite de cet ouvrage.

CHAPITRE IV.

De l'origine des Sources, des Rivieres, des Lacs, & des Fontaines; avec l'Histoire de ce qu'il y a de plus curieux dans le genre des liquides.

SI la mer paroît souvent furieuse & dangereuse aux hommes, elle leur fait sans comparaison plus de bien que de mal, par les fontaines, lacs & rivieres, & plus encore par les pluyes dont elle arrose la terre, sans quoi nous n'aurions aucun vegetal, & les hommes & les animaux mourroient de soif; il faut donc que nous examinions l'origine de toutes ces choses l'une après l'autre.

Il est constant que la mer est l'assemblage de toutes les eaux, car lorsque le cahos fut débroüillé selon l'ordre suprême, les eaux se retirerent & s'assemblerent en un endroit, comme on l'a dit, qui est celui qu'on appelle mer; nous voyons cependant plusieurs lacs & plusieurs rivieres qui s'écoulent sur la terre, & il est question d'examiner quelle qu'elle est leur origine; mais étant vrai que la mer est comme le réservoir général de toutes les eaux, si nous en voyons sur les autres parties de la terre, il y a quelque apparence de dire que toutes les eaux qui sont dans la terre, ou sur elle, viennent de la mer, d'autant plus que nous voyons visiblement que toutes les sources, & les rivieres s'en retournent à la mer, comme le Sage nous l'indique en disant: (*a*) *Flumina à mare veneunt, & ad mare redeunt.*

Mais nonobstant cette régle générale, l'esprit curieux n'est pas content, & il veut sçavoir comment il est possible que la mer puisse former tant de sources, de rivieres, & de fontaines d'eau douce.

Plusieurs grands genies ont écrit sur cette matiere, & je crois volontiers que tous ont dit vrai, mais je suis d'avis qu'en une seule chose ils ont manqué, c'est-à-dire, qu'ayant fait quelques observations non moins judicieuses que véritables, ils ont voulu rapporter à leurs observations particulieres l'origine de toutes les sources, pour moi, profitant de leurs lumieres, je crois que les sources n'ont pas une seule cause, mais qu'elle est differente.

Je conviens que la source generale de toutes les sources est dans la mer, qui est le réservoir de toutes les eaux; mais c'est de ce

(*a*) Sâpientia.
Tome III. G

réservoir que viennent auſſi les pluyes & les neiges, qui ſont la cauſe prochaine des rivieres & des lacs. Il y a encore une cauſe particuliere qui forme d'autres ſources, ce ſont les mêmes rivieres & lacs, ou leurs vapeurs, ou celles de la mer, ou autres ſemblables dont nous verrons le détail dans le cours de ce chapitre. Nous verrons auſſi que ces eaux mêlées avec diverſes ſubſtances terreſtres, ou ignées, produiſent des liqueurs differentes, & de diverſes vertus & proprietés.

Mais pour venir au détail, je crois que la premiere choſe qu'il faut remarquer, c'eſt que la plûpart des grandes rivieres tirent leur origine & leur ſource de quelque haute montagne; pour peu même qu'on ait voïagé & qu'on ait paſſé les Alpes, les Apenins, ou les Pirennées, on voit qu'il ſe forme ſur ces montagnes de belles caſcades d'eau, qui proviennent des neiges & des glaces, dont ces hautes montagnes ſont couvertes, & qui ſe liquéfiant peu à peu forment des petits ruiſſeaux, qui s'aſſemblant enſuite en un lieu bas, forment ou une petite, ou une grande riviere.

La ſeule montagne de Saint Godard, dans la Suiſſe, produit trois fameuſes rivieres, le Rhin, le Rone, & le Teſin, leſquelles prenant un cours different arroſent trois des plus conſiderables Etats de l'Europe. La premiere, l'Allemagne; la seconde, la France, & la troisiéme, l'Italie.

Il est au moins visible que les pluyes & la fonte des neiges enflent les rivieres, & même les font déborder quand les pluyes & les neiges sont abondantes; & comme dans l'hiver les pluyes & les neiges sont plus fréquentes, c'est dans ce temps que les rivieres sont assés grosses : & au contraire en été & dans le commencement de l'automne que les pluyes sont rares, les rivieres sont toutes assez basses, & quelqu'unes des plus petites tout-à-fait à sec. Je croirois même que les plus grosses rivieres seroient encore plus basses & presque dessechées, si elles-mêmes ne se preparoient dans l'hiver un aliment pour l'été prochain. Et je ne puis m'empêcher de dire une opinion que j'ai à ce sujet.

Elle consiste à croire que pendant l'hiver les rivieres étant fort hautes, elles penetrent les pores des terres entre lesquelles leurs eaux sont enfermées, se répandant au loin dans les campagnes & dans les terres contigues, égales au niveau & à la hauteur où les rivieres montent quand elles sont enflées, & à laquelle hauteur les mêmes eaux de la riviere ainsi enflée soutiennent celles qui ont penetré, & qui sont passées dans les terres; or à mesure que les eaux des rivieres baissent & s'écoulent à la mer, ces mêmes eaux qui étant sorties de leur lit naturel, s'étoient ainsi dilatées dans les environs, n'étant plus soutenues par l'eau de la riviere, retombent dans leur lit naturel par une infinité de petits filets d'eaux, qui servent à faire subsister la riviere dans les tems secs de l'été ; & l'on ne peut voir ces filets d'eau, non-seulement parce qu'ils sont très-petits, mais parce qu'ils retombent à fleur d'eau de la riviere qui les reçoit en forme de gouttes, & comme des pleurs presque insensibles de la terre ; sans quoi j'ai de la peine à croire que les grandes rivieres, qui coulent sans cesse à la mer, pussent s'entretenir & subsister long-temps, & être navigables. Je crois aussi que les pluyes dont les terres des environs sont abreûvées en hiver, contribuent encore à entretenir & à grossir ces pleurs des terres, au bord desquelles les rivieres passent. Mais quoiqu'on puisse dire que la fonte des neiges & des glaces, qui se liquefient dans les montagnes pendant la chaleur de l'été, y contribue d'une maniere plus forte que ces pleurs de la terre, cependant j'ai deux conjectures fort sensibles qu'elles y contribuent aussi beaucoup.

La premiere est que quand on bâtit le Pont Royal de Paris, vis-à-vis le Jardin des Thuilleries, lorsqu'il fut question de faire la derniere arche du côté du Faubourg S. Germain, & le mur où le Pont devoit s'appuyer de ce côté-là ; l'Entrepreneur (Mr. Gabriel) aïant enfermé cet espace entre des estacades, pour faire les fondations de l'arche du Pont, & pour pomper l'eau qui faisoit obstacle à la fondation, l'on ne pouvoit pas dessecher celle qui couloit incessamment du Faubourg S. Germain, qui n'étant plus soutenue par l'eau de la riviere, venoit se décharger dans le lit naturel d'où elle étoit sortie : & l'Entrepreneur fut long-temps dans une grande crainte, d'autant que le mois de Novembre approchant, il avoit à appréhender que les pluyes survenant la riviere s'enfleroit, & qu'il ne pourroit de cette année achever l'ouvrage, & par conséquent la dépense employée pendant quelques mois à pomper les eaux, auroit été perdue, s'il avoit fallu recommencer ; outre qu'il auroit pû arriver de plus, que la riviere croissant en hiver, pouvoit gâter une partie de ses travaux, & renvoïer encore ses eaux dans les terres de ce Faubourg ; mais heureusement pour lui, peu de jours avant les pluyes nouvelles de l'automne, les eaux tarirent par la pompe, & il acheva ses fondations. Ce qui fait voir donc que les eaux de la riviere, en croissant, se dilatent de part & d'autre des deux bords par les pores des terres, quand elles sont spongieuses, & que ces mêmes eaux retombent dans leur lit naturel, lorsqu'elles ne sont plus soutenues par les eaux de la riviere.

Je pourrois appuyer cette conjecture par le récit naïf d'un de mes domestiques qui me racontoit qu'étant encore jeune enfant, & cherchant des écrevisses dans les trous d'une petite riviere de son païs, il mit la main dans un entr'autres où il croyoit en trouver; mais que l'ayant trouvé bouché de terre & de quelques racines d'arbre, il en tira tout ce qui fermoit son entrée, qui étant débouchée, il en sortit aussi-tôt un petit ruisseau, où il s'avisa de mettre une petite roüe, comme celle d'un moulin, qui pendant deux jours continua à tourner par la force de l'eau qui couloit incessamment de ce trou, & le moulin auroit continué encore son mouvement, si quelques enfans ne l'eussent emporté. Je pourrois bien en rapporter quelqu'autres preuves, qui ne feroient qu'ennuyer le Lecteur si celles-là ne le satisfaisoient pas, & que je ne rapporte qu'afin qu'il fasse ses reflexions & ses experiences sur cette circonstance.

La seconde conjecture, ou pour mieux dire une expérience qui fait voir que les terres imbibées de pluyes durant l'hiver, peuvent produire des fontaines pendant l'été, m'a été fournie par une fontaine artificielle que M. Roullié du Coudrai a fait faire dans le Château de sa terre *du Coudrai*, qui est située sur une hauteur beaucoup au-dessus de la riviere voisine. Comme il manquoit d'eau en été pour entretenir les fossez qui environnent ce Château, & ce qui étoit de plus important encore n'en aïant pas pour fournir commodément sa maison, on lui conseilla de faire faire une longue tranchée d'environ une toise de profondeur dans ses terres voisines, ce qu'il fit, & les pleurs de ces terres lui ont fourni depuis plus de vingt ans autant d'eau qu'il lui faut pour les precedens besoins. Il arriva en 1723 que cette eau ayant manqué entierement à cause de la grande secheresse, un soir que j'étois dans ce Château ayant plû fortement la nuit, le lendemain sa source artificielle commença de nouveau à fournir de l'eau, & je la laissai deux jours après qu'elle en rendoit encore un peu. Il est vrai que ce petit ruisseau artificiel est bien plus fort en hiver qu'il n'est en été, mais il est suffisant néanmoins pour ce qu'il en a besoin. Je vois tous les jours que le beau jardin de M. Pelletier, qui est sur la colline du Menil-Montant, n'a point d'autre eau que celle que les pleurs de ces terres sabloneuses lui fournissent, & qui sont plus ou moins abondantes,

G iiij

suivant que l'hiver a été plus ou moins pluvieux, & plus abondant en neiges : & que dans l'été, il manque souvent d'eau. Je vois même qu'une petite fontaine qui est la plus basse de ce Jardin, est la seule qui ne tarit pas tout-à-fair, parce qu'elle peut assembler les pleurs des terres plus hautes, & qui ont été penetrées le plus par les pluyes, quoiqu'il soit vrai que dans les étés & les automnes fort secs elle se conserve difficilement, & qu'à peine donne-t'elle quelque signe d'humidité.

Mais comme il n'y a personne qui ait quelque connoissance des eaux qui ne sache que les pleurs des terres puissent faire des fontaines & des sources, je n'en dirai pas davantage. Je ferai seulement observer deux choses ; la premiere que les terres imbibées des pluyes & des neiges peuvent former des sources, lorsque les pleurs de ces terres s'assemblent & s'amassent ensemble, & qu'elles sortent en quelqu'endroit. En second lieu que non-seulement les rivieres se conservent par cet écoulement d'eau des terres qu'elles-mêmes ont inondées, mais par des sources qui naissent au milieu de leur lit, & lesquelles sont couvertes de leurs propres eaux, ce qui empêche qu'on ne les voye. Ces sources qui viennent des collines voisines, ou plus éloignées, entretiennent aussi les rivieres, &

empêchent qu'elles ne tariffent tout-à-fait dans les grandes fechereffes, quoique leurs eaux s'écoulent inceffamment dans la mer. J'ai en petit une preuve conftante de cette vérité: c'eft qu'un ruiffeau qui prend fa fource près de Fontenai en Brie, qui n'eft pas loin de Chaumont, produit dans les grandes fechereffes un prodige pour ceux qui ne l'examinent pas de près. Le merveilleux confifte en ce que quelquefois la partie fuperieure de ce ruiffeau tarit tout-à-fait vers fa fource, & on peut le paffer à pied fec, pendant que l'autre partie inferieure coule à l'ordinaire; ce qui arrive, à caufe qu'il y a dans cet endroit une fource qu'on ne voit point quand le ruiffeau coule en entier. Ainfi quand la fource qui eft vers Fontetenai tarit, celle qui eft beaucoup plus bas continuë à former ce ruiffeau, jufqu'à ce qu'il entre dans la petite riviere d'Ier, dont il emprunte le nom avant que d'y entrer.

Il faut donc imaginer la même chofe dans les rivieres plus grandes. L'hiftoire du païs* rapporte qu'en 1399. la riviere d'Oure fufpendit fon cours, & tout d'un coup refta à fec vers fa fource. Elle fut trois jours de la forte, pendant que le côté d'en-bas fut toujours rempli d'eau, comme le ruiffeau dont nous venons de parler. Sans doute que cet effet arriva par une caufe femblable, car on n'en dit pas

* Dans la Brie.

d'autres circonstances. Il est arrivé la même chose en Angleterre en 1695. ou environ : les Gazettes parlerent de cet évenement, où l'on passa à pied sec une riviere qui avoit cessé de couler, & on prit plaisir à prendre avec les mains le poisson qui étoit resté à sec sur le gravier.

Or les eaux qui forment ces sources, ou autres plus visibles, peuvent s'assembler quand les terres ainsi imbibées d'eau trouvent un lit de glaise, ou un lit pierreux qui les empêche de pénétrer plus bas, où leur propre pesanteur les pousse ; & quand ces eaux ainsi amassées, coulent par quelque panchant, & quelles sortent en quelque lieu, elles forment une source plus ou moins grande ; laquelle diminue, ou manque entierement, si les eaux qui la causent viennent à tarir. Notez aussi que la même riviere peut en former d'autres, ou un lac. Dans la partie superieure du mont *Cimino*, * assez près de Rome, nous avons le lac de Vico, qui s'écoule par des canaux soûterrains, & il sort en forme d'une riviere fort rapide près de *Ranchilloni*, de laquelle se forment trois autres lacs qui sont fort proches les uns des autres. Quand l'eau penetre, comme nous l'avons dit, à travers les terres, elle peut, lorsqu'elle est assez haute, se re-

* Latium. Kirker.

pandre dans un lieu plus bas, & former une fontaine, un ruisseau & même un lac.

Mais quoique nous ayons dit que la plûpart des sources des grandes rivieres tirent leur origine des montagnes, dont les neiges se fondent peu à peu, cependant on voit que les sources de plusieurs rivieres ont leur origine dans des plaines éloignées de ces hautes montagnes ; que nous supposons couvertes de neiges qui se liquefient peu à peu : Par exemple, le Danube prend sa naissance dans le parc des Ducs de Furstemberg, assez petit dans son commencement, ne portant des bateaux qu'à Ulm. La Seine a sa source près de S. Seine, qui est éloigné des montagnes, & cette riviere est assez petite dans son origine, aussi-bien que le Danube & presque toutes les plus grandes rivieres. On ne pourroit pas cependant rendre une raison facile de leur origine dans une plaine, si nous n'avions vû que de la même maniere que les rivieres se perdent en certains lieux où elles s'engouffrent dans la terre, & qu'elles vont reparoître de nouveau à quelques lieuës au-delà, il peut aussi arriver que les pluïes & les neiges fonduës qui tombent au pied des montagnes, pénetrent & courent dans la terre par des canaux souterrains, & viennent donner leurs eaux à plusieurs lieuës des montagnes, qui sont leur véritable origine. Par cette raison, on pourroit dire que le Danube peut tirer ses eaux de la montagne noire, ou autre, comme la Seine peut tirer sa source des Alpes, ou d'autres lieux élevés, quoiqu'elle ne paroisse qu'à S. Seine. Il se peut faire aussi que les lacs que nous avons dit qui se forment dans le sein de quelques montagnes, dont nous avons donné quelques exemples, en pénétrant la terre par des canaux que ces eaux se sont formeés, viennent paroître dans des lieux où leurs sources sont visibles. Il se peut faire encore que les seules eaux de pluïes dont les terres sont imbibées, trouvant, comme je l'ai dit, un lit de glaise, ou pierreux, où elles s'amassent, viennent se rendre dans un lieu plus bas, & de cette maniere, ces eaux peuvent donner la naissance à une riviere, qui grossit ensuite en recevant les eaux de quelqu'autre qui a été formée de la même façon : car, comme on le sçait, presque toutes les grandes rivieres sont assez petites dans leur origine, & ne deviennent grandes que par le concours des autres qui s'y jettent. C'est par cette raison que les rivieres qui coulent long-tems sur la terre, font les plus grosses, parce qu'elles ont plus de tems & de loisir pour s'enrichir des eaux des ruisseaux, & des rivieres plus petites.

Il y a pourtant au-delà d'Orleans (notez que j'écris à Paris) une riviere nommée *la Source*, (par excellence je crois,) parce qu'en sortant elle est si grosse que dès cet endroit elle porte des bateaux, & pendant tout le cours qu'elle fait avant de se joindre à la Loire, elle n'a pas besoin d'autres rivieres pour être navigable. On pourroit soupçonner que cette source, si abondante, est formée par quelqu'une de ces rivieres qui se perdent dans la terre, & qui après avoir couru par des chemins inconnus, vient naître dans ce lieu: ou bien, il faut dire qu'à quelques lieuës des environs, il se fait un si grand amas des eaux de pluïe sur des terres qui les empêchent de pénétrer vers le centre, qu'elles peuvent fournir cette grosse source, qui, comme toutes les autres, paroît moindre en été & dans les autres saisons séches.

Quant aux lacs, il y en a de trois sortes. Les uns qui sont formés par des rivieres, d'autres qui en forment, & beaucoup qui sont de simples lacs. Ceux de la premiere nature se forment quand une riviere coule dans un vallon creux, qu'il faut que la riviere qui y passe, remplisse avant que d'en sortir, & de cette maniere le lac se forme. Mais comme cette vallée reçoit toûjours de l'eau nouvelle, le lac déborde, & coule par l'endroit le plus commode. C'est ainsi, par exemple, que le lac de Constance est formé par le Rhin, & plusieurs autres semblables. Il y a des lacs qui au contraire sont comme les sources des rivieres. Ce qui peut arriver quand les terres rendent abondamment les eaux qu'elles ont reçuës des montagnes, ou des pluïes, & qu'elles viennent reparoître & les rendre dans quelque vallon. Il faut que ce vallon se remplisse auparavant, & quand les eaux viennent en abondance, alors elles débordent, & s'écoulant par le lieu le plus commode, elles forment une riviere, ou un ruisseau plus ou moins grand, à proportion de l'abondance des eaux que le lac reçoit, & suivant l'étenduë du vallon. On peut rapporter à ce sujet l'exemple des cinq grands lacs du Canada, dont peut-être le premier est l'origine des quatre autres, qui font comme la source de la grande riviere de S. Laurent. La troisiéme espece de lacs, qui est en grand nombre, sont ceux qui ne forment point de rivieres, & qui n'en tirent pas leur naiſfance. Ceux-ci font formés, fuivant toute apparence, par les eaux des pluïes & des neiges qui tombent en quelque vallée, ou lieu creux: ou bien, par des fources d'eau qui s'écoulent dans une vallée, de quelques endroits qui ne font pas trop élevés, & qui font prefqu'au niveau du lac que ces eaux forment.

Afin que ce que je viens de dire foit encore plus intelligible, je crois qu'il n'y a perfonne qui n'ait vû quelque marécage dans un champ, lequel eft formé par plufieurs petites fources qui fortent de côté & d'autre, qui quand elles font foibles, fe perdent dans les mêmes terres, qu'elles entretiennent feulement humides, & forment le marécage; parce que ces eaux n'ont pas affez de pente pour s'écouler, & qu'étant en petite quantité, elles ne peuvent pas former un lac. Mais quand ces fources font nombreufes, qu'elles rendent beaucoup d'eau, & que le champ eft affés creux pour former une efpece de baffin capable de contenir ces eaux, alors le lac fe forme. Comme il ne reçoit l'eau que par le fond, ou par les côtés du baffin, on ne voit pas d'où elle fort; ainfi quand ces fources ne viennent pas d'un lieu plus haut que la fuperficie de ce baffin, leurs eaux y demeurent fans en fortir; mais fi elles viennent d'un lieu beaucoup plus élevé & en abondance, alors elles se dégorgent, & forment un ruisseau, ou une riviere. Il faut remarquer qu'une riviere peut quelquefois former de loin un lac dans un lieu plus bas, en pénétrant la terre contiguë, de la maniere qu'on l'a expliqué, par des pleurs abondantes, & en passant par une terre fort spongieuse.

En un mot, si l'on a bien compris que les eaux de pluïe, ou des mers, ou des rivieres, & des lacs mêmes pénétrent les pores de la terre, & que s'amassant ensemble sur un lit de glaise, ou de pierre, se forment un canal & une route par où elles se dégorgent en un lieu plus bas, & si on mêle la situation des lieux à ces choses, on aura la connoissance de la maniere dont se forment toutes les rivieres, lacs, & fontaines que l'on voit sur la terre. Les puits mêmes peuvent nous donner une idée de ce que nous venons de dire, en ce qu'il est visible que l'on ne peut pas creuser la terre en quelqu'endroit, que l'on ne trouve de l'eau. Car il faut remarquer, que les puits se remplissent d'eau en deux manieres. La premiere, par des sources qui viennent abondamment dans le trou qu'on a fait, & de cette façon ils se remplissent facilement en peu de tems, & on ne peut pas aisément

les

les deffécher. Mais quand ces puits font remplis par les simples pleurs des terres qui les environnent, alors il faut souvent attendre quelques jours que l'eau y vienne, parce qu'elle ne s'y rend que peu-à-peu, & de la même maniere que nous l'avons vû dans la fontaine artificielle, qu'on peut former en creufant une tranchée dans un lieu plus bas que les terres fpongieufes d'un pré, ou d'une autre terre qui reçoit l'eau de pluïe. En un mot, on peut dire que les fources font formées par des eaux qui s'écoulent d'un lieu beaucoup plus élevé, & qui viennent de quelqu'autre fource plus abondante d'une riviere, ou des ruiffeaux fuperieurs : mais les pleurs ne viennent ordinairement que des terres imbuës d'eau, & qui font prefque de niveau au fond du puits.

Je ne veux pas obmettre une obfervation que nous devons à feu Mr. Perrault. Il dit, * ce qui eft vrai, que fi l'on remplit un tuyau de fable ou de terre, & qu'on le place tout droit dans une terrine d'eau, la terre qui eft dans le tuyau n'eft pas feulement humectée à la hauteur du niveau de l'eau, mais que l'eau monte beaucoup plus haut. La même chofe arrive fi l'on

---

* Au livre de l'origine des Fontaines.

met une partie d'une éponge dans l'eau, où l'on remarque que le liquide monte dans la partie qui furnage. Cette premiere experience que fit Mr. Perault le flatta de l'esperance de trouver le mouvement perpétuel; c'est pourquoi aïant appliqué un filtre, à l'endroit où l'eau humectoit le plus fortement le sable, il attendit pour voir si l'eau s'écouleroit par ce filtre, parce que si elle s'étoit écoulée en bas dans la terrine, elle auroit continué à remonter, & à s'écouler aussi toûjours. Cependant son attente fut vaine, d'autant que jamais une goutte d'eau ne voulut descendre par le filtre. Cette expérience m'a donné occasion de réfléchir à une chose que j'ai vû à Rome, étant encore fort jeune. Le fait est que le Tibre aïant innondé la ville le jour de Saint Charles, qui est le 4. Novembre, & l'innondation étant entrée dans la cour de ma maison comme dans les autres, je remarquai que l'eau d'un puits qui y étoit placé monta plus haut de deux ou trois pieds que l'eau qui étoit au bas du puits, lequel forma une nappe d'eau en se degorgeant, qui tomboit dans celle qui inondoit la cour. Ce qu'il continua de faire, jusqu'à ce que les eaux du Tibre commencerent à baisser. Peut-être que cet effet arriva autant de tems que les eaux montoient, &

qu'elles pouſſoient en haut l'eau contiguë. Ce qui marque que l'eau de ce puits provenoit de la riviere du Tibre, dont il n'étoit éloigné que de cinq ou ſix cens pas. Ce que je dis, afin que des perſonnes habiles, & qui ont le loiſir de faire des obſervations, conſiderent ce qu'ils peuvent faire de l'experience de Mr. Perault, & de celle que je viens de dire, que je puis aſſûrer être certaine ; de laquelle en attendant on peut tirer cette conſequence, que l'eau monte plus haut que ſon niveau pour humecter la terre, & peut-être pour produire d'autres effets; ſoit qu'elle y ſoit pouſſée par la peſanteur de l'air groſſier, & même par l'air ſubtil qui l'agite. Elle montre auſſi que le Tibre pénétrant le dedans de la terre augmentoit l'eau de ce puits, qui croiſſoit à meſure & plus que la riviere. Nous vîmes encore dans ce tems, ce que l'on voit à Paris quand la riviere déborde ; c'eſt-à-dire, que l'eau entre dans les caves par differentes ſources qui boüillonnent dans la terre de ces caves, & qu'elle s'en retourne (d'ordinaire) par les mêmes endroits & chemins par où elle étoit venue. J'ajouterai ici une obſervation à faire qui me paroît conſiderable, c'eſt que dans la même ruë où j'ai demeuré à Paris * pendant trente &

* Ruë S. François au Marais.

un an, une partie des caves dans la grande excreſſence de la riviere ſont remplies d'eau, d'autres n'en ont point, & cette ruë eſt ſans doute une des plus élevées de ce quartier, ayant au-deſſus du niveau de la riviere pluſieurs braſſes de hauteur : & cependant comme je viens de le dire, quelques caves ſont inondées, & d'autres ne le ſont pas. Ce qui marque d'un côté que l'eau monte beaucoup plus haut que ſon niveau, & d'un autre que le fond de la terre étant inégal, pierreux, ou plein de glaiſe en certains endroits, en d'autres ſpongieux, l'eau pénétre par les endroits où elle peut paſſer, & non par les autres où elle ne peut pas pénétrer : Ce qui arrive auſſi aux lieux plus bas, & aux caves les plus proches de la riviere.

Par ces hiſtoires & autres ſur leſquelles les Philoſophes curieux peuvent réfléchir, ils verront qu'on ne peut pas douter de la pénétration des eaux des rivieres, des lacs, des pluïes, & que chacunes de ces choſes peut former des ſources de toutes les manieres differentes que j'ai dites, & en pluſieurs autres qui ſeroient trop longues à détailler, dependant de la diſpoſition particuliere des terres, des lits de glaiſe, ou de pierre qu'elles rencontrent, des panchans des lieux par où elles paſſent, & par leſquels elles peuvent fortir, auffi-bien que des paffages foûterrains qu'elles peuvent fe faire, ou que la nature-même leur offre tous faits, & par lefquels elles peuvent parcourir des efpaces fort longs, comme nous l'avons vû de quelques rivieres qui fe perdent.

Il faut répéter encore quelque chofe des lacs, dans lefquels une ou plufieurs rivieres entrent fans en fortir, & qui néanmoins ne croiffent pas : Je crois que la raifon en eft la même, que celle que nous avons rapportée en parlant de la mer Cafpienne, & du lac de Copaïs de Livadie dans la Beotie ; c'eft-à-dire, que ces lacs qui reçoivent continuellement des eaux, fans en rendre vifiblement aucune, ont néceffairement des forties foûterraines par où ils fe déchargent, & vont faire fortir leurs eaux en un lieu fort éloigné, formant ainfi quelque riviere ou lac, ou bien elles vont fe rendre dans le réfervoir commun de quelque mer, comme fait celui de Livadie dans la mer de Grece, la mer Cafpienne dans l'Océan Perfique, & plufieurs autres femblables.

Il nous faut à prefent parler de quelques fources qui viennent auffi d'un autre principe fort naturel, auquel Ariftote & quelques modernes ont rapporté l'origine de toutes les sources, lequel principe peut bien être, comme je l'ai dit, un de ceux auquel quelqu'uns attribuent la cause de toutes les sources, mais qui, à mon avis, n'est pas le seul : ce principe consiste dans les simples vapeurs des eaux qui sont renfermées dans quelque lieu profond de la terre, & qui étant subtilisées & élevées en vapeurs par la chaleur centrale, ou des autres feux que nous avons vû être dans le sein de la terre, se condensent dans un lieu froid, & qui s'assemblant coulent en ruisseaux, ou en fontaines, suivant la quantité des vapeurs.

Cela ne doit pas paroître plus merveilleux que de voir tous les jours des vapeurs s'élever de la mer, des lacs, & des rivieres, qui retombent ensuite sur la terre en forme de pluïes.

Mr. Perrault, * qui donne beaucoup à ces vapeurs, rapporte que les Moines de Meudon (à deux lieuës de Paris) possedoient un petit ruisseau qui faisoit moudre un de leurs moulins, mais voyant que l'eau de ce ruisseau diminuoit si fort que leur moulin n'alloit plus, ils s'apperçurent que dans une colline voisine, l'on avoit fait une ouverture d'où l'on tiroit des pierres

* De l'origine des Fontaines.

pour bâtir, & d'où ils voyoient sortir des vapeurs en abondance semblables au broüillard; ils conjecturerent donc, suivant Aristote, que ces vapeurs étoient ce qui faisoit la source de leur ruisseau; c'est pourquoi ils firent au plutôt boucher cette ouverture, après quoi ils virent couler leur ruisseau avec la même force & avec la même abondance qu'auparavant.

 * L'Isle de la Pantelerie, située entre l'Affrique & l'Isle de Malthe, est si aride & si desséchée par une chaleur interne sensible, qu'à peine peut-on marcher sur cette terre à pieds nuds, d'autant que c'est comme si l'on marchoit sur un four pendant qu'on y cuit le pain; ce qui fait aussi que cette terre ne conserve aucune sorte d'eau. Il ne s'en trouve point d'autre que celle que l'on tire d'une grotte, dans laquelle s'élevent des vapeurs visibles en grande quantité, qui s'épaississant dans le sommet de la grotte comme dans la chape d'un alambic, retombent comme une espece de pluïe qui forme assez d'eau pour abreuver les hommes & les animaux qui vivent dans cette Isle. On pourroit dire qu'il y a apparence que cette espece de source se forme des eaux de la mer, dont la terre de cette

* Théâtre du Monde du P. Boussigault.

Isle est imbue, qui par la même chaleur du feu qui dévore cette terre, sont élevées en vapeur, comme on dit ; & elles sont ainsi élevées en cet endroit plutôt qu'en un autre, parce que par hazard dans ce recoin de l'Isle le feu soûterrain est plus fort, & non dans un autre lieu ; y ayant apparence que l'endroit où se fait cette espece de distillation, est proche de la mer, sous laquelle la fournaise s'étend, & où la même mer peut pénétrer plus facilement la terre de cette espece de rocher qui forme l'Isle. Car il est à remarquer que pour produire un certain effet, plutôt dans un lieu que dans un autre, il faut nécessairement que la cause agissante, soit plutôt dans cet endroit où l'effet paroît, que dans les autres où il ne paroît pas : ou bien que les circonstances empêchent la cause de produire un tel effet ailleurs, plutôt que dans ce lieu particulier. Dans cette Isle (par exemple) la chaleur est grande par tout, & cependant l'eau ne distile que dans l'endroit où est cette grotte ; il faut donc dire, ou qu'il n'y a que cet endroit par où l'eau de la mer puisse pénétrer & s'élever en vapeurs ; ou bien, qu'ailleurs ces vapeurs, s'il y en a, se dissipent dans l'air, parce qu'elles ne sont pas retenues & condensées, comme il arrive dans cette grotte ; n'étant

peut-

peut-être pas impossible, que si les habitans bâtissoient d'autres grottes, à l'imitation de celle-ci, qu'ils ne pussent avoir encore de l'eau; mais comme il y a apparence qu'ils en ont suffisamment de cet endroit, ils ne se mettent pas en peine d'en avoir davantage, ou bien ils ne s'avisent pas d'un semblable expédient. Quoiqu'il en soit, il faut que le Philosophe réduise tous les effets qui lui paroissent merveilleux à la possibilité de la nature, Dieu faisant rarement des miracles, c'est-à-dire, que rarement il change l'ordre des choses qu'il a établies.

Par ces expériences & autres, l'on peut donc croire que quelques petites sources & même de fort grandes, peuvent être produites par des vapeurs qui se condensent dans le creux des montagnes, comme dans cette grotte & autres, & qui ailleurs donnent le commencement à une fontaine, ou à une riviere, suivant l'abondance des vapeurs & de l'eau que la chaleur du centre éleve.

L'on a parlé d'un arbre merveilleux qui étoit dans l'Isle de Fer, aux Canaries, autour duquel les vapeurs de l'air se réduisoient en eau; mais cet arbre n'existe plus, s'il est vrai ce qu'un Gentilhomme Canarien de cette Isle m'a dit, que presentement on se

sert de citernes, qu'un de ses ancêtres avoit introduites ; néanmoins le Pere Boussi-gault * nous fait voir que cet arbre non-seulement existe, mais qu'il n'est pas le seul, & qu'il y en a en plusieurs autres endroits des côtes d'Affrique. Il rapporte, & je trouve en d'autres Auteurs qu'il dit vrai, que dans l'Isle de S. Thomas il y a des arbres semblables, qui ont une proprieté particuliere, attirant & épaississant l'air & les vapeurs de certain nuage, & le resolvant en eau comme la rosée du matin. Voici ses paroles. " On voit au mi-
" lieu de l'Isle de S. Thomas une mon-
" tagne très-haute, son sommet semble
" surpasser les nuës. Ce mont est couvert
" de grands arbres, toûjours verdoyans &
" épais. Au plus haut de cette montagne,
" on remarque une nuée en quelque tems
" de l'année que ce soit. Tout de même que
" dans nos plus froides montagnes, on y
" trouve de la neige qui n'en a jamais bou-
" gé. Cette nuë se résout en rosée & en
" pluïe menuë, qui distile sur les feüilles
" & les branches de ces arbres, en telle abon-
" dance, qu'il en sort de gros ruisseaux qui
" font beaucoup de bruit en tombant le
" long de la pente & des précipices de cet-

* Théatre d'Affrique, page 268. & 269.

» te montagne, jufqu'à ce qu'ils coulent
» dans la plaine pour arrofer les cannes de
» fucre. Au refte, toute l'Ifle eft pleine
» de fontaines d'eau vive, &c.

Quant à l'autre arbre qu'on dit être dans l'Ifle de Fer, voilà fon raport.

» Cette Ifle eft fort petite & fort ari-
» de, & on ne trouve point de fource
» d'eau que près du rivage de la mer. Au
» défaut de cela, Dieu y a pourvû par un
» certain arbre qui s'y trouve, dont l'efpe-
» ce eft inconnuë, & qui a les feüilles étroi-
» tes & toûjours vertes. On voit continuel-
» lement autour une petite nuë, de la-
» quelle découle inceffamment une humi-
» dité fur les feüilles, qui répandent une
» liqueur très-claire en telle abondance
» dans les cuves qu'on tient fous l'arbre,
» qu'elle eft fuffifante pour fournir les
» hommes & les beftiaux, &c.

Quoiqu'il en foit, la caufe principale & univerfelle des fources vient des pluïes & des neiges fonduës, (car notez que l'eau de ces arbres vient d'une nuë,) qui tombent ordinairement en hiver, & en plufieurs autres jours de l'année. Mef. de l'Obfervatoire de Paris ont recueilli, & ils recueillent encore dans des vafes faits exprès pour cette fin, la pluïe qui tombe tous les ans, & par ce moïen ils mefurent à peu près la quantité d'eau qui tombe chaque année dans un certain espace de terre. Par là ils ont remarqué qu'une année portant l'autre, il tombe environ 18. à 19. pouces d'eau à Paris, laquelle distribuée en divers lits des rivieres & des ruisseaux, est plus que suffisante, disent-ils, pour former leurs cours perpetuel. Ajoûtes encore à cela celle qui tombe sur les montagnes, & les neiges qui se fondent peu à peu en été, de maniere que ce n'est pas sans raison qu'ils attribuent aux pluïes & aux neiges la cause principale des sources, quoique ce ne soit pas, comme je l'ai montré, la seule cause de toutes les sources, fontaines, & rivieres. Un Auteur Italien prétend néanmoins, par un calcul exact qu'il a fait, que les seules eaux de pluïe suffisent. Il faut esperer qu'on sera mieux éclairci, quand l'Académie des Sciences aura fait provision d'experiences certaines, qu'elle aura entendu les objections qu'on fait à certains principes, & que ces observations auront été pesées & examinées par quarante sujets sublimes. C'est alors qu'elle donnera la véritable Histoire Naturelle de ces choses, & de beaucoup d'autres plus merveilleuses, dont notre histoire n'est qu'un chetif précurseur ; & que je ne met au jour que pour satisfaire en quelque maniere à l'empressement de quelques curieux de mes amis, en attendant qu'ils puissent donner à leur esprit une nourriture plus solide & plus parfaite, comme sera sans doute celle qui aura été préparée par tant d'illustres personnages, qui forment un seul corps des plus sçavans de l'Europe. Pour moi, étant seul, sans secours, sans conseil, j'espere que le lecteur aura en ma faveur cette indulgence que je lui ai demandée au commencement, recevant cet ouvrage, non comme une lumiere de verité, mais comme l'ombre des lumieres éclatantes, qui éclairciront un jour tous les mysteres les plus sombres de la nature.

Pour reprendre le fil de notre discours, je dis qu'après avoir expliqué, suivant mes foibles forces, l'origine differente des sources communes, je crois à propos de parler presentement de quelques puits, sources, lacs, & fontaines qui causent de l'admiration, & qui ont quelque chose de particulier.

Quoique je ne croie pas qu'il soit nécessaire de parler ici d'un grand nombre d'eaux qui ont la vertu de petrifier le bois ou autre chose qu'on y met, parce que ce détail nous allongeroit trop, cependant pour ne rien obmettre, je dis que l'on sçait que les eaux petrifiantes sont chargées d'un limon salin, plus ou moins grossier, qui s'introduit dans les pores & les fibres du bois, ou autre corps, & le fait paroître tout de pierre. Non pas qu'il soit véritablement transmué en pierre, comme quelques uns le croïent, mais le bois ou quelqu'autre corps aïant été pénetré par ces eaux, elles y ont laissé ce limon salin, qui a formé une croute legere qui enveloppe toutes les parties du bois : ce qui est facile à connoître en mettant ce bois petrifié dans le feu, où on le voit brûler, quoiqu'avec plus de difficulté que le naturel, à cause de cet enduit, ou croute terrestre & saline qui s'est introduite dans tous ses pores, qui bouche le passage à la flamme pour le pénétrer. Il faut remarquer aussi, que plus les corpuscules qui font cette petrification sont subtils, d'autant plus belle & plus naturelle sera cette petrification. J'avois un grand champignon pétrifié par une matiere si subtile, qu'il n'y avoit personne qui ne le prît pour un champignon naturel, ou du moins quand on le touchoit, qu'il ne fut d'albâtre, fait par la main d'un excellent Sculpteur.

J'ai vû aussi un morceau de ces fromages qu'on appelle de Brie, si bien pétrifié, que quand on le mettoit quelquefois exprès avec le dessert, celui à qui il appartenoit avoit lieu d'être content d'avoir attrapé ses conviés : tout ce fromage conservoit encore sa blancheur & sa forme naturelle.

Il y a, comme je l'ai dit en quelqu'endroit précedent, dans la terre de Montmirel, qui est aux héritiers de feu Mr. de Louvois, un espace de terrain où le bois qui y touche, se pétrifie par la seule vapeur qui émane de la terre, qui tire, je crois, cette proprieté d'un ruisseau, ou petite riviere qui se repand dans ces terres, & qui ne laisse pas d'avoir quelque disposition à pétrifier. Comme il y a un grand nombre de ces eaux pétrifiantes, il suffit d'en avoir marqué la cause.

Plus merveilleux paroîtra sans doute un lac qui est dans la Valachie sur le Mont-Carpst, dans l'eau duquel si l'on enfonce un pieu de fer, la partie qui est dans l'eau se change en cuivre. Mais je suis disposé à croire que l'eau de cette montagne, qui contient quelque mine de cuivre, peut bien avoir formé une espece de vitriol, qui étant dissout dans cette eau, le cuivre, qui par sa pesanteur reste au fond de l'eau ou dans la bouë, s'attache aussi-tôt au fer, & le fer paroît tout cuivre, comme le bois paroît tout petrifié. Ce qui me le persuade, c'est qu'en faisant dissoudre une poignée de vitriol dans l'eau, si l'on y met tremper dedans un morceau de fer pendant quelque tems, on le retirera comme s'il étoit véritablement du cuivre. Et chacun sçait qu'en frottant une lame de couteau, ou autre ferrement, avec un morceau de vitriol bien verd humecté avec la simple salive, le vitriol y laisse des marques assez visibles de cuivre, parce que, comme je l'ai dit, le vitriol n'est formé que de l'alum qui a dissout du cuivre. Je crois que cet exemple suffit pour rendre raison de semblables merveilles. J'ai parlé, ce me semble, de certaines fosses qu'on fait dans la Hongrie, proche des endroits où il y a des mines, & qu'on remplit d'une eau vitriolique, dans laquelle on jette de la vieille ferraille, & à sa place, dit-on, on trouve au fond une semblable quantité de cuivre. Quelques Chimistes ignorans veulent que ce fer ait été transmué en cuivre, prétendant prouver par cet exemple la transmutation des metaux, que quelqu'autres encore plus ignorans osent nier. Mais cette preuve qu'ils alleguent est tout à fait ridicule & fausse. Etant certain que l'eau vitriolique avec le tems dissout le fer, & le vitriol laisse tomber de sa part le cuivre qu'il contenoit; de même que si on adoucit l'eau forte qui a servi à dissoudre de l'argent avec quantité d'eau commune; & qu'on y met ce dedans quelque morceau de cuivre, l'eau-forte le confume, & elle laiffe tomber l'argent qu'elle contenoit. Ainfi comme le fer eft de peu de valeur, en comparaifon du cuivre, l'on facrifie de bon cœur l'un pour avoir l'autre plus utile.

Proche la Ville d'Armach, fi l'on fiche une perche dans un certain lac, ce qui eft au fond de la terre fe convertit en fer quand on la laiffe quelque tems, & ce qui eft couvert d'eau fe change en pierre. Il eft à croire que cette eau vient de quelque mine de fer, & qu'elle entraîne des particules ferrugineufes, comme auffi celles qui font les plus terreftres & falines de la mine. Ces dernieres s'introduifant dans les pores & les fibres de la perche, la couvrent d'une croûte qui la fait paroître tout à fait de pierre. Et les particules de fer, comme les plus pefantes, tombant au fond elles forment un limon, qui fait dans le bois le même effet que le limon terreftre ; avec cette différence, que la partie qui eft dans le limon de fer, paroît de fer, & l'autre de pierre.

Ces exemples, comme j'ai dit, peuvent mettre le Philofophe curieux en état de raifonner avec fondement, & de n'être point étonné par ces prétenduës tranfmutations. C'eft pourquoi je pafferai à d'autres curiosités.

Je commencerai mon récit par la relation d'une fontaine extraordinaire qu'on voit en Pologne. Dans le Palatinat de Cracovie, il y a une *montagne merveilleuse*, comme on l'appelle, parce qu'en effet on y remarque des choses singulieres. Elle est couverte de plantes odoriferantes, de chênes, de pins, & de sapins. On y trouve des sources d'eau douce, & d'eau salée, & des mines de differens metaux, mais il y a sur tout une fontaine qui a des proprietés extraordinaires; c'est une source fort claire qui sort de terre avec bruit, & qui grossit ou diminue suivant le cours de la lune, ce qui fait juger qu'elle communique avec la mer Baltique, qui est la plus voisine; le limon qui s'amasse au fond guérit de plusieurs maladies, comme de la galle, de la goute, & de la paralisie: l'eau de la fontaine a la même vertu; elle a une odeur balsamique & très-agréable; un goût approchant de celui du lait, & elle donne à tous ceux qui en boivent une nouvelle vigueur, de sorte que rien n'est plus commun dans les cantons des environs, de voir des gens parvenir à l'âge de cent ans, & plus: tant de qualités mériteroient qu'on se fournît d'une eau si précieuse, mais sa vertu paroît attachée à sa source, car elle s'évapore & se perd dès qu'elle en est éloignée; quand on la fait boüillir, elle donne une espece de bitume noirâtre, qui est appliqué avec succès sur les ulceres; dans le plus grand froid elle ne gêle jamais, & ce qu'elle a de plus particulier, c'est que si on en approche un flambeau allumé, elle s'enflamme comme l'esprit de vin, & on voit voltiger sur sa surface une flamme legere, qui lui a fait donner le nom de feu follet; cette flamme une fois allumée ne s'éteint pas facilement, & il faut l'étouffer avec des balais. Il arriva même une fois, que les habitans ayant négligé de l'éteindre, elle se communiqua par des ruisseaux soûterrains aux racines des arbres voisins, & causa un furieux incendie, qui reduisit toute la forêt en cendres, pendant trois années entieres qu'il dura, à cause de la grande quantité de bitume & de resine dont les arbres étoient chargés; depuis ce tems là pour éviter un pareil accident on y fait la garde par autorité publique; cette flamme qui est assez ardente pour brûler en peu de tems le bois, n'échauffe pas seulement l'eau, qui conserve toujours sa fraîcheur, comme la fontaine dont parle Lucrece, & comme elle, elle ne s'enflamme point hors de sa source, & on ne lui auroit peut-être jamais crû cette vertu, si le tonnerre qui l'enflamma ne l'avoit fait découvrir : cet accident fonda une superstition ridicule parmi les habitans qui se sont imaginés que le tonnerre noyé dans cette fontaine, fait des efforts pour en sortir, & que c'est la cause de tant de merveilles ; tout cela existe encore.

 Mr. Conrad, par ordre du Ro de Pologne, en envoya, il y a plusieurs années, la relation aux savans Académiciens de Paris, qui lui renvoyerent l'explication que je n'ai pas vûë ; mais il me paroît que l'odeur agréable de cette fontaine, & la vertu qu'elle a de guerir plusieurs maladies, aussi-bien que la facilité de s'enflammer, doit être attribuée à des esprits sulfureux, & à ce bitume qu'on voit en elle quand on la fait boüillir, & dont ses eaux sont chargées. En un mot on peut dire de celle ci, & de plusieurs autres fontaines qui s'enflamment, que la vapeur du bitume subtil qu'elles contiennent s'exhalant dans l'air, les rend susceptibles de s'enflammer ; & pour en donner un exemple, je dis que cela est semblable à ce qu'on voit lorsqu'ayant soufflé une chandelle qui fume encore, si l'on approche une autre lumiere à cette fumée, qui est formée de la graisse de la chandelle, elle s'enflamme, & se communiquant à sa source, rallume la chandelle comme auparavant.

L'on rapporte qu'il y a un lac dans une petite province de Pekin, appellée *Vo*, dans lequel, si l'on jette une pierre, l'eau en devient couleur de sang; il y a apparence, qu'il faut que la pierre trouble l'eau de maniere, que la terre sur laquelle repose ce lac étant rouge, se mêle avec ses eaux & les fait paroître de couleur sanguine; comme la Seine paroît presque jaune lorsqu'elle est trouble, à cause des terres de cette couleur qu'elle charrie avec elle dans certains endroits de son cours.

En Irlande il y a un lac, qui dans le plus beau tems est souvent fort orageux, on en dit de même de celui de Genêve, ce qui peut arriver à cause que ces lacs sont dessus des terres qui renferment des feux, dont les exalaisons agitent ainsi les eaux; formant des vents, lorsque ces feux sont agités, plutôt en un tems qu'en un autre, comme on le voit dans tous les volcans & autres lieux qui renferment des feux semblables.

Pour rendre encore plus merveilleux ce

lac de Pekin, dont je viens de parler duquel l'eau devient rouge, on ajoute que les feüilles des arbres qui y tombent se changent en hirondelles ; mais j'ai lû dans le même Auteur *, que les hirondelles qui s'enfoncent souvent dans l'eau pour y passer l'hiver, venant à sortir des eaux dans le tems que quelques feüilles y tombent, elles ont donné lieu aux ignorans de croire que ces feüilles se changeoient en veritables hirondelles ; c'est un conte de même trempe, que ce qu'on rapporte d'une certaine montagne de la Chine, qu'on appelle *des Hirondelles*, parce qu'on y trouve nombre d'hirondelles de pierres, dit-on : mais comme j'ai parlé de ce mont au chapitre des montagnes, j'y renvoye le lecteur, pour ne pas répeter la même chose. Il suffit seulement de remarquer qu'il faut tout réduire à ce que la nature fait ordinairement, & non pas aux miracles, ni aux prodiges innoüis.

Il y a près de Pekin deux grosses sources, proches l'une de l'autre, qui forment le lac appellé *Heu-ping*, dont l'une est fort chaude, & l'autre fort froide; ce qui étonne les Chinois, qui ne font pas

* P. Martini Atl. Sinic.

réflexion qu'elles peuvent venir par des chemins fort opposés; c'eſt-à-dire, que quoiqu'elles viennent paroître fort proche, l'une peut venir de l'Orient, & l'autre de l'Occident, ou d'autre maniére ſemblable.

Dans le lac *Lui*, qui veut dire du Tonnerre, il y a au milieu une pierre qui repreſente le corps d'un dragon, avec la tête d'un homme : ſi l'on frappe le corps du dragon, on entend dans le lac un bruit comme de tonnerre, ſurquoi je ne puis dire autre choſe, ſinon que cette ſtatuë peut avoir été faite avec un tel artifice, qu'étant vuide en dedans, on y ait appliqué des tuyaux, & l'air qu'elle contient dans ſon vuide venant à être répercuté par les coups, elle cauſe le bruit qu'on entend, de maniere que je crois que c'eſt plutôt un effet de l'art que de la nature, & que le bruit n'eſt pas ſi fort qu'on le dit, y ayant ſouvent du plaiſir à exagerer certaines choſes.

On dit auſſi qu'il y a une fontaine dont l'eau eſt très-froide dans ſa ſuperficie, & très-chaude par deſſous; j'ai fait voir que le lac de *la Sulphurate*, entre Rome & Tivoli, eſt à peu près la même choſe, & je crois en avoir expliqué la raiſon, en diſant que la ſuperficie eſt réfroidie par l'air, & le fond échauffé par les feux soûterrains.

Le lac de *Tangmuen*, dans le même Royaume, est formé d'une eau fort claire, car elle ne produit aucune herbe, ou mousse, comme font d'ordinaire toutes les eaux des étangs ; de sorte qu'on pourroit dire que cette eau est si froide & si âcre, qu'elle ne peut pas produire d'herbe ; mais pour en rendre une meilleure raison il faudroit avoir examiné & goûté de cette eau, en cas que la chose soit précisément comme on la débite.

Il y a une fontaine en Savoye qui donne de l'étonnement, en ce qu'elle se décharge de demi-heure en demi-heure, avec un très-grand bruit, dans le lac de Bourget, & tout proche il y a des bassins d'eau chaude. Il faut rendre raison de ces effets. Quant au premier qui regarde le bruit, comme il ne peut-être causé que par l'agitation de l'air, on peut soupçonner que l'eau coulant avec impétuosité dans le tems qu'elle sort, l'air, qui remplissoit le conduit étant chassé par l'eau avec violence, est la cause de ce bruit; pour ce qui est de l'écoulement de cette fontaine de tems à autre, il est visible que les neiges & les glaces des montagnes du païs, lui fournissent l'eau, & qu'il faut un certain

tain tems pour en fournir la quantité néceſſaire, qui, par la ſituation du lieu que je ne connois pas, ne déborde que de tems en tems.

Cette fontaine a quelque choſe de ſemblable à ce que Bernier rapporte d'une autre qui eſt au Mogol, & qu'on lui fit voir comme une choſe merveilleuſe; mais après avoir conſideré l'aſſiete de l'endroit, il jugea qu'il y avoit près de ce lieu une montagne avec quelque neige, laquelle ne ſe fondoit que lorſque le ſoleil dardoit deſſus; ce qui faiſoit que la fontaine ne couloit qu'à certaines heures du jour. Peut être que ſi l'on examinoit la ſituation de la fontaine de Savoye, on en decouvriroit plus aiſément la raiſon, comme auſſi on verroit que l'eau de la neige, que le ſoleil fait fondre, a beſoin d'un certain tems, pour venir de la montagne à l'endroit où elle vient ſortir.

La fontaine dont parle le P. du Tertre * paroît encore plus merveilleuſe, puis qu'elle donne la ſanté aux hommes malades qui la boivent, & la maladie aux animaux qui ſont ſains. Mais je ne trouve pas cela plus extraordinaire, que de voir que ce qui fait mal ou bien à un hom-

* Hiſtoires des Antilles.

me, fait un effet contraire à un autre, par la raison du temperamment different: Or il est certain que le temperamment des bêtes est pour la plûpart different de celui des hommes, & il se peut faire que cette eau ne fasse pas mal à toutes les bêtes, mais seulement à une grande partie, c'est pourquoi je ne m'étonnerois pas beaucoup de la propriété de cette fontaine à l'égard des animaux, d'autant plus qu'étant bonne pour guérir plusieurs maladies des hommes, il faut dire qu'elle est chargée de sels, ou d'autre substance qui est contraire au temperamment des bêtes.

On dit qu'il y a près d'Orange une fontaine qui contribue à rendre les femmes fécondes; outre que cette eau peut contribuer à purger & expulser, des humeurs qui sont dans la matrice, ne peut-il pas y avoir encore dans le voisinage quelque dévotion semblable à celle où une Princesse alloit en pelerinage pour avoir des enfans, à qui un païsant dit naïvement : » Eh! Madame, n'allez » pas plus avant, car le Chanoine qui » les faisoit est mort depuis peu.

Il y a dans un endroit, dont j'ai oublié le nom, un puits dont l'eau que l'on tire de la superficie est très bonne & douce, mais si l'on enfonce trop le seau & que l'on prenne celle qui est au fond, elle est très-âcre, & salée. Cela paroît d'abord merveilleux. Cependant il y a apparence que le fond de ce puits est d'une terre salée, & que l'eau qui y tombe par les côtés est formée des pleurs de la terre, & elle devient salée dans le fond par le sel qu'elle detrempe & qui la rend plus pesante: l'eau plus legere, non chargée de sel, surnage sur la pesante. Mais j'ai quelque peine à croire que l'eau qui est sur la superficie soit si douce, & si délicieuse à boire; je la crois seulement meilleure que l'autre, & passablement bonne; & que pour augmenter le merveilleux si agréable à l'homme, on exagere la bonté de l'eau qui est sur la superficie, & d'un autre côté l'acrimonie de celle qui est au fond, pour rendre la chose plus admirable.

Les puits qu'on creuse dans les Isles Bermudes, en Amérique, qui fournissent toute l'eau douce dont se servent les Insulaires, ont cela de particulier qu'ils ont le même flux & reflux que la mer, & qu'au surplus ils sont calmes ou agités, suivant que la mer elle-même est tranquille ou tempétueuse, ce qui peut faire remarquer deux choses; la premiere, que la mer qui environne ces Isles pénétre sans doute ces terres, qui se chargent de son sel; & en même tems on voit la raison de l'effet de ces puits qui sont agités par l'agitation de la mer, ce qui n'est pas commun aux puits ordinaires, qui croissent & diminuent néanmoins suivant que la source de leurs eaux croit ou diminuë.

La riviere de la Perousse en Bourgogne est remarquable * en ce qu'après avoir continué son cours jusqu'à Grenouville, elle se perd à S. Martin du Clocher; mais ce qu'il y a de plus particulier, c'est que cette riviere ne coule qu'au mois d'Avril, & quelquefois au mois de Juin pendant quinze jours ou environ, après quoi elle ne coule plus. Il y a encore une autre particularité, c'est que lorsqu'elle doit revenir, elle annonce sa venue dans les puits des villages, où l'eau s'éleve avec effort jusqu'au haut du puits, avertissant les gens de son arrivée. Mais il y a apparence que le creux Gilbert d'où elle sort, reçoit l'eau de quelques montagnes dont les neiges se fondent à la chaleur du printems, lesquelles étant une fois fonduës entierement, la riviere tarit jusqu'à

* Théâtre du monde, du P. Boussigault.

l'année suivante. Quant aux puits du village, il est naturel qu'ils croissent, quand cette riviere, qui leur fournit en partie l'eau, vient à croître.

Sur la montagne de *Gé* à la Chine, il y a un puits qui dans un tems de pluye éleve ses eaux à la hauteur d'une pique, on peut dire que la même cause qui éleve les vapeurs des eaux en l'air fait enfler les eaux de ce puits, ou ce qui est encore plus probable, que la pluye venant se rendre par des canaux soûterrains dans le puits, elle fait croître ou monter l'eau.

Dans la province de *Fokien*, il y a un lac dont l'eau teint en verd tout ce qu'on y lave; la merveille n'est pas grande, puisque les eaux des Teinturiers font le même effet; c'est pourquoi il faut croire que l'eau de ce lac est verte, parce qu'elle contient des particules terrestres ou minerales, qui lui donnent cette teinture. Sans sortir de la Chine, il y a un autre lac qui me paroît plus singulier, puisque celui-ci en differens endroits a diverses couleurs qu'il tire des terres differentes que ses eaux baignent.

Près de Schemnitz, où sont les mines d'Hongrie, il y a deux sources d'eaux chaudes, lesquelles laissent en s'écoulant un sédiment, qui avec le tems se convertit en pierre assez dure. Il y a apparence

que ces eaux ont paſſé avant de paroître par quelques mines métaliques, &
qu'elles ſe ſont chargées de cette ſubſtance qu'elles laiſſent après s'être évapo-
rées au grand air.

Il y a un autre lac dans la même province de *Fokien* à la Chine, qui rend un
bruit ſemblable au ſon d'une cloche,
quand il doit pleuvoir ; comme j'ai dit que
tout bruit provient de l'agitation de l'air,
on peut dire que le lac étant agité par l'a-
gent qui éleve les vapeurs humides du lac,
par cette agitation de l'air, on entend
ce bruit qui reſſemble en quelque maniere au ſon d'une cloche ; & cela
peut-être encore d'autant plus facilement produit, qu'il peut y avoir ſur les
bords & ailleurs des creux, comme des
grottes, où les flots en frappant forment
un bruit pareil à celui que fait l'air qui
eſt pouſſé par un ſoufflet dans les tuyaux
des orgues. Dans le même Royaume la
riviere de *Silie*, ou de *Jo*, qui veut dire
debile ou *de peu de force*, n'eſt pas navigable, parceque les bateaux coulent à fond;
il faut dire que l'eau de cette riviere eſt
plus legere que le bois des bateaux, &
que cette eau eſt preſque ſemblable à l'air.

Il y a une fontaine près de Coïmbre en
Portugal, dans laquelle tout ce qu'on
y jette ſe perd & diſparoît. Selon les ap-

parences il y a quelque gouffre dans le bassin de cette fontaine, que les eaux cachent, qui avale tout ce qu'on y jette.

On voit près d'Arles, dans le Comté de Roussillon, un jet d'eau qui s'éleve sur un plancher bâti & suspendu sur quatre colonnes. Ce qui étonne d'abord, d'autant qu'on ne voit pas par où cette eau peut venir; mais je croirois facilement, que l'on a pratiqué dans le creux d'une de ces colonnes un canal par où l'eau passe & forme ce jet d'eau qui n'est au fond qu'un tour d'industrie de l'Architecte.

Il y a près du mont d'Or, (ainsi apellé parce qu'on y trouve quelquefois des paillettes d'or) une fontaine nommée la Vinette, parce qu'en effet elle sent le vin, de maniere qu'il suffit d'en mêler une sixiéme partie avec son eau, pour en boire comme si c'étoit du vin. Je veux croire que cette eau mêlée avec un peu de vin est agréable à un païsan, mais qu'elle fasse un bon vin, nonobstant la disposition que son goût lui donne, c'est ce que j'ai peine à me persuader.

Proche d'Acqs sont les trois tombeaux, lesquels sont plus ou moins pleins d'eau, à mesure que la lune croit de lumiere;

mais comme je parlerai de semblables tombeaux dans la suite, suivant ce que le Pere Laurent mon ami m'en a écrit, je n'en dirai ici rien de plus.

Dans le Comté de Zepuſe en Hongrie, il y a quelques eaux qui ſe durciſſent en pierre, & dont les habitans bâtiſſent leurs maiſons; ce qui leur fait dire qu'ils vivent dans l'eau comme les poiſſons, à cauſe qu'ils demeurent dans cette eau coagulée. Je crois que ces eaux paſſant par des mines ou des terres minerales, en ſont aſſez chargées pour que cela puiſſe être cauſe que quand l'humidité ſuperfluë eſt évaporée, cette eau ſe fige en forme de pierre, qui au fond n'eſt que la ſubſtance minerale dont l'eau étoit chargée.

On peut dire à peu près la même choſe d'une autre ſorte d'eau qui ſe trouve près des mines du Potoſi, laquelle étant expoſée à l'air ſe durcit comme la glace, ſans perdre ſa conſiſtance quelque chaleur qu'il faſſe: quand on met de cette eau dans des moules de diverſes figures, elle ſe coagule & repreſente la figure & la forme qu'on a voulu lui donner: ce qui ne peut venir que de la grande abondance des ſels mineraux que cette eau a diſſout en paſſant par les terres minerales,

qui

qui se figent quand l'humide superflu est évaporé.

Le Pere Kirker * enseigne le moyen d'imiter ces eaux, en faisant dissoudre dans l'eau commune des sels & des terres très-subtiles. Je crois que si l'on y mêloit quelque substance bitumineuse, cela seroit encore mieux : car nous voyons que le plâtre retient l'eau qui se coagule avec lui, & on fait à Rome un mélange de la sciûre des pierres avec un peu de plâtre & de sels qu'on appelle *Stucco*, avec lequel on forme de belles figures, qui imitent le marbre & les autres pierres. Ces mélanges sont beaux à la verité, mais bien éloignés de ce que la nature fait d'elle-même.

Les Isles Strophades abondent en toutes sortes de sources, mais ce qu'on y trouve de singulier, c'est qu'on voit sortir avec ces eaux beaucoup de feüilles de Platane, dont il n'y a aucun arbre de cette espece dans ces Isles : ce qui marque qu'elles viennent par des canaux soûterrains, sous la mer, se rendre dans ces lieux. Comme nous avons remarqué qu'il y a de ces canaux d'une longueur extraordinaire, tels que sont ceux de la mer Caspienne, qui

* Mond. subter.

Tome III.

vont se rendre dans le golphe de Perse, j'ai rapporté cette observation sur ces Isles, parce qu'elle peut servir à confirmer ce que j'ai dit.

A Olivet, près d'Orléans, il y a une fontaine qui ne tarit jamais, & qui ne gêle point quelque froid qu'il fasse. Quant à ce qu'elle ne tarit jamais, on peut croire qu'elle tire son origine de quelque rivière abondante, qui lui fournit sans cesse l'eau pour couler. Pour ce qui est de ce qu'elle ne gêle point, on peut soupçonner qu'elle est sur quelqu'un de ces fourneaux, ou veines de la terre qui sont pleines de feu, mais qui étant fort profondes ne l'échauffent pas sensiblement.

Il y a une fontaine auprès de Bagnolet, à une lieüe de Paris, dans laquelle, tout ce qu'on y met paroît couleur d'or. On pourroit dire que dans cette eau, il y a des sels semblables en nature à l'Aloés Epatique, dont les feüilles d'argent ou d'étain étant ointes paroissent couleur d'or, comme on le voit dans tous les cuivres dorés, qui ne le sont qu'avec des feüilles d'étain enduites de cette liqueur d'Aloés.

Saint Isidore écrit que dans l'Idumée il y avoit une fontaine dont l'eau changeoit de couleur quatre fois par an, c'est-à-dire à chaque saison ; ce que je crois qui peut arriver à cause que l'eau, suivant les diverses saisons, est plus ou moins subtile & épaisse, & chargée de substance terrestre, ce qui pouvoit faire que réflechissant la lumiere diversement, elle paroissoit differemment colorée; les couleurs n'étant formées que par la maniere differente dont la lumiere se réflechit à l'œil plus vivement, ou plus foiblement ; ce qu'on peut voir dans la riviere de Seine qui paroît jaune quand elle charrie beaucoup de terre, & qui paroît verte quand elle est claire & qu'elle n'a qu'un sel subtil de la terre.

Dans la vallée d'Amboule, il y a une fontaine dont l'eau est fort chaude. A quatre toises de cette fontaine, il y passe une petite riviere, au fond de laquelle le sable est si chaud qu'on ne sçauroit y souffrir les pieds, quoique l'eau de la riviere soit froide. L'on croit que la source de la fontaine chaude passe par dessous la riviere, & cela est fort probable, & qu'en passant à travers cette terre échauffée, elle sort chaude ; mais la riviere, dont l'eau qui vient de loin, en passant vitement sur cette voute chaude, n'a pas le tems de s'échauffer. L'on fait cuire un œuf dans la fontaine chaude, ou dans le fond de cette riviere; mais afin de le retirer dur, il faut le tems de vingt-quatre heures.

La Coife est un ruisseau qui descend de S. Galmier dans le Foncet en France, entraînant avec lui des eaux miraculeuses de la *Fons-Fort*, ou *fontaine forte*; les effets de cette eau donnent autant de peine à l'esprit des Philosophes & des Médecins, que d'utilité au corps des habitans du lieu; en premier lieu elle suppléé au défaut du vin, elle vaut mieux que le levain pour faire lever la pâte, & un verre de cette eau a plus de force que toutes les recettes d'Hipocrate & de Gallien pour la purgation des humeurs. » Il est hors de doute, dit le Pere Boul» sigaut, qu'un demi-septier de cette eau » merveilleuse, mêlée avec un peu de vin » ne l'affoiblit point, au contraire elle lui » donne une force particuliere, qui é» chauffe & anime ceux qui la boivent, » & leur sert de préservatif contre toutes » sortes de maladies, pour arriver à une » heureuse vieillesse, sans autres drogues » que le seul usage de l'eau de cette fon» taine.

Cela est fort beau assûrément, mais il n'est pas difficile de rendre raison de beaucoup de vertus de cette eau vineuse, y ayant apparence que cette eau est chargée de sels qui piquent doucement, & qui au même tems sont balsamiques. C'est ce sel piquant qui donne de la force au vin, au lieu de la lui ôter. Ces sels, qui sont aussi incisifs, divisent les humeurs épaisses, que cette eau entraîne avec elle ; & ces sels balsamiques & purgatifs peuvent fort bien conserver la santé, en faisant un usage fréquent de cette eau. Il est même évident que ces sels tant soit peu aigrelets sont ceux qui donnent de la force au vin, imitant le vin de Champagne qui est d'ordinaire un peu verd. Cela se confirme en ce que cette eau fait fermenter la pâte, qui a besoin de la pâte aigre pour fermenter : ce que cette eau fait encore plus puissamment, à cause que ses sels sont balsamiques & d'une douce chaleur, qui contribue à la fermentation, & au même tems à fortifier la chaleur naturelle de l'estomac, & à faire bonne digestion, particulierement en mangeant du pain fermenté avec cette eau.

Il y a une semblable fontaine en Espagne près de Valladolid. Il y en a une autre à peu près de même en Allemagne, près de Salsbac, dans le territoire de Mayence. Dans plusieurs autres endroits encore, la nature a tâché de contenter autant qu'elle a pû ceux qui sont amis du jus de la vigne. Mais comme j'ai dit, il ne faut pas croire que le goût de ces eaux soit tout-à-fait semblable au vin, il n'y a seulement que les sels aigrelets, dont elles sont chargées qui font qu'elles imitent en quelque maniere le vin de Champagne, ou autres semblables un peu verds. De maniere qu'étant mêlées avec du vin, aulieu de l'affoiblir, elles le fortifient, grattant la langue & le palais mieux que le vin seul ne feroit. Il est à croire aussi que ces eaux, à cause des sels & soufres balsamiques, ont quelque odeur agréable, qui tous ensemble donnent du goût au vin, & sont bons pour la santé.

Il y a même quelques-unes de ces eaux qui peuvent enyvrer, par les vapeurs sulphureuses qu'elles contiennent, & qui s'elevent au cerveau. D'autres peuvent rendre stupides & tristes par la froideur de leurs sels, & faire d'autres effets differens dont Pline parle, desquels la cause ne peut être autre que les sels & les soufres mineraux avec lesquels elles sont mêlées, dont les doses plus ou moins fortes de l'un & de l'autre, joint au mélange, fait la difference des effets dont on est surpris. Après tout il se peut faire qu'on en dit plus qu'il n'y en a, mais le Philosophe peut en tout cas en rendre quelque raison par les principes indiqués.

Quoique je craigne d'ennuïer la plûpart des lecteurs par le récit trop long de diverses sources & fontaines, peut-être que quelques-uns seront bien aises que je continue, & ceux qui s'en ennuïent n'ont qu'à tourner quelques pages. Sur le bord de la mer de Cipre, il y a une source d'eau fort douce, quoique la plus grande partie de l'Isle soit très-salée. C'est par cette raison peut-être que cette Isle étoit dédiée à Venus, car les temperamens fort salés sont très-lubriques, & pour cela les latins les ont appellé *salates*, & on a feint que Venus étoit née de l'écume de la mer; aussi dit-on que les femmes de Cipre sont fort lubriques, & que celles qui sont pauvres se prostituent aux mariniers & passagers qui abordent dans l'Isle, pour amasser dequoi porter un doüaire infame à leur futur mari. Mais quant à la fontaine d'eau douce dont je viens de parler, si l'on se ressouvient des eaux qui s'écoulent par dessous terre, & qui vont paroître bien loin, on n'aura pas de peine à rendre raison de cet effet, ni de ce qu'il sort près de la ville de Tripoli de Sirie du fond de la mer plusieurs sources d'eau douce.

La fontaine qu'on voit à Tenedos est encore plus étonnante, en ce que tous les jours régulièrement, pendant le solstice d'été, depuis trois heures après minuit, jusqu'à six du matin, elle a de l'eau en si grande abondance qu'elle semble une petite riviere, & elle n'en a point le reste de l'année. Ce qui n'est pas trop merveilleux, puisqu'il y a apparence que dans le tems du solstice les neiges de quelque montagne qui n'est pas éloignée se fondent à la chaleur du soleil, & viennent se rendre avec abondance dans ce lieu. Comme ces eaux fondues viennent de quelqu'endroit un peu loin, il faut un certain tems pour y arriver, ce qui fait qu'elles y arrivent la nuit, & continuent à fluer tant qu'il y en a; après quoi elles cessent le matin, & le reste de l'année lorsqu'il n'y a plus d'eau fonduë.

Il y a une fontaine qui paroît bien plus merveilleuse dans la Province de *Queichen* à la Chine. Elle sort d'un assez petit trou (dit la relation) & se divise en deux petits ruisseaux ; l'eau de l'un est fort trouble, & celle de l'autre est fort claire, quoiqu'elles sortent ensemble du même trou, & qu'on distingue en sortant les deux couleurs differentes. Mais je suis porté à croire que quoique cette eau sorte du même trou, elle vient néanmoins par deux chemins differens & de deux sources differentes, & que la plus claire sortant avec plus d'impetuosité que la trouble ne se mêle pas avec elle, & que chacune prend sa route suivant comme elle est poussée par l'eau survenante. Peut-être aussi que le trou par où sortent ces deux fontaines (car je suis persuadé qu'elles sont differentes,) n'est pas si petit qu'on veut nous le faire croire, pour augmenter le merveilleux de la chose.

Dans le même Royaume sur le mont Xanga, en *Junnan*, il y a une fontaine fort froide, dont l'eau cependant donne beaucoup de soulagement aux paralitiques. Quant à cet effet, on peut dire que les sels ou bitumes, que cette eau entraîne avec elle, peuvent causer le soulagement, sans que la froideur de l'eau y nuise, au contraire elle peut y contribuer, puisqu'en Angleterre ils se guerissent des rumatismes avec l'eau froide. Quelques jours avant celui où j'écris ceci, je parlois à un Gentilhomme François, qui me conta, qu'étant à demi paralytique d'un bras, il avoit été guéri par les bains d'eau froide, avec laquelle il se lavoit souvent la tête : remede que le fameux Law Anglois, pratiquoit tous les jours pour sa santé.

Proche de Babilonne est ce fameux

lac de bitume, dont on se servit pour bâtir les murs de cette superbe ville; la source de ce lac vient d'un rocher, qui jette de l'eau par plusieurs bouches, avec une grande quantité de bitume, particulierement au plein de la lune, & cette eau se dégorge en plusieurs ruisseaux dans le lac qu'elle forme. Cette remarque sur la lune & d'autres, ont confirmé peut-être les Chaldéens à croire que la lune, par ses influences, avoit quelque pouvoir d'alterer l'air & les eaux.

Il y a à trois ou quatre lieues de la ville de Zante une fontaine qui entraîne de la poix noire; quelques auteurs disent tout court, qu'il y a une fontaine de poix, sans ajouter que cette eau vient d'une montagne qui est à 100. pas de la mer, & d'où en passant elle emporte cette poix, qui sort en petits morceaux gros comme une aveline, quelque fois même comme une noix, & qui ne surnage pas tout-à-fait sur l'eau, étant ainsi coagulée. Son odeur est agréable, & elle approche de l'huile d'Ambre. Comme cette Isle est sujette à des tremblemens qui sont réguliers dans les deux équinoxes, lorsque la terre tremble, la poix sort en plus grande abondance qu'à l'ordinaire. Quoiqu'il en soit il y a apparence que c'est une espece de bitume approchant de la poix, comme son odeur le marque; car il n'y a que les arbres de Pins qui distillent la veritable poix; mais celle-ci étant mêlée avec la naturelle par les insulaires, elle sert aux mêmes choses.

Près d'Edimbourg, capitale d'Ecosse, il y a une fontaine semblable qui charrie de la poix, la-quelle se peut produire dans les entrailles de la terre.

Je dirai à ce propos, pour ôter le merveilleux, que le bitume est une espece de soufre très-terrestre, & qui se produit dans la terre comme le soufre dont j'ai parlé dans la troisiéme partie de cet ouvrage, c'est-pourquoi je ne le repete pas ici. Cette poix qui se produit dans la terre est plûtôt une espece de bitume, que de la vraye poix que les arbres de pin produisent. Ce qui paroît par l'odeur, & par la consistance de la matiere. Ainsi il ne faut pas s'étonner, si la terre produit une liqueur semblable à celle du végétal; ayant dit, & je le repeterai cent fois, que la nature fait la même chose, ou fort semblable, en plusieurs manieres, sans se captiver à une seule.

Je dis qu'elle fait un effet semblable, & non le même, car elle ne produit pas un homme ou un animal dans la terre seule, mais quelque chose qui peut y avoir quelque ressemblance; ce que j'explique, afin qu'on ne prenne pas le change sur ce que je puis dire.

A Pinifkford*, il y a une source sur laquelle surnage une écume comme de bitume liquide, laquelle étant ôtée, le lendemain on en retrouve d'autre. Ce bitume est semblable à celui de Judée, il guérit le mal caduc & ferme les playes.

Parmi le grand nombre des Isles Maldives, il y en a plusieurs qui sont desertes faute d'eau douce. Dans celles qui en sont pourvûës, les eaux y sont froides pendant le jour, quoique ces Isles soient proches la ligne, & ces mêmes eaux au contraire sont très-chaudes pendant la nuit. Duquel effet, (tel qu'on le rapporte,) j'avoue que je ne sçaurois en imaginer la raison.

Dans la Georgie, il y a une fontaine d'huile de Pétreol, qui est si abondante, qu'on en peut charger plusieurs Chameaux en un jour. On vient de beaucoup d'endroits en chercher, non seulement parce qu'elle est excellente contre plusieurs maladies, mais aussi à cause qu'elle est bonne à brûler.

*Voyage historique de l'Europe.

En France, il n'y a que la source de Gabian, qui distile une espece d'huile de Petreol, excellente pour l'encloüeure des chevaux.

A Schiras, en Perse, il sort d'un rocher une liqueur qu'on appelle *Momie pretieuse*. Le Roi de Perse a fait environner ce lieu de murailles : Cette liqueur, qui est odoriferante, fortifie la santé & prolonge la vie. L'Ambassadeur Persan qui vint à Paris du tems de Louis XIV. lui en fit present d'une bouteille, qu'on conserve comme une chose rare. Tout ce qu'on peut dire, c'est que le bitume que cette source distile est plus subtil & plus purifié, que celui des fontaines precedentes.

Il y a au Cap de sainte Heléne, dans le Perou, une fontaine qui jette une liqueur bitumineuse, qu'on appelle *Copal*. On s'en sert pour brûler à la place d'huile, & pour empoisser les cordages des navires. Mais dans le même endroit une fontaine courante, qui est semblable à celle de la Chine, donneroit de la terreur, d'autant qu'il semble que ses eaux soient du sang, & au surplus elles sont chaudes ; mais cela même fait voir que la montagne d'où elle tire son origine, brûle comme la plûpart des Andes, & que la couleur lui vient de quelque substance minerale, comme le cinabre, ou autre semblable, bitumineuse ou sulfureuse.

Dans l'Isle de Cube & de S. Domingue il y a des fontaines très-abondantes de bitume, qui s'écoulent dans la mer.

On trouve dans le territoire de Liège quelques fontaines d'huile, dont plusieurs avoient été négligées, mais en 1692. on les remit en vogue. C'est apparemment quelque liqueur qui est semblable au Petreol qui distille des mines de charbon de terre dont les environs du païs sont remplis.

La mer de Cubague devient rouge à ce qu'on dit en certain tems de l'année. Les uns disent que les huitres jettent leurs œufs dans ce tems; d'autres assurent qu' elles se purgent comme les femmes: on voit souvent dans cette mer des hommes marins. Il y a aussi à Cubague une fontaine d'eau medecinale, mais elle exale une odeur fort agréable.

Dans les terres des Peres de S. François en Dauphiné, il y a des fontaines qui coulent dans le tems de la secheresse, & qui tarissent quand il pleut. Un Gentilhomme du Païs m'a assuré de la verité de ce fait, dont je ne peux pas rendre plus de raison, que de dire pourquoi la fontaine de *Quemtuno*, au Mexique, coule quatre années de suite, & pendant quatre autres elle est seche: car pour en rendre une bonne raison, il faudroit examiner les lieux & les environs d'où cette eau vient, & peut-être qu'avec tout cela on n'en seroit pas plus sçavant.

Le fleuve Giers, coule du mont Pilau, & sort d'un lac dormant qu'on nomme le *Puits de Giers*, qui a cette merveilleuse proprieté de la nature, de pronostiquer les foudres & les tempêtes par les vapeurs qui s'élevent dessus, & qui enfin viennent à se résoudre en vents & en pluies; cependant l'eau de cette source est si froide qu'on ne peut y souffrir la main qu'avec beaucoup de douleur, & si quelqu'un en boit même au plus chaud de l'Eté, la bouche lui enfle dans l'instant.

En un mot, pour ne pas ennuïer le lecteur par un plus long récit, je dis que si l'on veut se ressouvenir de ce que j'ai rapporté de la penetration de l'eau dans le sein de la terre, & comme elle circule en diverses lieux, prenant les qualités & les proprietés des terres & des mines par où elle passe, on pourra facilement rendre raison de la plûpart des choses qui nous paroissent merveilleuses.

Quoique ce chapitre ne soit déja que trop long, je ne crois pas néanmoins devoir le finir sans faire part au lecteur de l'extrait d'une lettre, qu'un de mes amis * m'écrivit sur le tombeau merveilleux, qu'on dit être celui où est enterré le Paladin Roland. Ce tombeau est semblable à un autre que j'ai vû à Bordeaux, dans lequel on voit de l'eau qui augmente & diminue, suivant la lumiere de la lune; voilà ce qui me fut écrit.

» Je ne puis pas vous dire beaucoup
» de choses sur le tombeau que vous di-
» tes de Roland dans votre lettre, voici
» tout ce que j'en sçais. Il y a une grotte
» sous le maître-Autel des Minîmes
» d'Arles, au milieu de laquelle on voit
» deux gros pilliers de pierre ronds, &
» hauts d'environ sept pieds. Ils soutien-
» nent trois tombeaux, mis les uns sur
» les autres : chaque tombeau est fait d'u-
» ne seule pierre, & couvert d'une autre.
(Le tombeau de Bordeaux est semblable.)
» Celui d'enbas est troüé par-dessus & fen-
» du à un angle, & avec une chandelle
» qu'on insere dans le trou, on voit par
» la fente quelques ossemens & un grand
» crâne. On ne voit rien dans celui d'en-
» haut, & dans celui du milieu, il y a de
» l'eau plus ou moins, dit-on, selon que
» la lune croît ou décroît. La lune avoit 20

* Le P. Laurent.

jours

» jours lorsque j'y fus, & l'eau paſſoit le
» milieu du tombeau, ce que je meſurai
» avec un bâton, par une petite ouverture
» qui eſt au-deſſus, un peu à côté : Il ne
» paroît pas que l'eau y puiſſe couler d'au-
» cune part. Le tombeau qui eſt au-deſſus
» ne touche point à la voûte, celui du deſ-
» ſous eſt tout ſec, percé & fendu. L'air
» ne ſe condenſe point dans cette grotte
» comme dans les cavernes de nos mon-
» tagnes : de ſorte que je ne ſçais ce que
» c'eſt, à moins que ce ne ſoit quelque
» beuveur d'eau lunatique qu'on ait en-
» fermé dans ce tombeau, ou que les Mi-
» nîmes, pour rendre ce lieu recomman-
» dable, n'ayent ſoin d'y mettre régulie-
» rement de l'eau, & l'en ôter à propor-
» tion. Mais ce ſont de bonnes gens, qui ne
» voudroient pas ſe donner tant de peine,
» ni ſe gêner juſque là pour en impoſer au
» public. Celui qui me conduiſit dans la
» grotte étoit ſi bon qu'il en étoit tout ſtu-
» pide, de ſorte qu'il ne put rien me dire de
» particulier, ſi ce n'eſt qu'il a ſouvent oüi
» dire, que cette merveille étoit l'effet d'une
» qualité occulte de la lune qui ſe com-
» munique par une petite fenêtre tournée
» au midi qui donne jour à la grotte, &

Comme je l'ai inſinué, le tombeau que je vis à Bordeaux eſt de même d'une ſeu-

Tome III. M

le pierre, couvert d'une autre qui donne jour par un angle, afin de pouvoir voir au-dedans, & l'on dit que l'eau y monte & diminue, suivant que la lune croît ou décroît ; il ne touche pas la terre, il est appuyé sur deux pierres qui le soutiennent en l'air devant le Portail de l'Eglise, si je m'en souviens bien.

Supposant donc qu'en tout cela il n'y ait aucun artifice, & que la chose arrive naturellement & sans miracle, (car il n'y en a gueres, & Dieu change rarement l'ordre des choses, mais il se sert seulement de moyens que nous ignorons,) il faut examiner d'où cela peut provenir. Comme il n'y a donc que la nature de la pierre qui peut produire cet effet, laquelle peut condenser l'air plus ou moins, lorsque le même air est plus ou moins humide ; on peut dire que la pierre est de nature fort saline, & propre à produire cet effet d'attirer à elle l'air & de le condenser. Or il est visible & d'experience, que tous les sels mis à un air moite attirent si fort l'air humide, ou si vous voulez l'humidité s'introduit si fort dans leurs pores, que le tout se dissout en liqueur. Au surplus nous croyons avec les Jardiniers, & autres bonnes gens experimentés, que l'air est plus humide quand la lune est plus lumineuse ; & ces personnes disent que toutes choses égales, les plantes croissent mieux dans ce tems que dans un autre. Il y a beaucoup d'autres observations qui ne persuaderoient pas ceux qui nient les influences de la lune, c'est pourquoi il est inutile de les rapporter. Saint Augustin * en fait un petit récit, & ceux qui en sont curieux peuvent le consulter. Si les raisons que je dis ne plaisent pas, je n'empêche point qu'on en dise de meilleures, ou bien de dire qu'on en ignore la cause. C'est le plus court, & même je le crois le plus sûr & le plus vrai. Si l'on pouvoit ouvrir ces tombeaux, en examiner la pierre, la structure, & les autres circonstances, peut-être qu'on pourroit mieux conjecturer la cause de cet effet, mais il faut aller à tâtons.

Tout ce qu'on peut conclure de ceci, c'est que dans les choses où il n'y a point de miracles, il ne faut pas sortir de la nature : & même dans les miracles on peut croire que Dieu ne change pas toujours l'ordre qu'il a établi, mais qu'il se sert seulement, comme je l'ai dit, de moyens inconnus aux hommes, & qui

* De la Cité de Dieu.

font au-dessus de leurs lumieres. Il faut donc tâcher dans tout ce qui arrive, de voir la possibilité de la nature autant que nous pouvons la connoître, & quand nos connoissances bornées ne peuvent pas arriver jusques là, il ne faut pas avoir honte d'avoüer notre ignorance, qui est plus grande que notre vanité ne sçauroit se le persuader.

DU REGNE VEGETAL.

CHAPITRE VI.

De la Génération des Végétaux.

Nous voici entrés plus avant dans le Royaume de Neptune, dont les choses animées de sa jurisdiction, sont plûtôt les plantes que les poissons, lesquels appartiennent au royaume de Jupiter, qui, comme l'aîné, étend sa domination encore en partie dans celui de Neptune. Au reste il est visible que dans l'expression du suc de toutes les plantes, l'humidité est superieure en elles à la substance terrestre. Quoique cependant il soit à remarquer que ces trois freres étant bien unis, ils mettent chacun du leur dans la composition des Etres : ainsi Pluton fournit la terre dans la formation des plantes ; Jupiter & leur sœur, * la chaleur de l'air & du feu celeste qui les anime & les pousse à la végétation ; mais le plus fort de la matiere des plantes étant l'hu-

* Junon Reine de l'air.

midité, elles appartiennent par conséquent au royaume de Neptune.

Cependant ce qui nous importe le plus est de connoître de quelle maniere les plantes se multiplient par les semences, & comment les semences s'engendrent; d'autant qu'il me semble que les Cartésiens ont, (à mon avis,) des imaginations fort étranges sur ce sujet. Mais afin que le lecteur puisse voir l'opinion qui lui plaira davantage, je rapporterai en premier lieu celle des Cartistes qui regne à présent, & ensuite je dirai ce que j'en ai pû connoître par mes propres observations. Cet examen est d'autant plus nécessaire, que Décartes n'a point parlé de la génération des plantes; mais ses sectateurs y ont suppléée.

Je conviens d'abord avec les Cartésiens & avec tout le monde, que dans la graine d'une plante il y a l'embrion d'une autre plante très-petite, laquelle croit ensuite par le suc de la terre qui lui sert d'aliment. On voit cela, & on ne peut pas en douter.

Mais il y a plusieurs autres choses qui méritent d'être sçuës, qui excitent la curiosité du Philosophe.

La premiere est de sçavoir comment cette petite plante s'est formée dans cette graine.

La seconde, si cette petite plante est la véritable semence, & s'il n'y a pas quelque chose dans les fibres de ce petit arbrisseau, qui le fait vegeter & croître.

La troisiéme enfin consiste à connoître comment un petit brin de quelque plante étant mis dans la terre, de maniére qu'il forme des racines, peut croître à la hauteur d'un grand arbre, porter des fruits, & faire tout le reste, comme celui qui vient de la graine.

Quant à l'opinion regnante des Cartésiens, & qu'un illustre Médecin, membre du plus sçavant corps de Paris, a soutenu il y a peu d'années avec l'aplaudissement public ; c'est que dans la graine il y a la plante toute formée, contenant en petit toutes les branches, feüilles, fruits, & graines de la même plante, lesquelles choses sont si petites qu'elles sont invisibles, & ne font que croître & paroître aux sens par l'aliment que la graine & la petite plante prennent dans la terre. De même qu'un enfant qui dans le ventre de sa mere, & en naissant, a tous ses membres bien formés, quoique petits, lesquels ne font que se développer par la nourriture, sans que d'ailleurs il se fasse rien de nouveau : semblablement, dit-on, dans l'arbre, tout ce qui semble survenir de

nouveau y étoit déja fait, mais si petit que les sens ne pouvoient pas le discerner, pas même avec le secours du microscope. Comme on pourroit demander par quel art, & en quel moule cette plante s'est formée dans cette graine, ils rendent raison de cette merveille par une autre plus surprenante, (à mon avis,) qui est de dire que dans la graine invisible de ce petit arbrisseau qu'on voit dans la plante, il y a encore une autre graine, qui contient de même une autre plante avec tous ses troncs, feüilles, fleurs, fruits & graines, chacune desquelles contiennent aussi d'autres plantes & graines comme l'autre, & ainsi continuant par progression à l'infini, ces plantes & ces graines sont toutes enchassées les unes dans les autres. Ce qu'on ne doit point trouver étrange, disent-ils, parce que Descartes a montré que la matière (des Geométres) étant divisible à l'infini, par conséquent ces petites plantes sont formées par des corps infiniment petits, comme Mr. le Marquis de l'Hôpital l'a démontré dans son traité *des infinimens petits*, si fort estimé des Cartésiens par le besoin qu'ils en ont, dont quelqu'uns ne font pas difference entre le point Physique & corporel, & le point mathématique imaginaire de Descartes & de Mr. de l'Hôpital, en quoi
con-

consiste la différence de la dispute. Car l'un est divisible pr un agent corporel, & l'autre est divisible par l'imagination à l'infini.

Mais parce que la difficulté subsiste toûjours de sçavoir en quels moules, & par quel art ces petites plantes se forment ainsi, ils ont une réponse curieuse, & la voici. Lorsque Dieu créa les premieres plantes au commencement du monde, disent-ils, chacune contenoit en soi ce qui devoit produire à l'avenir. C'est-à-dire, que le premier abricotier, par exemple, contenoit dans ses amandes tous les arbrisseaux de son espece, avec leurs branches, feüilles, fruits & graines, dans lesquelles graines il y avoit d'autres arbrisseaux semblables, dont les graines contenoient aussi tous les arbrisseaux futurs, & ainsi à l'infini, les uns enchassés dans les autres.

De maniere que le premier arbre que Dieu créa au commencement du monde contenoit toutes les graines futures, & celles-ci tous les arbres, fruits, & graines qui devoient naître tant que le monde dureroit, & encore plusieurs autres à l'infini qui se perdent sans être ensemencées.

Cet infini ne s'arrête pas là, car pour répondre à ce qu'on voit, qu'un petit brin d'arbre planté dans la terre, ou hanté sur un autre arbre, produit encore un arbre de sa nature avec des branches, feüilles, fleurs, fruits, & graines de sa propre espece; ils disent, que chaque arbre est composé d'une infinité d'autres petits arbrisseaux invisibles, entrelassés les uns dans les autres, chacun desquels à ses petites branches, feüilles, fleurs, fruits, & graines infiniment petites, qui paroissent en s'agrandissant par la nourriture.

Enfin, pour rendre raison de ce qu'un grand nombre de graines de diverses plantes dans la même terre, & proches l'une de l'autre, se nourrissant du même suc terrestre, forment néanmoins chacune en particulier un arbre, ou une plante de l'espece du végetal d'où la graine provient, sans changer de nature, & en un mot, de ce que chaque plante alimentée du même suc, retient néanmoins sa propre nature & ses vertus specifiques; ils disent que les pores & les tuyaux de la racine de chaque plante sont tellement configurés, qu'ils ne donnent passage qu'aux corpuscules qui sont de la nature de la même plante, supposant avec Anaxagore que dans l'air, dans l'eau, & dans toutes choses il y a des corpuscules homogenes, c'est-à-dire, des particules de poiriers, ou d'abricotiers, qu'on appelle *panspermie* ou semences universelles, sans que les autres corpuscules de nature different puissent passer par les pores de la racine.

Je laisse à qui aime de se perdre dans les infiniments petits, & dans les autres choses qu'il n'entend pas de suivre cette opinion, que je propose ici non pas pour l'approuver, mais afin d'examiner avec équité, si dans les choses que j'ai dites il y a quelque apparence de vérité ou non.

Mais parce que le seul récit suffit pour faire connoître le ridicule de ce systême, je ne perdrai pas mon tems à le réfuter. Je dirai seulement ce qui a occasionné l'erreur où sont tombés les inventeurs. Il est vrai & il n'est pas douteux, qu'il y a dans la graine les premieres traces de la plante, fort petites à la verité; mais qui pourtant peuvent être apperçuës facilement dans une graine de citroüille, (*a*) ou autre. On peut même voir avec d'excellens microscopes quelques commencemens de feüilles qui tiennent aux branches, après que cette graine aura été ramollie un peu par le suc de la terre; & on la remarquera telle que la dépeint l'excellent Malpigius. (*b*) C'est cete vérité qui a donné occasion à tant de mensonges.

(*a*) Voyez la 3e. & la 4e. fig.
(*b*) Anatom. Plantar. in-folio.

Mais il auroit mieux valu, (à mon avis) chercher par quel art la nature forme cette plante dans la graine, que d'avoir recours au tems d'Adam & aux infinimens petits.

La premiere connoissance que j'en eû, ce fut à la campagne, en examinant dans le mois de Mai un épi de bled qui n'avoit pas encore fleuri. Je m'aperçus donc sans microscope, & à la simple vûë, que du fond du calice, qui est le lieu où se doivent former les grains de bled, s'élevoient & germoient certains petits filets blancs, beaucoup plus fins qu'un poil, qui se dilatant en diverses maniéres formoient une espece de petite branche, qui étoit la premiere trace de la plante, comme on voit dans la 5e. figure.*

Examinant de plus près la chose, je m'aperçus que ces petits filets étoient produits par le même calice, lequel étoit formé d'un tissu de tuyaux de la tige diversement entrelassés ensemble. De maniere que je connus que ces filets de la petite plante embrionnée, qui est dans la graine, n'étoient autre chose que les mêmes fibres, ou tuyaux de la tige de la plante, qui s'allongeoient d'une maniére très-sub-

*Voyez la 5e. fig.

tile & presque insensible dans le fond du calice, d'où ils tiroient leur naissance immediate.

J'eus encore le tems de suivre cette premiere découverte, & quelques jours après je vis comme cette petite plante fleurissoit; ce qu'elle faisoit, comme il s'ensuit. La pointe de ces petits filets se fendoit en deux ou plusieurs parties, * crevant par l'humeur nouvelle qui leur venoit de la tige, & c'est ce qu'on apelle le tems dans lequel le bled fleurit; & cette humeur continuant à fluer, tant par les fibres de la petite plante comme aussi par les fibres du calice, en forme de lait épais, ce lait, qui par les branches se répand dans le calice autour du tronc de la petite plante, étant desséché après par la chaleur de l'air & du soleil, formoit ce qu'on apelle ensuite la farine, qui enveloppoit de tous les côtés cette petite plante qui n'étoit plus visible. Et c'est ainsi que se forme le grain de bled, qui contient en effet une petite plante dans son centre, que la nature admirable a environnée de farine afin quelle ne se gâte pas, & elle a encore enveloppé cette farine d'une autre pelicule plus grossière, qui se sépare facile-

* Voyez la 6e. fig.

ment de la farine, & forme ce qu'on appelle le son, qui tout ensemble composent le grain de bled, que la nature pour sa plus grande sureté a encore environné de petites feüilles qui sortent des bords du calice, tant cette sage ouvriere a soin de ses productions, qui doivent conserver l'espece de cette plante si nécessaire. Et je suis un peu étonné que notre célebre Anatomiste des Plantes, Malpigius, qui a apparemment connu cette verité, lorsqu'il nous donne l'image de plusieurs semences, & entr'autres de la cerise, de la catapuce, & de plusieurs autres graines, telles que l'on les peut voir dans son excellent livre de l'anatomie des plantes; je suis étonné, dis-je, qu'il ne nous ait pas au moins insinué cette vérité; mais apparemment il étoit prévenu de l'opinion commune, ou bien il n'a pas voulu aller contre le torrent des opinions courantes.

Quoiqu'il en soit, après cette prémiere découverte, que je ne vois pas que personne ait faite avant moi, j'ai examiné un très-grand nombre de plantes fruitieres & de simples fleurs, & j'ai trouvé que toutes leurs graines étoient formées par la tige allongée de la plante-même, de la maniere que je viens de le dire, à peu de difference près, laquelle difference ne change rien à la substance de la chose, qui dans le fond est toûjours la même. C'est pourquoi je ne veux pas en ennuyer le Lecteur.

De maniere que l'on voit le moïen fort simple dont la nature se sert pour faire ses ouvrages, qui nous paroissent & sont en effet si admirables ; de sorte qu'il n'est pas nécessaire d'avoir recours aux infinimens petits, ni à la premiere plante que Dieu créa du tems d'Adam, puisque nous pouvons voir facilement, même sans microscope, les moïens dont la nature se sert, lesquels sont faciles & sans artifice, ce que des personnes qui ont plus de loisir que moi pourront mettre en plus grande évidence, après que je les ai mis dans le chemin de la vérité. Ce que sans doute l'infatigable & diligent Malpigius auroit pû faire, & plusieurs autres Philosophes illustres, qui ont écrit des plantes. Mais la prévention ou la crainte de déplaire est d'une grande opposition.

Je conviens donc avec les Cartésiens que le principe de la plante est dans la graine, & je leur montre seulement (si l'on peut leur montrer quelque chose) comme elle y vient. Non pas du tems d'Adam, mais dans le même moment que la plante se perfectionne en formant la graine. Et c'est une chose qu'on peut voir, à n'en pas douter, dans la saison propre à cet effet.

Ce que je crois devoir faire remarquer, c'est que les fruits qui pendent par une queuë, & qui ont la graine au dedans, comme la poire ou la pomme, cette même queuë forme le cœur du fruit, & elle s'éparpille comme les brins de chanvre qui forment une corde; & ce sont les plus deliés de ces filets qui forment les pepins de ces fruits, qui sont attachés & pendent aux filets qui les ont formés*. A est le cœur du fruit où les graines sont placées. BB. sont les petits mamellons remplis de liqueur, qui produisent le goût du fruit, & qui deviennent plus petits à proportion qu'ils approchent du centre. CC. Les fibres qui composent la texture du fruit. J'ai remarqué de plus que dans les fruits qui ont un noyau, comme la pêche & l'abricot, ces petits filets de la queuë passent à travers du noyau de la pêche par les endroits qui sont cannellés, & plus encore par l'extrémité où le noyau de l'abricot, ou de la pêche, tient à la queuë. Ce qu'il est facile de voir quand

* Voyez la 7e. fig.

ces fruits sont extrêmement meurs, ce qui se doit entendre de tous les fruits à noyaux. Pour peu qu'on y fasse attention, on verra la verité de ce que je dis, & que c'est de ce côté que l'amande a ses racines, qui sont, comme je l'ai déja dit, les extrémités de la tige allongée, par où la graine tient à ladite tige par des filets extrêmement petits.

Mr. Grew, de la societé de Londres, qui a fait un excellent traité de l'anatomie des plantes, avec une description exacte de leurs parties & de leurs usages: quoiqu'il n'ait pas dit, comme moi, de quelle maniere la petite plante se forme dans la graine, cependant nous convenons ensemble que par la fermentation, le suc de la terre est transmué en vrai aliment de la plante. Je dis comme lui, qu'une feve, par exemple, étant mise dans la terre toute la feve s'imbibe de son suc, & que les pores de la premiere peau de la feve ne donnent passage qu'aux particules les plus subtiles de ce suc, & ainsi ce suc commence à se purifier & se séparer des parties les plus grossiéres, & la feve ne reçoit de ce suc que peu à peu une quantité convenable, qui se fermente aussi dans les pores de la seconde peau. D'où ainsi préparé, il entre dans le parenchisme, (qui contient beaucoup de parties de l'essence seminale,) où il fermente encore fortement ; & de là, il entre préparé dans la racine seminale en petite quantité, & autant seulement qu'elle en peut recevoir, qui est le plus pur & le meilleur ; laquelle racine étant pleine de liqueur seminale, fermente ensemble, & par ce moïen se forme le grand tronc de la racine, qui par la fermentation s'allonge & se dilate. Cela étant préparé de la maniere, ce suc, ainsi transmué, en fermentant monte au sommet ; la petite plante qui se dilate monte & croît, & en répandant par les petites branches qui sont dans le parenchisme, se forment les deux prémieres feüilles, entre lesquelles est placée la petite plante.

Il faudroit expliquer à présent comme les parties de la graine sont analogues à tout le tronc de la plante, & montrer comme le noyau ou l'écorce qui enveloppe le pepin ou autre graine, vient de l'écorce ou peau extérieure de l'arbre, & que la petite plante provient des filets les plus subtils de l'arbre, qui forment ce qu'on nomme le cœur de la plante : & dans lequel la substance plus subtile & plus essentielle est filtrée, comme les esprits dans le cerveau. * Mais comme d'autres

* Malpigius & le Doct. Gren, & avant eux

DE L'UNIVERS. 155
Auteurs plus éclairés & plus patients l'ont fait, je n'en dirai rien de plus. Je répeterai seulement que le grain de bled, ou d'autre fruit semblable, provient des fibres allongées de la tige, (*a*) c'est pourquoi il tient fortement au calice, & on ne peut le séparer que par des coups réiterés, ou par quelqu'autre violence semblable. Le Docteur Beol, de l'Académie de Londres, montre qu'il y a une communication directe entre les parties de l'arbre & le fruit, & par conséquent avec la graine qui est dans le fruit ; de maniere que les mêmes fibres qui forment la racine, le tronc & les branches, s'étendent encore au dedans du fruit de la maniere que je l'ai dit en peu de mots pour abréger. (*b*) Ce que Derham, de la même Académie, assure avoir remarqué sensiblement en quelques plantes.

Il faut remarquer aussi que les extrémités de ces filets qui tiennent au calice, servent à former la racine de la plante, quoique nous verrons que ce n'est pas le seul endroit par où elles prennent leur nourriture, mais cependant la racine en est le principal. Je puis faire voir aux yeux Théophraste disciple d'Aristote.

(*a*) Il y a long-tems, dit Malpigius, que l'on a crû que la moëlle de la plante est analogue au cœur & au cerveau de l'animal.
(*b*) Traité de l'existence de Dieu.

des curieux les choses que j'avance, dans la saison propre, qui est celle où les graines commencent à se former.

CHAPITRE VII.

Que la petite plante qui est dans la graine, n'est pas la vraye semence de l'arbre, ou de la plante.

LEs Cartésiens disent bien que la plante qui étoit petite, croît par la nourriture qu'elle prend de la terre. Donnant aux plantes la vertu de croître par des parties similiaires, qui seules (à ce qu'ils disent) peuvent passer par les fibres de la racine, qu'ils prétendent être tellement configurée, qu'elle ne peut donner passage qu'aux corpuscules de semblable figure. Mais, sauf le respect qu'on leur doit, cela ne me paroît point probable, parce qu'il est visible que des corpuscules plus petits, quoique de figure non convenable, peuvent passer par des pores plus grands; par exemple, par des pores de figure circulaire, peut passer une figure triangulaire, ou cube, & de toute autre figure, comme dans des ouvertures triangulaires, ou carrées, ou autres, toutes les figures plus petites y passeront. Quoique cela s'entende bien & qu'il ne soit pas besoin de la figure que je donne, * cependant elle aidera toûjours ceux qui ne comprennent pas si facilement. A A sont les pores par où les plus petites figures entrent; B B ceux par où les plus grandes ne peuvent passer. Ce n'est pas à dire que je veüille que les petits pores des fibres de la racine ou de la plante ne fassent rien du tout, car je crois, que ces petits pores empêchent seulement ce qui est fort grossier de passer avant, & voilà tout.

Ce qui importe encore davantage, c'est que je ne crois pas non plus que cette petite plante soit la semence de l'arbre, mais je prétends qu'elle n'est que le simple receptacle de la semence. Mon opinion est donc que la semence consiste dans la liqueur qui se meut & qui coule dans les petites fibres de ce petit arbrisseau, & ensuite dans les fibres ou tuyaux plus grands de l'arbre, ou de la plante. Et l'on me pardonnera si j'ose dire aux modernes, enflés de leur sçavoir, que les anciens ont mieux connu qu'eux la nature

* Voyez la 8e. fig.

de la semence, quand ils l'ont considerée en trois parties. C'est-à-dire, en premier lieu, ils ont consideré le corps visible de la semence; secondement, le sperme; & enfin, en troisiéme lieu, la partie la plus importante, qui est la vraïe semence, & qu'ils ont appellé *Semen*, qui est comme l'ame végetable de la plante, & l'agent qui meut le sperme à la végetation; car c'est lui qui fait faire toutes les actions de la plante. Mais pour expliquer mieux leur pensée, qui est aussi la mienne, je dis que le corps de la semence est la partie grossiére, terrestre, & ligneuse de la plante qui contient la véritable semence, qui est ce qu'on appelle la *Seve*; ou pour mieux me faire entendre, je dis que cette liqueur *Spermatique* (la seve) contient la véritable semence, qui est mêlée avec l'humidité aqueuse de la seve. La seve donc qui parcourt dans les fibres & tuyaux de la plante, contient la véritable semence, car la seve elle-même est mêlée de beaucoup de liqueur aqueuse, qui n'est pas essentielle à la plante, & que les Chimistes appellent *Phlegme*: mais pour la véritable semence, il faut entendre une liqueur spermatique & gluante, que les mêmes Chimistes apellent *Mercure*, lequel j'ai dit être composé de certaines dozes convenables de ces petites molecules, qu'on appelle qualités, lesquelles dozes font qu'une chose soit ce qu'elle est & non pas une autre; & d'autant que ces dozes sont differentes, il en résulte la difference des especes & des mêmes individus, qui ne sont pas composés précisément de ces dozes. C'est donc ce sperme glutineux qui est le vrai sperme essentiel & la véritable semence de la plante, de maniére que ladite humidité flegmatique avec la partie terrestre, forme une portion du corps de la semence. Quant à la troisiéme partie la plus importante de la semence, c'est le *Semen*, lequel consiste dans une petite portion de cette matiére éterée que nous, avec les anciens, appellons ame universelle du monde, laquelle étant mobile par nature, fait mouvoir le sperme, ou mercure glutineux qui renferme le vrai *Semen*, ou ame végetable, & le mouvant fait faire à la plante toutes ses actions. Ce qui est visible, car lorsque les graines sont trop vieilles, & que cet esprit seminal très-subtil & mobile s'est évaporé, alors la graine ne vegete plus, & elle n'est plus qu'un corps mort.

La petite plante qui est dans la graine n'est donc pas, (à mon avis,) la semence, mais le tuyau & le corps qui contient le sperme, qu'on appelle vulgairement *Seve*, & cette seve n'est pas le sperme pur, étant accompagnée de beaucoup d'humidité aqueuse qui n'est pas essentielle à la plante, comme est le vrai sperme, ou mercure végetal, qui ne végeteroit point s'il n'étoit animé par cette partie qu'on apelle *Semen*, qui est une espece de feu éteré, & qu'on peut avec Descartes appeller matiére subtile, & si subtile qu'elle est invisible, & qui n'est connuë que par ses effets admirables, entre lesquels est (à mon avis) celui de faire en sorte que le sperme essentiel de la plante, transmuë & change le suc de la terre en suc essentiel à la plante ; je veux dire, que l'absinthe change en amertume la même humidité de la terre, que la réglisse change en douceur, l'aigremoine en aigreur, & ainsi des autres. Mais parce que cette opinion qui suppose une transmutation réelle du suc de la terre, est différente de ce que l'on dit de la figure des fibres qui ne donne passage qu'aux corpuscules similiaires, je crois qu'il faut que j'en parle dans un chapitre particulier qui suivra celui-ci. En attendant j'espere que le Lecteur voudra bien aider à la lettre, si je n'explique pas assez clairement une chose si difficile à comprendre.

Mais

Mais une des choses qui pourroit nous faire présumer que le suc essentiel de la plante est proprement la vraye semence qui circule dans les fibres de la plante, & qui est agitée par la chaleur naturelle interne, aidée par celle de l'air exterieur; ce qui pourroit le persuader, même c'est de voir qu'il y a plusieurs plantes, particulierement celles qui viennent par des oignons, (comme l'ail, l'oignon même, & les oignons de plusieurs fleurs,) qui vegetent d'eux-mêmes hors de la terre, & sans autre suc que celui de leur propre substance. J'ai vû à Rome & à Paris *l'oignon squillace*, que les Apoticaires ont ordinairement dans leurs boutiques, lequel approchant le tems de végeter, avoit produit une longue tige, & même des fleurs. Borelli dit les avoir vû comme moi à Rome, & il raporte que dans Paris, en 36. heures de tems, un de ces oignons fort gros avoit formé une tige de 28. palmes, & à Rome en 4. jours de tems une tige de grandeur extraordinaire & plus longue que la précedente. Il est à remarquer que la poulpe de l'oignon n'existe plus, & s'est toute convertie en cette tige, qui ne pourroit pas tant croître, si elle n'avoit pas transformée une partie de l'air en propre aliment.

Tome III. O

Si la végetation des oignons, de l'ail, & autres semblables peuvent nous donner une idée de ce que la véritable semence consiste, non dans l'arbrisseau qui est dans la graine, mais dans le sperme seminal qui est dans ses fibres, le corail pourroit nous en convaincre tout-à-fait; car quoique cette plante vienne au fond de la mer, cependant ceux qui sont curieux des ouvrages de la nature ont observé, que cette plante marine ne se multiplie point par des graines, mais par un suc gluant qui se produit dans l'extremité ronde des branches. Comme je parlerai à la fin de cette partie de la production du corail j'y renvoye le Lecteur.

En attendant, il faut noter aussi que la plûpart des fleurs qui ne portent point de fruits, forment leurs graines aprés que les feüilles de la fleur sont tombées, d'une maniere semblable à celle dont se forment les fruits. Observés donc que du fond du calice les fibres s'allongent, & en quelqu'unes comme dans la tulippe, & autres fleurs qui viennent de leurs oignons, se forme une tête ronde comme celle du pavot, laquelle tête se séchant forme une substance ligneuse, ou en diverses capsules sont contenuës les graines, qui tirent leur origine de quelques filets qui forment la substance de cette tête. J'ai observé les feves, les poix, & encore plus commodément & plus long-tems lagiroflée jaune. Lorsque les fleurs de cette plante sont tombées du fond du calice plusieurs filets poussent & croissent continuellement, de maniére qu'en trois semaines, ou à peu près, il se forme une gousse de la longueur d'un doigt, ou environ, (comme on le voit dans la figure *), semblable à celle des poids ; mais ronde & étroite, à peu près de la grosseur d'une grosse plume de poulle. Au-dedans de cette gousse croissent les graines, qui pendent à une petite queuë, formée des fibres de la côte de la même gousse, laquelle est analogue aux vertebres de l'animal ; & ces fibres, auxquelles les pois, les feves, ou autres graines sont attachées, viennent presque toutes des autres fibres qui forment la côte susdite, ou de leurs insertions dans le corps de la même gousse. C'est du bout de ces queuës que les graines pendent, & des tuyaux d'icelles vient la liqueur qui les forme, & qui les nourrit. Et ces graines pendent attachées à ces filets, comme les

* Voyez la 9e. fig.

O ij

poires ou les pommes à la queuë qui les tient. La queuë de ces graines se séche à mesure que les graines se séchent, & alors à peine est-elle visible, parce que les fibres de la gousse ne lui fournissent plus d'humeur pour se nourrir. C'est aussi des filets allongés de cette queuë qui s'allonge dans l'intérieur de la graine, que se forme l'embrion de la plante future. Et notés que dans ces petits filets de la plante future, réside la liqueur seminale & fermentante, que nous avons dit avoir la vertu de transmuer le suc de la terre en sa nature, aidée par les fibres où se filtre le même suc.

Ce que je viens de dire de la giroflée & de ses graines, se voit bien plus distinctement dans les pois & dans les feves, dont la côte est plus grosse, aussi bien que le fruit. Ainsi, pour peu qu'on l'observe, on verra que les pois & les feves sont attachées, & pendent des filets de la côte de la gousse, & que ces mêmes filets auxquels ils sont attachés pénétrent au-dedans des pois & des feves, & par leur allongement forment l'embrion de la plante future des feves, ou d'autres fruits qui sont dans des gousses. Et on verra aussi que toutes les graines tant qu'elles sont vertes, sont ainsi attachées à des filets semblables, qui se séchent aussi bien que les graines quand la plante ne leur offre plus de nourriture : & c'est par cette raison qu'on voit souvent les graines détachées. Il faut donc faire ces observations pendant que la plante est encore verte & qu'elle fournit quelque nourriture aux graines.

Le résultat de tout ce discours consiste à montrer qu'il est vrai que le commencement de la plante est dans la graine, mais qu'elle y est formée par les fibres allongées de la tige de la plante, qui passent à travers le calice. Que cette petite plante n'est pas la véritable semence, mais seulement le receptacle de la semence, qui est la liqueur renfermée dans ses petites fibres ou filets, laquelle a la vertu de transmuer le suc de la terre dans sa propre essence. Que les graines sont visiblement attachées à ces filets, qui passent par le corps de la graine ; & qu'ils forment aussi le corps de la graine, & en même tems au-dedans d'elle l'embrion de la petite plante, qui consiste en plusieurs petits filets, provenant du plus grand auquel ces graines sont suspenduës. Comme aussi que ces filets de la petite plante, sont des petits canaux capillaires, qui contiennent le vrai suc seminal multiplicatif.

Usage des racines des plantes.

LE sieur Huisseau remarque * que les racines des plantes ont quatre usages. Le premier est d'attirer le suc pour la nourriture de la plante. Le second est de le retenir & conserver pour les tems convenables & le dispenser à propos dans les belles saisons, ce que je crois être commun à toutes les fibres de la plante qui le conservent de même tout l'hyver jusqu'au printems. Le troisiéme est de commencer à digerer ce suc & d'en faire la premiere coction pour le rendre specifique à la nature de la plante, ce qui se fait plus particulierement dans l'endroit où toutes les petites racines se réunissent en un seul tronc, formant une espece de boulle, qui est comme l'estomac de la plante, où la premiere coction se fait, à cause de la quantité de ferment ou sperme seminal que cette espece d'estomac contient. Et j'ai observé qu'aïant planté des oignons de fleurs, comme de jonquilles & autres semblables, qui hors de la terre commençoient déja à végeter & à pousser une tige; après avoir été enterrés, ils ont été

* Lettre 12e.

près de trois semaines sans donner aucun signe de végetation. Ce qui m'a fait penser que ces oignons s'imbibant du suc de la terre, il leur falloit un tems considerable pour le digerer, & le changer en leur propre nature. Mais ce qui importe, c'est que ces oignons ont beau donner des feüilles, cependant ils ne donnent point de fleurs. Parce que, (à mon avis,) ces oignons n'avoient pas été assez longtems dans la terre, & n'avoient pas eu le tems de digerer le suc terrestre, & de le subtiliser de maniére qu'il pût produire la fleur odoriferante, qui est la partie la plus subtile & la mieux digerée de la plante. Ce que j'ai remarqué plusieurs fois, & ceux qui croïent que les pores de la plante ne donnent passage qu'aux particules homogenes peuvent connoître par cette experience, que si cela étoit vrai, ces oignons végeteroient aussi-tôt que ces particules sont entrées, d'autant plus que mes oignons, comme j'ai dit, végetoient déja hors de la terre. Mais la transmutation ne se pouvant pas faire qu'à force de fermentation, il faut un tems considerable pour cet effet.

Le quatriéme usage des racines, est de soûtenir la plante, comme les cordes soûtiennent le mât d'un navire. C'est pour quoi elles se répandent en divers endroits, s'attachant à la terre, de maniére que l'arbre, ou la plante, peut soûtenir le choc des vents, & d'autres violences. Ce qui peut donner quelqu'idée de ce que les plantes s'attachant si fortement pour ne pas tomber, il semble qu'elles ont quelque sentiment, & quelque connoissance du besoin qu'elles ont de se soûtenir le mieux & le plus qu'elles peuvent.

CHAPITRE VIII.

Comme le suc de la terre, qui est l'aliment universel de toutes les plantes, peut être changé dans la nature essentielle d'une ou d'autre plante, par le sperme seminal de la plante, & par l'action du Semen qui est dans le sperme essentiel.

CE changement ne se pouvant faire que par la transmutation réelle des particules élementaires, il faut voir auparavant comme les élemens peuvent être transmués de l'un en l'autre, ce que les anciens ont supposé seulement, comme chose visible. Mais aujourd'hui qu'on veut

des

des preuves méchaniques, je vais parler en abregé de la formation des élemens. Je veux dire, que l'éther étant, (selon mes principes,) la substance la plus subtile, mobile, & incorporelle; cette substance, dis-je, produit le premier corps, qui est l'air, lequel petit corps ressemble en tout à l'atôme. Que deux de ces atômes joints ensemble, par leur résistance mutuelle, forment l'eau ou l'humidité, qui est une molecule plus grossiére que le simple atôme; & de même par l'union de trois atômes, se forme enfin la terre. L'on voit bien que la terre par la soustraction d'un atôme peut devenir eau, comme l'eau par la même soustraction peut devenir air, & enfin l'air peut devenir éther, par l'action de l'éther-même qui le réduit en sa premiere subtilité. Et c'est ainsi, à mon avis, que se peut faire cette transmutation.

En second lieu, il faut comprendre que les molecules élementaires corporelles n'aïant point de mouvement propre, mais seulement étant muës par l'impulsion de la matiére premiere, ou éther, avec lequel elles sont mêlées, elles n'ont pas de force ni d'action que par celle qu'elles reçoivent de cet élement mobile, (l'éther,) & qu'elles peuvent aussi être muës plus ou moins facilement, suivant leur subtilité ou épaisseur.

Une certaine étendue d'éther s'épaississant peut devenir air ; deux corpuscules d'air se joignant ensemble peuvent devenir eau, & d'une molecule d'eau par l'addition d'un atôme d'air, se produira la terre ; & plusieurs particules de terre peuvent former un corps encore plus grand, & semblable à une montagne. Mais la terre étant grossière & pesante, ne peut pas subtiliser l'eau & la changer en air, & moins encore en éther. Car la subtilisation appartient à ce qui est actuellement subtil, comme est la matière premiere, de manière que les élemens inferieurs & plus grossiers, ne peuvent pas subtiliser les moins grossiers, mais les plus subtils peuvent bien subtiliser les autres, comme les plus grossiers peuvent épaissir les plus subtils.

Cela se voit sensiblement par le feu, qui subtilise si fort le bois & les autres matières combustibles, qu'il les change en sa nature & les résout & dissipe en air, excepté la terre qu'il laisse en forme de cendres ; ce qui nous pourroit donner une idée qu'il y a une véritable transformation d'une matière grossière, pesante, obscure, en une autre qui est subtile, legere, & lumineuse. Et quoique je sçache bien qu'on pourroit dire que ce n'est pas une véritable transformation des élemens, mais que ce n'est qu'un certain mouvement que les particules du bois ont acquis ; on ne pourra pas nier au moins que ce mouvement, (auquel j'attribuë aussi l'action,) n'ait subtilisé un corps compacte, immobile, & ténebreux, tel qu'est le bois, & qu'il ne l'ait changé en un autre, le rendant leger, mobile & lumineux. Et il est à remarquer que l'agent mobile ne change point facilement le grossier terrestre, particulierement quand celui-ci est mêlé intimement avec l'eau, car pour lors il se fixe de maniere avec soi, que la plus forte action du feu ne peut faire autre chose que de le fondre, ou de le réduire en verre, comme il paroît dans les metaux, les pierres, & les cendres, qu'il ne peut pas dissiper que par une action très-longue & continuelle. Par où l'on peut conjecturer, ce me semble, que le grossier & immobile a la même disposition à épaissir & fixer, que le subtil en a à subtiliser & a mouvoir. Et c'est la cause que certaines plantes viennent plus facilement en certaines terres, ou le suc peut-être plus facilement transmué, plûtôt qu'en d'autres. Mais je parlerai en-

P ij

core plus au long de ceci, dans le Chapitre où je traiterai particulierement des Fermens.

Ces deux choses étant donc bien entendues, l'on pourra concevoir que je veux dire que par le mouvement de la matiére étherée que je considere comme le vrai *Semen*, & qui est dans le sperme seminal; ce sperme ainsi animé de ce feu étherée, se mêlant avec le suc de la terre, agira sur ce suc qui est visiblement acide. Et chaque élement du sperme agissant sur ce suc, suivant sa propre force & quantité, il s'appropriera & changera; & s'il est besoin il transmuera en sa nature ces élemens qui ne sont pas tout à fait de sa propre nature, soit en subtilisant le grossier, ou en épaississant le subtil, suivant qu'un élement ou un autre se trouve dans le composé de l'essence seminale. Et c'est, à mon avis, comme le sperme seminal se multiplie & croît en quantité dans les tuyaux de chaque plante, qui contiennent ce sperme seminal. C'est ce même sperme seminal qui s'étendant par la vertu de l'ame motrice qu'il contient dans son sein, augmente les tuyaux dans lesquels cette ame ou feu étheré se meut avec le sperme; car comme je l'ai déja insinué, cette ame subtile en voulant s'échapper, elle étend la matiére épaisse du sperme qui l'enveloppe, & ce sperme se figeant à l'air forme des troncs, des feüilles, &c. l'humide superflu s'évaporant par la chaleur de l'air environnant. C'est ainsi & dans ce sens que cette ame, comme les Académiciens le disent, forme son propre corps & la maison où elle doit demeurer. Et c'est dans ces tuyaux où ce sperme seminal se meut, & s'écoule, en circulant par les diverses fibres qui forment le tronc & les branches de l'arbre, aussi-bien que les feüilles & les fruits dont nous dirons quelque chose dans la suite. On peut voir les differentes figures de ces fibres, dans l'excellent ouvrage de Malpigius. Ce qui pourra faire connoître qu'un arbre, ou une plante, n'est, à proprement parler, autre chose qu'un faisceau de filets ligneux, qui sont creux, & au-dedans desquels coule & se meut une liqueur qu'on appelle communément *Seve*, dans laquelle est mêlé & répandu le sperme seminal de la plante. Mais il est nécessaire de faire observer deux choses.

La prémiere est, que de la diverse disposition de ces fibres dépend en grande partie la figure de la plante, de ses rameaux, de ses feüilles, & même de ses fruits. La seconde qu'on ne doit pas oublier, c'est que la semence & l'ame végétale est celle qui forme la disposition des fibres, comme je l'ai déja dit; car si le sperme contient beaucoup de matière étherée qui fait le feu, alors les fibres de la plante, ses feüilles, & ses branches monteront droites comme le ciprés, le romarin, & autres semblables qui ont aussi les feüilles droites & menuës. Les plantes qui ont beaucoup d'humidité avec quelque chaleur, ont les feüilles grandes, larges & rondes, comme, par exemple, la citrouille, le melon, le concombre, & autres. Celles qui sont fort terrestres, après avoir végeté, durcissent en forme de pierre, comme le corail, & quelqu'autres dont nous parlerons dans la suite. Mais il n'est pas possible de déterminer leurs formes & figures, à cause d'un mélange imperscrutable des élemens, qui dominant les uns sur les autres, un peu plus ou un peu moins, & formant par leur mélange une infinité de sucs differens, de qui dépendent les figures extérieures des plantes, aussi-bien que les vertus intérieures qui sont si différentes; c'est pour cela qu'on ne peut pas facilement les expliquer, aïant besoin de l'esprit du Lecteur pour en comprendre les divers mélanges.

Je crois cependant qu'on comprend bien ce que je veux montrer, c'est-à-dire, que de cette maniére le sperme seminal de la plante s'augmente & l'arbre se nourrit, par cette liqueur qui est mêlée avec la seve, & qui se forme du suc de la terre que les racines attirent & digerent sans cesse. Et que d'une autre part le plus fin & le plus spirituel passant dans la graine, l'essence seminale & l'espece de la plante se perpetuë & s'éternise d'une façon qui ne peut pas manquer, puisque chaque plante produit un grand nombre de graines, dans lesquelles est l'arbrisseau en question, qui dans ses petites fibres contient le sperme seminal le plus pur & les plus spirituel, aïant été criblé par les vaisseaux & fibres les plus subtiles. Et d'autant que chaque filet ou fibre de l'arbre contient quelque portion de ce sperme seminal, semblable à celui qui est dans la petite plante que contient la graine, c'est pour cela que chaque brin d'arbre peut former un grand arbre. Ce n'est pas qu'il soit un arbre invisible, mais parce qu'il a en soi un principe seminal semblable à celui qui est dans la graine, quoique non pas si parfait, & c'est apparemment pourquoi une partie de ces brins d'arbres, étant plantés dans la terre, séchent avant que de former des racines, parce que le sperme séminal contenu dans le tronc est mêlé, comme on l'a dit, de plusieurs superfluités aqueuses & flegmatiques, & il n'est pas si parfait ni si élaboré que celui qui vient du cœur de l'arbre, qui forme la graine; ni comme celui qui est dans les pointes & extrémités de l'arbre, où les tuyaux sont plus subtils.

Quant à sçavoir pourquoi la hante d'une espece qu'on greffe sur la tige d'un arbre d'espece differente, produit non-seulement des fruits de l'espece de la petite tige qu'on a hanté sur cet arbre, mais même plus parfaits que ne feroit l'arbre dont on a pris la petite tige. La raison en est facile à découvrir, c'est que la seve de l'arbre sur lequel on a hanté ou greffé la plante, cette seve, dis-je, en passant & se mêlant avec le sperme séminal qui est dans les fibres de la petite plante que l'on a hanté, change de nature d'autant plus facilement, que le suc de la terre est déja en partie changé par le tronc de l'arbre, sur lequel est placé la plante hantée. Car il faut remarquer que dans tous les hantés & greffés, il faut toûjours greffer sur un arbre qui ait quelque ressemblance en nature. De manière que le suc de la terre qui passe par le tronc de l'arbre sur lequel on a hanté étant à demi digeré, est comme le lait de la nourrice à un enfant, qui n'a pas encore la force de digerer les viandes. Et c'est la cause que ce suc n'étant pas si crû, comme est celui qui vient immédiatement de la terre, le greffé le change plus facilement en sa nature, & que les fruits qu'il produit sont plus délicats & plus savoureux, que ne feroit l'arbre sauvage, qui tire le suc immédiatement de la terre. Dequoi il y a encore une expérience : c'est qu'en mangeant quelque fruit immédiatement après qu'on l'a détaché de l'arbre, si l'on y fait réflexion, on y trouve quelque acidité, qui provient de quelques parties de la seve qui ne sont pas encore bien cuites ; mais si on le laisse quelque tems, & qu'on le mange après, on le trouve d'un goût plus doux & plus agréable, parce que le peu d'acidité a été adouci par la fermentation interne, qui continuë à se faire, quoique le fruit soit détaché de l'arbre, & que ce soit la fermentation qui fasse cette cuisson & qui adoucisse la seve encore aigre ; cela se voit en prenant des pommes ou autres fruits qui ne soient pas bien meurs, & en les faisant cuire au feu, d'où il est visible que les pommes, poires, ou autres fruits en sortent bien plus doux & privés de tout, ou de la plus grande partie de ce qu'ils avoient d'acide & de rude auparavant. Ce qui montre que les fruits meurissent & s'adoucissent par la fermentation causée par le feu interne, qui sur l'arbre est encore aidée par la chaleur externe de l'air ou du soleil, qui font meurir les fruits long-tems après qu'ils sont détachés de l'arbre, comme on le voit dans toutes les poires & pommes d'automne qu'on mange l'hyver, & en tout autre fruit qui commence à se gâter au milieu, où aboutissent les tuyaux par lesquels l'air s'écoule.

Mais parce que tout le mystere de la transmutation des élemens en nature essentielle de la plante, consiste dans la fermentation, je crois à propos de dire quelque chose de la maniere dont la graine fermente avec le suc de la terre, afin de mettre le plus de clarté qu'il m'est possible dans une matiere qui d'elle-même est fort obscure. La nature nous cachant ses operations, parce qu'elle opere par des principes qui échapent facilement à nos sens, & que nous ne pouvons pas entrevoir sans y faire beaucoup d'attention.

CHAPITRE IX.

De quelle manière la graine fermente dans la terre, lorsque le suc terrestre se mêle avec le sperme seminal qui est dans les fibres de la petite plante.

Quand on met une graine dans la terre, l'humidité la pénètre par tous ses pores, & non pas par les seules petites racines comme quelqu'uns se l'imaginent, de manière qu'elle s'imbibe entièrement du suc terrestre, lequel est un peu acide, comme on le voit dans tous les fruits qui ne sont pas encore bien mûrs. Le sperme seminal qui est dans les fibres de la petite plante étant fort cuit & subtil, est sans doute un alkali, & notés ce que j'avois oublié de faire observer : c'est que la substance qui forme l'amande de la graine, quoiqu'elle ne soit pas si parfaite que celle qui est dans les fibres du petit arbrisseau, elle est néanmoins fort approchante de la nature du sperme seminal qui est dans la petite plante, de sorte qu'on la doit considerer aussi comme un alkali, comparée au suc acide de la terre. L'un & l'autre alkali abreuvés du suc acide fermentent donc fort doucement ensemble, & par cette fermentation se fait la transmutation des elemens dont nous avons parlé, en subtilisant ou épaississant le suc terrestre, suivant qu'il convient à la nature seminale de la même plante, qui par l'addition de ce suc terrestre augmentant son propre sperme, & se mouvant avec plus de vivacité par cette fermentation, le sperme se dilate, & par ce moïen allonge les petites racines & fait croître les branches du petit arbrisseau, pendant que l'amande qui enveloppe la petite plante s'ouvre en deux parties, qui forment les deux feüilles où est renfermé l'arbrisseau, que les anciens ont appellé *Gemma*, ou le joyau de la plante, parce que c'est le plus précieux de la graine. Et notés que la proprieté & la nature du feu étant de s'étendre, & de chercher la nourriture pour subsister, c'est avec beaucoup de jugement que les anciens nous ont fait observer que le seul feu cherche l'aliment comme l'animal, qui ne cherche même à se nourrir que d'autant qu'il a du feu en lui. Le petit feu donc, qui est dans le sperme seminal de la plante & qui est son ame végetale, s'étendant de tous côtés pousse les fibres du petit arbrisseau de tous sens, celles qui vont au fond de la terre forment les racines, avec lesquelles en embrassant la mere qui l'alimente, il s'attache fortement à elle afin de ne pas tomber; mais comme le feu monte plus facilement qu'il ne descend, c'est pour cela que presque tous les arbres & les plantes élevent leur corps vers l'air, quoiqu'il y ait quelques arbres comme le chêne, duquel on dit que les racines vont autant vers le centre, que sa chevelure s'éleve vers le Ciel. Ce qui dépend en partie de la nature du sperme gluant, qui retient le feu, ou l'ame végetale dans ses liens.

... Tantum ad tartara tendit
Quantum, &c. *

L'on ne peut pas connoître facilement la chaleur qu'une seule graine produit dans la fermentation, cependant quelqu'un m'a assûré qu'ayant mis plusieurs graines pour végeter dans un petit espa-

* Virgile Georgiq.

ce de terre, un jour après introduisant la main dedans, il sentit réellement que le lieu semé étoit sensiblement plus chaud que la terre voisine.

Quoiqu'il en soit, il est constant qu'en mettant une pincée de diverses graines en un même lieu, chacune germe la plante de son espece, ce qui est sans doute un des grands miracles de la nature, lequel ne se peut faire sans que la graine change le suc de la terre dans l'essence de la plante, par la conversion des élemens en nature du sperme essentiel, de la maniére que j'ai dit, en subtilisant ou épaississant ce suc; aiant montré déja que la figure des pores, qui ne donnent entrée qu'aux parties similiaires, est une opinion qui n'est pas soutenable, & que la petitesse des fibres de la racine, ou de toute la graine, ne fait autre chose qu'empêcher l'ingrès des particules trop grossiéres & terrestres, n'admettant que l'humidité subtile impregnée des sels subtils de la terre, qui sont les seules substances transmuables & qui peuvent pénétrer.

L'on dira peut-être que cela est dit sans preuve. Il faut donc la donner. On sçait, & on l'a experimenté que si l'on met dans un vase quelques livres de terbien pesée, & qu'on y seme un pepin d'orange, ou bien un noyau d'abricot ou de pêche, ou autre graine. En arrosant cette terre de quantité d'eau que l'on pesera chaque fois, la graine croîtra & produira un arbre de sa nature; & à la fin, si on le pese, on trouvera plusieurs centaines de livres d'augmentation dans l'arbre, sans que la terre soit diminuée d'une once. Ce fait a été experimenté avec tout le soin imaginable par le curieux Van-Helmont, qui rapporte lui-même qu'un arbrisseau qu'il avoit planté dans une caisse exprès, crût tellement en arrosant simplement la terre avec l'eau commune, que cette plante pesoit 169. livres, sans qu'on trouvât dans la terre plus de diminution que ce que j'ai dit. * Par où l'on peut voir que non seulement l'eau s'est transformée & durcie en bois, mais notés, quelle a pris la qualité & propriété essentielle de la plante & du fruit, soit d'orange ou d'abricot, ou d'autre fruit, l'un dissemblable de l'autre, tant en nature, qu'en vertus & proprietés essentielles. Je sçais que les Cartésiens

* Ce changement de l'eau, en nature végetable, arrive par la vertu de l'essence seminale de la plante, qui la transmuë en sa nature.

diront que la graine n'a donné paſſage qu'aux corpuſcules de l'eau, qui convenoient à la nature de la plante; mais j'ai aſſez réfuté cette opinion, & tout ce que j'ai dit doit ſuffire, pour ceux qui ne ſont pas entêtés du ſyſtême Cartéſien ſur ce point de la génération des végetaux; étant certain, & on le voit encore par cette expérience & par celle du feu, qu'il y a une véritable tranſmutation des particules élementaires dans la nature de la choſe en queſtion.

Il ſemble que je devrois faire une deſcription des plantes diverſes, & faire voir en quoi elles different les unes des autres; mais d'autant que le ſçavant Malpigius a fait ce travail avec beaucoup d'exactitude & de circonſpection, je crois que ceux qui ſont curieux feront bien de le conſulter & de lire ſon ouvrage, & conſiderer les figures qu'il donne de l'interieur de diverſes plantes, choſe que je ne pourrois pas faire ſi bien que lui. Ce que je puis inſinuer pour y faire une mûre attention, c'eſt que les plantes dans leur compoſition reſſemblent tout-à-fait à l'animal, car tout leur corps n'eſt formé que de differens tuyaux, dans leſquels ſe meut & circule une liqueur qui eſt analogue au ſang & aux autres liqueurs qui coulent

dans

DE L'UNIVERS.

...s les veines, dans les arteres, & dans les autres vaiſſeaux des animaux. (a) Que ces veines & ces vaiſſeaux ſont differemment entrelaſſés, & qu'entre les uns & les autres il y a certains eſpaces vuides, dans leſquels la liqueur s'extravaſe comme dans les animaux, & qui forment leur chair. Qu'en divers lieux il ſe fait de plus differentes fermentations, où le ſuc de la plante qui s'extravaſe, fermente encore pour former diverſes parties de l'arbre, comme Malpigius le fait remarquer. Il nous fait obſerver auſſi que les fibres qui inclinent de côté ou d'autre, la liqueur qui circule dans ces fibres s'extravaſe de ce côté, & ſort pour former les diverſes branches de l'arbre, comme il paroît dans la figure (b), de même que dans l'animal par un ſemblable moïen ſortent les bras, les jambes, & les doigts. Et enfin que les parties de l'arbre qui ſont dans l'interieur & dans ſon centre, étant formées de fibres extrêmement deliées, où les parties les plus ſubtiles de la ſéve ſe filtrent & forment un ſperme ſeminal plus ſubtil & plus épuré, ſont analogues au cœur & au cerveau, dans le premier

(a) Voyez la 16e. fig. qui repréſente une feüille d'arbre.
(b) Voyez la 17e. fig.

Tome III. Q

desquels le sang se forme & s'anime, par les esprits de feu que le cerveau y envoye, lequel est le crible du sang, & où se forme le plus subtil esprit; & c'est de ces parties subtiles de l'arbre que la graine se forme, prenant son origine des fibres les plus subtiles du cœur & de cette espece de cerveau du végetal; c'est pourquoi la liqueur qui forme la graine & le petit arbrisseau est si puissante & si active, comme étant formée du sperme le plus subtil & le mieux élaboré de la plante.

Nous pouvons ajoûter encore que l'écorce extérieure est analogue à la peau de l'animal, & le reste à sa chair & à ses autres parties. Que la plante ne se nourrit pas seulement par les racines, mais que les feuilles aussi-bien que les branches, & tout le corps de la plante même, s'imbibent & sont nourris par la pluie & la rosée qui tombe sur elles; ce qu'on peut même expérimenter en quelques plantes, étant chose fort commune que si l'on met un brin de baume dans une phiole d'eau, le baume, qui nage dans cette eau, végete comme dans la terre; & j'en ai tenu ainsi quelques brins, plusieurs mois, qui ont végeté comme dans la terre, & dont les vieilles feüilles se sont à la fin séchées, pendant que d'autres tiges avec des feüilles nouvelles, fort belles & vertes, sont crûes comme elles auroient fait en terre. Ce qui peut bien n'être pas une chose singuliere à cette plante, mais qui peut-être commune à plusieurs, quoique je ne me suis pas donné la peine d'en faire l'experience sur quelqu'autres. Mais tout le monde sçait qu'en mettant la tige des fleurs dans de l'eau, ces fleurs, qui se faneroient en un seul jour, se conservent quelque tems étant trempées dedans; ce qui marque bien qu'elles prennent quelque nourriture par les petits canaux de leur tige, sans quoi elles mourroient & se faneroient bien-tôt.

Ce qui fait voir aussi que le sperme seminal, qui est dans ces fibres, est encore assez fort, pour pouvoir changer en sa nature l'eau dont les fleurs se nourrissent; mais qu'enfin cette vertu venant à s'affoiblir, les fleurs viennent à tomber dans l'état où toutes les choses finissent, qui est une miserable pourriture. Il faut noter encore que ces fleurs ne se seroient pas conservées plus long-tems dans la terre sur la tige attachée à la racine, le sort naturel des fleurs étant de paroître & de passer bien-tôt de la vie à la mort. Ce que je fçais bien certainement, c'est qu'aïant mis dans un vafe d'eau des boutons de rofes qui n'étoient pas encore ouverts, ces boutons dans l'efpace de quelques jours ont crû, & fe font épanoüis en belles & odoriferantes rofes, quoique ce ne fût pas la faifon ordinaire de ces fleurs. Cela s'étant paffé en automne plus d'une fois, avec ces rofes qu'on appelle, *de tous les mois*, parce qu'elles fleuriffent en toutes faifons, hors l'hyver.

S'il eft certain que les plantes fe nourriffent, il eft conftant auffi qu'elles refpirent, non pas comme les animaux par la bouche & les poulmons, mais à leur maniére & par des organes qui leur font propres. Ce qui eft vifible, & n'a pas befoin d'autre preuve que l'expérience, qui fait voir que fi l'on plante un arbriffeau de maniére qu'il foit environné d'autres arbres plus grands, l'arbriffeau meurt comme fuffoqué, ou bien ne profite point. Que s'il y a des plantes qui ne vivent qu'à l'ombre d'autres arbres, on peut dire que ce font des plantes à qui la lumiére & la chaleur du foleil eft nuifible, & qu'elles reffemblent aux hiboux & aux chauve-fouris qui fuyent la clarté, ou à certains animaux qui ayment plûtôt à vivre sous terre qu'à l'air ouvert. Celles qui vivent le plus volontiers dans l'eau ou dans des lieux marécageux, comme la nimphée & autres plantes semblables, sont de nature humide, & pour vivre elles ont besoin de l'eau comme les poissons, & comme quelques oiseaux, tels que sont les foulques & les beccassines. En un mot, il y a des plantes d'autant de natures differentes, qu'il y a d'animaux divers.

Je ne laisserai pas de dire que les plantes dorment comme quelques animaux, étant l'hyver dans un long sommeil & sans action, de la même maniére que les marmottes, les limaçons, & autres semblables animaux; & que dans ce sommeil elles font, comme l'animal, la plus grande digestion de la nourriture qu'elles prennent, pour produire au printems, des feüilles, des fleurs & des fruits, & pour réparer leurs corps affoiblis & épuisés, par leurs productions du printems & de l'été.

Les plantes sont sujettes à des maladies comme les animaux, & on les guérit de même par des remedes convenables.

Cette ressemblance que les plantes ont

avec les animaux, m'a fait soupçonner qu'elles pourroient bien avoir quelque sentiment, non pas tout-à-fait comme les bêtes, mais un sentiment propre & convenable à leur nature. Ce soupçon même a passé chez moi en croïance positive, par plusieurs expériences & observations que j'ai faites après la première idée que j'en eus, & je ne crois pas déplaire aux curieux qui ne sont point prévenus par quelque opinion, si je rapporte quelques-unes de ces observations auxquelles je joindrai celles que d'autres personnes qui ont été dans le même sentiment ont faites : ce qui ne doit pas fâcher les Cartésiens, dont quelques-uns trouveront sans doute à redire que leur maître aïant ôté le sentiment aux bêtes, je sois assez hardi pour en donner aux plantes. Je crois que ceux qui aiment à chercher la vérité, ne le trouveront pas mauvais, & dans cette confiance je passerai à cet examen, après avoir cependant parlé des fermens, comme je l'ai promis précédemment, afin de tâcher d'éclaircir autant qu'il est possible une matiére aussi délicate, telle qu'est mon opinion sur la génération des plantes.

CHAPITRE X.

Des Fermens, ou Levains.

Mais en parlant des fermens auxquels j'attribuë la vertu transmutative, je vois que bien de gens pourroient nier cette vertu, d'autant plus que les Philosophes ne se sont pas mis trop en devoir d'expliquer comment cette transmutation se peut faire, ce qui est la raison principale de la combattre dans un siécle où l'on veut que tout soit démontré méchaniquement. Je pourrois répondre que l'on s'est contenté de l'expérience journaliere, qui nous fait voir qu'il y a des fermens qui transmuënt réellement en leur nature, les choses avec lesquelles ils se mêlent. Par exemple, le feu qui est le ferment de tous les fermens, & en vertu duquel se fait toute fermentation qui n'est jamais sans chaleur, il est visible, dis-je, qu'une étincelle de feu est capable de transmuër en feu & en flamme, pour ainsi dire, tout le monde. L'on voit aussi qu'un morceau de ferment ou levain de farine, qu'on mêle avec une quantité plus grande de pâte, en peu de tems l'altere, & la changeroit tout-à-fait en sa nature, si par la cuisson on n'empêchoit pas le ferment d'agir sur cette pâte. On voit la même chose en mettant la lie du vinaigre dans le vin, qui en peu de jours devient vinaigre; ce qui arrive aussi en mettant le vin dans un tonneau fort vinaigré, c'est-à-dire, que tous les pores du bois du tonneau soient remplis du ferment de vinaigre.

Une pomme, ou autre fruit pourri étant mêlé avec d'autres qui sont sains & bons, les fait bien-tôt pourrir tous; & une brebis galleuse ne donne sa maladie à tout le troupeau, qu'en vertu de la malignité du ferment qui exhale de son corps, comme un homme pestiferé donne la mort à plusieurs personnes saines par un semblable moyen. On sçait les maux qu'une femme, dans un certain état peut donner à celui qui se joint trop près avec elle; comme le peu d'humeur de la vipere, ou d'un chien enragé qui mord, ou d'un animal venimeux, peut donner la mort par le ferment qui coagule, ou liquefie, ou qui d'une autre maniére altere le sang & les esprits vitaux. Et enfin beaucoup d'autres choses semblables, que j'abrége pour n'être pas trop ennuyeux. L'on s'est donc contenté de ces exemples

incon-

incontestables, sans trop approfondir la maniére par laquelle cela arrive, & sans trop examiner en quoi consiste la vertu transmutative du ferment. Je donnerai donc ici la définition de ce que j'entends proprement pour ferment, & ensuite je tâcherai autant qu'il me sera possible d'expliquer de quelle maniére les fermens agissent, qui est toûjours par le moyen du feu interne.

Je dis donc que j'entends sous le nom de *Ferment*, ou de levain, une petite quantité de matiére, qui étant mêlée avec une plus grande, est assez forte pour bouleverser & dissoudre l'état naturel du composé, & de le changer en sa nature, ou du moins de l'alterer & de l'éloigner de son prémier état naturel.

Mais pour donner plus de lumiére à ce que je veux dire, par l'exemple que j'ai rapporté de la pâte & du vinaigre que leur ferment change en même nature, on voit que la quantité du ferment est toûjours moindre que la chose avec laquelle il se mêle. Ce qui est encore visible dans la piqueure de la vipere, du scorpion, & autres semblables bêtes venimeuses, dont une goute invisible de leur poison altere de maniére le sang de son prémier état, qu'elle donne facilement la mort. Il est à remarquer que le changement en sa propre nature que le ferment peut faire, se fait d'autant plus facilement, qu'il y a quelque convenance & ressemblance entre les natures du ferment & de la chose qu'on veut transmuër, comme entre la pâte & le ferment qui est fait de la même pâte, & le vinaigre qui a été vin. Et comme les végetaux ont pris leur naissance & leur accroissement du suc de la terre, & que le ferment qui est dans les tuyaux de la graine est formé du même suc, de là vient la facilité qu'il a de le transmuër en sa propre nature. Ce n'est pas même dans le seul végetal que les fermens agissent, mais Harvée étoit d'avis que dans toutes les parties du corps de l'animal, il y avoit des fermens propres à changer le sang en nature d'une telle partie. Car ce grand homme, qui nous a donné tant de belles découvertes, ne pouvoit pas concevoir que le sang pût prendre la dureté des os, si dans les os il n'y avoit eu une vertu agente propre à former une substance si dure : ni que l'humeur vitrée & le cristallin qui sont joints & collés ensemble dans l'œil, fussent si différens dans leur consistance, s'il n'y avoit eu un ferment qui pût assimilier le sang en nature semblable au cristal, & de laisser presque fluide l'humeur vitrée, ou de coaguler en une peau si forte la cornée qui contient ces humeurs. Quoique deux habiles Medecins (l'un Anglois & l'autre Italien,) aïent écrit contre cette pensée, ils n'ont rien dit, (à mon avis,) qui au fond l'aïe détruit, & elle me paroît mieux fondée que les prétenduës figures des veines, qui, comme disent les nouveaux Philosophes, ne donnent passage qu'aux corpuscules du sang qui sont d'une certaine figure. Pour se désabuser de cette imagination des tuyaux figurés comme des cribles, je prie le Lecteur de considerer comment se fait la nutrition d'un homme ou d'un animal ; prémiérement par la bouche & par l'ésophage passent pêle-mêle & sans distinction toute sorte de nourriture, & ces alimens par le moïen du ferment qui est dans l'estomac de l'animal commencent à se corrompre, aussi-bien que dans les boyaux ; & dans tout le long passage de ces canaux, il n'y a aucune figure des conduits qui y contribuent. Ensuite, de ces viandes se forme un suc qu'on appelle chile, qui étant cuit dans les autres veines des boyaux, se change en forme & ressemblance de lait, qui se répand dans les mammelles des femmes grosses (aussi-bien qu'aux autres animaux) pour allaiter leurs enfans. Or il est encore visible que ces sucs n'ont pas changé de nature, car la nourrice qui veut purger son nourrisson, avale simplement de la casse, de la manne, ou semblables drogues, & son enfant en est purgé comme elle, parce que les particules des sucs de ces drogues ont passé avec les autres sucs, dans le lait des veines lactées : ce qui marque que ces drogues ne sont pas alterées, puisqu'elles purgent l'enfant comme la nourrice. Des veines lactées, ces sucs passent par le réservoir de Pequet dans la veine cave, où se mêlant avec le sang de cette grosse veine, peu à peu ils entrent dans le cœur, où ces sucs se fermentent & se cuisent par la chaleur que les esprits animaux envoyent au cœur, & de là passent dans les poulmons, & reviennent au cœur, ce qui se fait par des veines & des tuyaux fort gros & fort larges, & ensuite se répandent de cet endroit par diverses veines grosses & larges en différentes parties du corps. Notés de grace, que l'usage des petites veines lactées, & autres semblables, n'est que d'empêcher qu'il ne passe autre chose par leur ouverture, que le suc subtil des nouritures, les excrémens grossiers, ou matiére fécale reste dans les boyaux, d'où elle est expulsée par le bas du ventre de l'animal.

De maniére que la petitesse de l'orifice de ces veines du chile ne sert que pour empêcher le grossier de passer avec le subtil, ce qui est évident dans les veines limphatiques, qui ne donnent passage qu'à la liqueur plus aqueuse, separant les parties grossiéres du sang, qui seules font sa rougeur. On le voit aussi dans la veine celiaque, qui porte une partie de la liqueur lactée & du sang au foye, dans lequel cette liqueur circulant par des fibres fort étroites, tout ce qu'il en arrive c'est d'en separer la liqueur plus grossiére & feculante, qu'on appelle *bile*, comme dans la rate s'en separe le plus grossier & terrestre, qui forme la bile mélancolique. Enfin par les fibres étroites du cerveau se separent les particules plus subtiles, ignées, & mobiles, qu'on appelle esprits animaux, qui font mouvoir toute la machine du corps. Je ne vois donc pas que les veines & les autres vaisseaux aient d'autre usage que de separer le grossier du subtil, & non pas d'être figurés de maniére qu'ils ne donnent passage qu'aux corpuscules d'une certaine figure. Car, par exemple, pour nourrir les humeurs qui forment l'œil, c'est-à-dire, le cristallin & la vitrée, il n'est besoin que d'une liqueur très-claire & très-pure, que le ferment, qui est la matiére même déjà formée & parfaite de ces deux humeurs vitrée & cristaline, coagule plus fortement dans l'une, & beaucoup moins dans l'autre. Notés aussi que tous les autres cribles prétendus ne font d'autre effet, que celui des vrais cribles qui séparent la farine du son, c'est-à-dire, le subtil du grossier, & que les fermens qui sont dans les parties qui doivent être nourries assimilient cette humeur ainsi préparée en leur nature, & que l'humeur vitrée épaissit un peu cette liqueur, & celle du cristalin l'épaissit d'avantage. Comme les os la durcissent en os, & la moëlle qui est au dedans la change en consistance de moëlle, & pas d'avantage.

Cette pensée des fermens transmutatifs en chaque partie du corps, est la pensée du grand Harvée, & à laquelle je souscris, confirmé par l'expérience, n'étant pas possible, à mon avis, de pouvoir en quelqu'autre maniére rendre une raison probable, pourquoi & comment deux parties contiguës, comme par exemple, les ongles & la chair avec laquelle ils sont attachés, soient si différentes en consistance; & que les os qui sont au-dedans de cette chair soient encore plus durs, & la moëlle qui est au-dedans soit si molle:

Ainsi quoiqu'on ait écrit contre cette opinion, je ne vois pas qu'on ait rien dit qui puisse la détruire, étant très-facile de faire des difficultés sur une proposition, sans rien dire de meilleur. En un mot, par-tout ce que j'ai dit ci-devant, je crois qu'on ne peut pas mettre en doute que les fermens transmuënt les choses en leur nature, & cela d'autant plus facilement que la substance sur laquelle ils agissent est de sa part plus homogéne & plus disposée.

Il nous reste à présent de donner quelque idée de la maniére dont cela se peut faire d'une façon mechanique, puisque nous sommes dans un siécle, où l'on veut que tout se fasse par le méchanisme. Je dis donc qu'en général cela se fait par l'inversion des molecules élementaires, lesquelles sont changées par le ferment dans la nature des élemens dont le même ferment est composé; ce qui se fait par le mouvement, c'est-à-dire, par l'action du feu étherée, qui est dans le même ferment, lequel feu est le principe agent de tous les fermens. Car les particules subtiles, subtilisent ce qui est moins subtil, & les grossiéres, grossissent & épaississent ce qui ne l'est pas tant qu'elles: les unes & les autres se joignant avec ce qui leur ressemble. Mais il faut remarquer une chose importante, & qu'il ne faut pas oublier : c'est que la diversité des molecules du ferment se contrariant en quelque maniere, les unes voulant subtiliser, les autres tendant à épaissir, il est à croire que chaque élement produit son effet, sans que l'autre en puisse produire un plus grand. C'est pourquoi, supposant qu'un ferment soit composé d'égales parties de feu, d'air, d'eau, & de terre, les deux parties d'air & de feu subtiliseront, & chacune changera en sa nature la matiére avec laquelle elle se mêle, comme l'eau & la terre épaissiront une égale quantité de la matiére transmuable, & par ce moïen le ferment s'augmentera en quantité sans changer de nature, pourvû que la matiére transmuable ne fasse pas une trop grande résistance, car c'est dans ce cas que les fermens peuvent être alterés, d'où s'ensuivent les maladies, non seulement du corps de l'animal, mais aussi de la plante. Cette remarque me paroît de tant d'importance, qu'on ne sçauroit trop se la mettre dans la tête. Mais pour expliquer encore davantage la maniére dont cela se peut faire, souvenez-vous de ce que j'ai dit ci-devant, où j'ai montré que l'air étoit composé d'un petit atôme, l'eau ou l'humidité de deux, la terre ou la sécheresse froide de trois atômes. Le feu du ferment, qui est la matiére étherée, peut donc changer facilement l'air en nature de feu, en dissolvant cet atôme, qui s'étoit formé par la coagulation ou épaississement de la matiére étherée, & par ce moïen l'air peut devenir tout feu; comme l'air, aidé par le feu moteur, peut changer quelques particules de l'eau en air, en séparant un de ses atômes; de même que l'eau avant que d'être changée, peut convertir en eau quelques particules terrestres, par la séparation d'un de ses atômes. Mais il faut observer que comme ce changement ne se fait que par une espece d'ébulition plus ou moins forte, causée par le feu étherée, dans cette ébulition il en résulte une espèce de confusion générale, dans laquelle chaque element agissant au même tems, *le subtil transmuë en sa matiére subtile les parties les plus transmuables, & les épaisses acrochent & figent avec elles, celles qui sont plus facilement épaissies*, le reste en étant rejetté & expulsé. Car sans cela toute la matiére du bois seroit convertie en feu, dont la nature tend à subtiliser toûjours, comme nous le voïons dans une étincelle de feu, qui est le principe de tous les fermens, laquelle convertit en sa nature une grande quantité de bois, pourvû que la première éteincelle puisse en former une autre pareille. Mais on voit que nonobstant cela, une partie des molecules du bois qui résistent le plus deviennent cendres, les autres s'attachent en forme de suye, & d'autres se dissipent en air. De maniere que chaque élement du ferment agit sur la matiére transmuable, le subtil s'efforce de tout subtilifer, comme l'épais de tout épaissir, & c'est de cette contrarieté que résulte l'équilibre, par laquelle la nature du ferment s'augmente en quantité sans alterer sa nature.

Or l'essence séminale de la plante, qui est un vrai ferment, fait le même effet sur le suc de la terre, & cela avec d'autant plus de facilité que ce suc est disposé, & que la plante est formée de lui, car sans cela elle ne croîtroit point. Et c'est par cette raison que je crois que certaines plantes ne viennent pas en certains climats, parce qu'elles ne trouvent pas un aliment transmuable; de même qu'un animal ne pourroit pas se nourrir & periroit, s'il n'entroit dans son corps que des cailloux; que le ferment animal ne peut digerer, c'est-à-dire, ne peut transmuër en sa nature.

Comme on parle quelquefois de fermentation froide, je crois qu'il ne sera pas hors de propos d'en rapporter un exemple, & de rendre raison de cet effet, en examinant, suivant le principe que j'ai posé, si c'est une véritable fermentation.

* Prenez donc deux tiers d'huile de vitriol bien déflegmé, mêlez-y un tiers de sel armoniac, & vous verrez qu'à mesure que le sel armoniac se dissout dans la liqueur, ce qui se fera encore plus vîte si vous remués le tout avec un petit bâton, il en provient une très-grande fermentation & une ébullition qui fume très-fort, & qui s'éleve & se dilate de maniére, que la liqueur occupe une espace vingt-cinq fois plus grande qu'avant l'ébullition. Cependant, avec toute cette fureur d'ébullition, on ne sent aucune chaleur, mais au contraire il s'ensuit un froid extrême, par lequel le verre qui contient la liqueur se glace, & si l'on y met dedans un Termomettre remplit d'eau forte, y étant mis l'eau-forte descend avec vîtesse, comme si on le mettoit dans de la glace, ce qui continuë autant de tems que la fermentation dure.

Il faut remarquer que l'huile de vitriol étant mêlée avec quelque liqueur que ce

---

* Experience de l'Académie de Florence, page 260.

puisse être, soit de l'eau commune ou autre liqueur, produit ordinairement un effet de chaleur, excepté avec l'huile commune, ou avec l'eau forte. Je crois que cet effet provient des particules de feu qui sont mêlées avec l'huile de vitriol dans la distilation, & qui sont montées avec les sels du vitriol : lesquelles particules étant dégagées de l'épaisseur de l'huile de vitriol, lorsqu'on la mêle avec une autre liqueur, produisent leur effet ordinaire de chaleur; ce qu'elles ne font pas avec l'eau forte ou esprit de soufre qui sont remplis de sels froids, qui empêchent l'action de la chaleur. Il paroît étrange, que l'huile d'olive ne produise pas l'effet de chaleur, mais c'est, je crois que cette huile épaisse ne se mêle pas bien & intimément avec l'huile de vitriol, pour pouvoir mettre en liberté les particules de feu & produire la chaleur. La même raison est du sel armoniac, lequel détrempé dans quelque liqueur que ce soit, les réfroidit toutes, hors l'huile, avec laquelle il ne se peut pas mêler intimément. Quant à ce qu'il ne produit pas de froid étant mêlé avec l'eau forte, je crois que c'est à cause qu'un sel mêlé avec un autre sel ne fait point d'action nouvelle.

J'ai voulu rapporter ces expériences,

pour faire voir qu'à moins que dans les fermentations il ne se fasse une inversion & changement des corpuscules en une autre nature, il n'y a point de véritable transmutation, & que dans cette fermentation soudaine de l'huile de vitriol & du sel armoniac, il n'y a point de vraie transmutation, qui souvent réquiert un tems lent. Aussi voit-on que les digestions violentes & hâtées sont dommageables pour la santé, parce qu'il ne se fait pas une véritable inversion des particules, ni une vraie transmutation dans la nature du ferment animal, qui est comme le principe universel de la nature animale ou végétable. C'est pourquoi Hypocrate a fort bien dit dans son Aphorisme : *Non quod ingeritur, sed quod digeritur nutrit.* Ce ne sont pas les choses que l'on mange qui nourrissent, mais celles que l'on digere ; c'est-à-dire, celles qui se cuisent doucement & qui se transmuënt dans l'estomac par la vertu des fermens, & c'est ce qu'on appelle digérer. Aussi l'on voit que ceux qui mangent trop, sont maigres & maladifs, & ceux qui boivent trop restent ivres, & comme des cadavres sans mouvement, parce que les viandes ou le vin ne sont pas convertis en nature animale, & qu'ils ont été supérieurs au ferment au lieu que celui-ci auroit dû dominer sur les choses qu'on a prises. De même qu'un petit feu est éteint par une trop grande quantité de bois, qu'on y met dessus, avant que ce feu, (qui est le ferment de tous les fermens,) ait la force de commencer à transmuër le bois en sa propre nature de feu : la même chose arrive dans ce que l'on mange de superflu, que les fermens ne peuvent pas entiérement digerer ni transmuër, d'où il en résulte les indigestions, & les humeurs qui causent les maladies. Mais cela soit dit en passant pour l'utilité de ceux qui ont soin de leur santé, & de bien vivre sans maladies, qui ne viennent que des sucs indigestes qui se mêlent avec le sang.

Revenant donc aux fermentations, je voudrois que l'on remarquât que le bouillonnement & cette ferveur ou chaleur qui arrive dans la fermentation, ne peut arriver que par le feu étherée dont chaque individu a quelque portion en soi ; ce qui est évident en ce que cette fermentation n'arrive pas sans quelque mouvement, & sans quelque chaleur sensible. Ce qui se fait en développant les particules qui tiennent cette substance ou feu étherée enveloppé. Et la fermentation est plus ou moins grande, suivant que les choses contiennent plus ou moins de ce feu.

Ainsi l'on voit que dans les dissolutions métaliques & des corps mineraux qui contiennent plus de soufre, la fermentation est plus grande: car le soufre montre bien qu'il contient plus de ce feu, par la grande facilité qu'il a de s'enflammer. Que si l'on mêle de l'huile & du soufre à un petit feu, de manière que ces deux substances se mêlent ensemble & que le soufre s'ouvre, il en résulte une si grande effervescence, qu'il faut beaucoup d'adresse pour les empêcher de sortir du vase qui les contient. De même l'on voit que les fermentations qui se font avec le fer, qui est un des métaux qui contient le plus de soufre, sont des plus grandes. Et le sel de Tartre, qui contient le plus des esprits ignés du vin, étant ouvert par des sels acides fait aussi de grandes fermentations, & des ébullitions très-fortes. Ce que je dis, afin que l'on voye d'où proviennent les fermentations & quel est leur principe, qui consiste dans le feu interne qui est dans un sujet, lequel est mis en liberté par l'incision des particules qui le tenoient emprisonné & lié. Et de là vient la fermentation que l'on voit du mêlange des acides, mêlés avec les alkalis. Car les corps acides étant des sels pointus, & les alkalis des corps qui contiennent beaucoup de feu, les pointes des sels acides ouvrant la connexion des corps qui contiennent ce feu éthérée, alors ce feu étant mis en liberté, il cause l'effervescence & l'ébullition que l'on voit; & c'est par la raison que j'ai dit ci-dessus, que le sel de Tartre mêlé avec les acides, fait une très-grande fermentation, parce qu'il contient une plus grande quantité de ce feu qu'on sçait que les vins renferment.

Mais quoiqu'il semble que toutes les fermentations doivent aboutir à subtiliser le mélange des choses qui fermentent, cela n'arrive pas toûjours. Souvent il en arrive tout le contraire, & que deux liqueurs deviennent un corps dur, comme cela se voit quand on mêle l'esprit de vin déflegmé avec l'esprit d'urine: car alors ces deux liqueurs qui contiennent beaucoup de particules salines, après une petite fermentation, les particules des sels s'accrochant ensemble forment un corps dur, laissant le liquide, dans lequel ces sels nageoient, couler à son ordinaire; & non pas, comme Descartes l'a dit, *que les particules du liquide de l'esprit de vin & de l'urine s'accrochent & forment un corps dur*; mais seulement les parties salines qui sont mêlées dans l'un & dans l'au-

tre

tre liquide. Quoique j'aie parlé de ceci dans mes principes, * j'ai cru à propos d'en rafraîchir la mémoire, pour qu'on connoisse l'erreur que Descartes a voulu insinuer mal-à-propos; & afin que le Lecteur voie comme dans les fermentations, les élemens peuvent chacun d'eux se joindre avec les parties semblables, les subtiles en subtilisant quand elles peuvent, *& qu'elles en ont le tems*, & les grossières en s'accrochant avec les grossières, particulièrement lorsque dans les fermens *les principes grossiers sont dominans, ou du moins en grande quantité*.

Par où l'on peut voir qu'il n'est pas nécessaire d'avoir recours à des tuyaux qui ne donnent passage qu'à certaines parties plus grossières, ou plus subtiles, ou de certaines figures. Mais il suffit que les fermens trouvent dans les sucs qui se mêlent avec eux des corpuscules convenables à leur nature, & qu'ils puissent les transmuër ensorte qu'ils conviennent aux dispositions qui leur sont propres: car le subtil s'approprie le subtil, & le grossier ce qui est grossier, les dispositions des fibres les arrangeant, comme il est nécessaire à la nature de l'individu. C'est

* Dans le traité de la matiére qui n'est pas encore imprimé.

Tome III. S

par cette raison je crois, & je ne puis me lasser de le répeter, que certaines plantes ne peuvent pas croître & se nourrir en certains climats, ou en certaines terres, où elles ne trouvent pas une nourriture convenable, & des corpuscules qui leur conviennent, pour être ou trop secs & terrestres, ou trop chauds, ou trop humides. Car, par exemple, les clous de gerofle ne peuvent venir que dans les terres fort séches & brûlées des moluques, où il y a un volcan qui rend cette terre aride & brûlée, & pleine de feu comme est la nature de cet aromate. Au contraire des citrouilles & autres semblables legumes, lesquelles ne pourroient croître dans les lieux & terres où naissent ces épiceries.

Mais en voilà je crois assez pour les gens d'esprit, afin de leur faire entendre quelle est ma pensée à l'occasion des fermens. D'en dire davantage ce seroit ennuïer, au lieu d'instruire les personnes, qui peuvent par leurs lumieres donner encore plus de clarté à ce qui peut paroître obscur aux autres.

CHAPITRE XI.

Si les plantes ont quelque sentiment, & quel peut être celui qu'elles ont.

Avec l'Histoire curieuse des plantes qui peuvent le prouver.

IL faut avouër, en premier lieu, qu'il est vrai que Descartes a raisonné très-conséquemment, quand il a avancé que les bêtes n'avoient point de sentiment; car ne connoissant point d'autre principe que l'étenduë corporelle, comme Epicure, les bêtes n'étant composées que de petits corps insensibles, ne pouvoient pas avoir aucun sentiment, & par la même raison les plantes.

Mais Platon, Aristote, & les autres Académiciens que je suis en ce point, lesquels admettoient une prémiere matiére agente qui se mouvoit d'elle-même, qui sentoit qu'elle se mouvoit, & par conséquent la différence de ses mouvemens & des corps qui l'empêchoient de se mouvoir d'une certaine maniére: ces Philosophes, dis-je, (& moi avec eux,) rai sonnoient conséquemment, prétendant que c'étoit cette matière même, qui non-seulement faisoit mouvoir tout ce qui se meut, mais qui étoit l'agent, & une espece d'ame universelle du monde, en ce qu'elle faisoit mouvoir & agir tout ce qui se meut & qui agit, & que les animaux & les plantes qui agissoient en vertu de cette espece d'ame mobile qui étoit dans leurs corps, étoient sensibles, puisque ces individus avoient en eux-mêmes quelque portion, plus ou moins, de cette matière sensible, par la vertu de laquelle, non-seulement les animaux faisoient toutes leurs actions; mais les plantes qui en avoient aussi quelque portion agissoient suivant leur composition, en se nourrissant & croissant comme les animaux par la nourriture, & digerant & transmuant comme eux les alimens en leur propre essence. Elles respirent, comme on l'a dit, & même elles transpirent comme les animaux, ce qui se connoît non-seulement par l'odeur de leurs fleurs; mais même dans les arbres qui ne fleurissent pas, comme on le sent dans un bois quand le printems commence, & que les plantes font éclore leurs feüilles nouvelles, dont elles ont digeré & élabouré la substance, comme nous, dans le tems de leur sommeil : & elles marquent par cette manière & par plusieurs autres, qu'elles ont une vertu expulsive, lesquelles proprietés, comme je l'ai fait voir dans mes principes, sont toutes celles de l'ame. Ces choses, dis-je, ont persuadé aux anciens, & me font croire de même qu'il y a dans la nature une espece d'ame, tout-à-fait differente de l'ame raisonnable de l'homme, les facultés de laquelle ame sont limitées aux operations que nous avons dit, dont la plus sublime est sans doute celle de pouvoir sentir, & d'avoir quelque connoissance limitée. Mais l'ame de l'homme, qui est l'ouvrage immediat de la divinité, non-seulement peut sentir, mais elle peut raisonner, & ce qui importe le plus par le raisonnement elle peut comprendre des choses que les seuls sens ne connoissent pas, faisant les operations admirables de tant de regles & d'inventions dont l'homme seul est capable.

Cela étant bien entendu, je dis que ce sera aussi raisonner conséquemment, si nous donnons aux plantes quelque connoissance de leur état, puisque les plantes ont aussi quelque portion de cette ame qui se meut, & qui sent & connoît qu'elle se meut.

Cependant comme les diverses sensations de voir, d'entendre, &c. dépendent des organes de l'animal, & qu'un animal ou un homme peut être sans voir & sans entendre, si l'organe des yeux ou des oreilles lui manque, ou bien qu'il soit deffectueux & vicié par quelque accident, les plantes qui n'ont aucun de ces organes extérieurs, ne peuvent ni voir, ni entendre, ni parler ou articuler aucun son, & il faut dire que tout leur sentiment se réduit à quelques sensations internes, semblables à celles des animaux; comme de sentir une certaine peine par le besoin de nourriture, qui lorsqu'elles leur manque, les plantes languissent de même que l'animal; & d'autant qu'elles ne peuvent pas bouger de leur place, elles ne peuvent point aller en chercher comme les animaux, lorsqu'ils sentent en avoir besoin. Peut-être aussi qu'elles sentent quelque peine ou douleur, lorsqu'on arrache certains endroits de leurs branches, mais n'aïant point de bouche elles ne peuvent pas crier & se plaindre, comme les animaux, contre la hache & contre ceux qui les déchirent & les abattent. Non plus que l'huitre qui ne crie point quand des dents avides la dévorent, quoiqu'elle sente qu'on la tuë.

Les poissons qui n'ont pas la faculté de parler, marquent seulement par leurs mouvemens & par leurs convulsions, la douleur qu'on leur cause quand on les tire hors de l'eau, ou qu'on les coupe par morceaux pendant qu'ils sont encore en vie ; mais les plantes & les arbres n'aïant pas la faculté de se mouvoir facilement, ne peuvent pas seulement par leurs mouvemens convulsifs, ni en aucune autre maniére, donner des marques de leurs sensations, ce qui fait que notre jugement, qui ne connoît le plus souvent que par les sens, ne croit pas qu'elles sentent, & en juge comme Descartes. Cependant quand la plante manque de nourriture, elle fait assez voir la peine qu'elle souffre, ou par sa couleur pâle, ou d'autre maniére, & par les feüilles fannées & languissantes, comme les animaux qui souffrent quelque mal. Si elles ne peuvent pas dire qu'un tel lieu ne leur convient pas, elles le font connoître par leur langueur, & si elles ne peuvent pas crier *au meurtre*, & répandre du sang quand on les coupe, elles répandent le peu de liqueur qu'elles ont dans les veines, & quelqu'unes, comme *la vigne & le frêne*, continuent long-tems à distiler la seve par leurs blessures.

L'on dira que souvent on coupe les plantes pour les rendre plus belles, & qu'elles répondent aux désirs de celui qui les coupe. J'ai déja dit qu'elles sentent peut-être quelque peine quand on les déchire, & que peut-être aussi elles ne la sentent pas en certains endroits du corps, comme nous ne la sentons pas quand on nous coupe les ongles, ou les cheveux, qui renaissent plus beaux, plus grands, & mieux arrangés, il se peut donc qu'il y ait des endroits de leurs corps où réside le sentiment & non pas en d'autres, comme nous n'en sentons pas dans les cheveux, dans le poil, dans les dents, & dans les ongles, quoique dans l'endroit où l'ongle & la dent tiennent à la chair, le sentiment soit très-vif. Il se peut donc faire, dis-je, que certains endroits de leurs corps, comme sont les feüilles qui équipolent à nos cheveux, soient insensibles, & d'autres non. Mais parce que les plantes ne peuvent point nous donner des marques de leur sentiment, n'aïant pas une bouche ni des organes pour crier & se plaindre, c'est pour cela que nous ne jugeons pas qu'elles aïent du sentiment. Afin que cette matiére ne s'arrête pas à la simple speculation, je crois à propos de rapporter quelques exemples qui pourront nous

donner

donner des marques du sentiment des plantes, lesquels s'ils ne persuadent pas ceux dont l'incredulité est obstinée, ils serviront au moins pour orner cet ouvrage, dont le but est de faire un rapport historique des choses les plus curieuses qui sont dans l'univers. Laissant à chacun la liberté d'opiner sur cette matiére, de la façon qui lui plaira le mieux

Je dirai donc, que dans le jardin du Roi (à Paris,) il y avoit, & il y a apparemment encore, une petite plante qui ressembloit (autant que je puis m'en souvenir) au titimale, mais avec des feüilles plus petites. On appelle cette plante, *Sensitive*, parce que lors qu'on la touche, elle resserre ses feüilles & elle ramasse ses petites branches en un tas, se retirant autant qu'il est possible de l'attouchement importun de ceux qui l'agitent ; & ceux qui vouloient rire disoient aux filles, que cette herbe étant touchée par celles qui n'étoient pas vierges, se retiroit d'elles. De maniére qu'en la voïant ainsi retirer, on insultoit en raillant celles qui l'avoient touchée : & d'autres qui voïoient un tel effet sans trop en sçavoir la cause, n'osoient pas la toucher, crainte ou de découvrir ce qui étoit caché, ou de tomber dans le soupçon

& dans la raillerie des hommes.

Ce n'est pas cette herbe seule qui paroît sensitive, car j'ai oüi dire à des gens qui ont été en Affrique, que dans ces climats chauds il y a beaucoup de plantes semblables. On dit même que dans l'Istme de Darien, (*a*) il y a un bois d'arbres qui sont tous sensitifs, & marquent du sentiment comme l'herbe dont nous venons de parler. Un illustre Ecrivain (*b*) rapporte qu'il y a dans le Perou une autre herbe, laquelle étant touchée, se ramasse de manière contre terre & dans la poussière, que difficilement on la peut voir; & une autre herbe que le vent seul fait resserrer, pour se cacher de lui le plus qu'elle peut. Il dit encore qu'il y en a une autre, qui, aussi-tôt qu'on la touche, se fanne & se séche tout-à-fait.

Le Docteur Ray, de la societé de Londres, qui a composé un sçavant Livre sur les plantes, paroît être de mon opinion sur le sentiment des plantes. » Il » y a, dit-il, des plantes que les anciens » ont appellé *Eschinomenes*, & que les mo- » dernes nomment toûjours vivantes & » glutineuses, lesquelles donnent des mar- » ques assez claires de sentiment; car si

(*a*) Journal des Sçavans de Londres.
(*b*) Thomas ab Horto.

» vous touchés un peu leurs feüilles avec
» la main, ou seulement avec un bâton,
» même en plein midi, & le soleil lui-
» sant, tout aussi-tôt elles se retirent &
» compriment leurs feüilles. Il y en a mê-
» me de quelques especes, qui, étant en-
» core tendres, laissent tomber leurs feüil-
» les, ou bien se fannent comme si elles
» avoient été gêlées par l'air froid, &c.

Mr. Rhedi, si difficile à contenter en
matiére d'expérience, (a) raconte qu'allant
à Livourne, il avoit trouvé en son chemin
une pomme sauvage sur un arbre, de la
grandeur d'un orange, & de la couleur de
ce champignon qu'on nomme *Porcino*,
(des cochons,) & que les mariniers appellent *champignon marin*. L'aïant donc
percée, & voulant voir sa figure interne, » à peine, (dit-il,) j'approchois le
» couteau pour la fendre & l'ouvrir,
» que cette pomme à chaque piqueure &
» section que je lui faisois, ridoit sa peau,
» & se retirant en elle-même, me donna
» des marques évidentes de mouvement
» & de sentiment. Et notez, ajoûte-t'il,
» que son interieur ne contenoit que
» quelques filets blancs, & beaucoup de
» liqueur salée & très-claire. Lesquels fi-

(a) Rhedi experientia. lib. 2. page 258. &
Seq.

» lets, en grand nombre, s'étendoient
» de côté & d'autre, sans aucun ordre.
Il dit aussi qu'au rapport de plusieurs
grands hommes, les éponges, qui sont
des plantes marines, se retirent & se roi-
dissent quand on les touche, ou qu'on
veut les arracher.

Quoique je ne sois pas fort avide de faire part de mes observations, qui sont
encore douteuses, je ne puis pas néanmoins obmettre ce que j'ai observé dans
une occasion, & qu'on peut ajoûter à ce
que Rhedi rapporte de sa pomme. C'est
qu'aïant planté quelques jonquilles dans
deux pots de fayence, que j'ai sur une
de mes fenêtres qui est exposée au midi,
j'ai remarqué que ces pignons aïant poussé leurs feüilles à l'ordinaire l'épaisseur
du demi doigt au-dehors de la terre, vers
le 15. Janvier 1725. où l'air étoit assez
doux, je les ai vû ensuite disparoître
deux ou trois fois, quand le tems de-
venoit un peu plus froid. Comme si cette plante se fût enfermée, ou couverte
de la terre, pour ne pas sentir l'air trop
froid. Quoique cela se puisse attribuer à
la matiére subtile de Décartes, on peut
aussi attribuer à la même matiére subtile que les Siberiens, & les Lapons vivent sur terre quand il fait chaud, &

qu'ils s'enterrent quand l'air est froid. Cependant il faut remarquer que cet effet ne se fait, & ne se peut point faire, quand la plante a poussé beaucoup au-dehors. Mais pour revenir, l'on dira qu'on sent & connoît, & que l'autre ne voit & ne connoît pas. Néanmoins il faut attribuer des effets semblables à des causes pareilles, où assurément il y a de la folie de penser autrement, & c'est vouloir paroître à quelque prix que ce soit un esprit supérieur.

Mr. Derham, de la societé de Londres, dit ces paroles précises. » J'ai ob-
» servé plusieurs végetables, & j'ai vû mê-
» me que la plus grande partie ouvrent
» leurs fleurs, & répandent leur poil,
» &c. quand le soleil paroît, & que
» le tems est beau & serain ; & que sur
» le soir ils se renferment aussi-bien que
» lorsqu'il doit pleuvoir, & cela particulie-
» rement quand les fleurs veulent com-
» mencer à s'ouvrir, & que la semence
» est jeune & tendre. Ce qui paroît
» sensiblement dans l'herbe appellée *Dent*
» *de lion*, & dans les autres herbes qui
» ont du poil, particulierement dans les
» fleurs de pimpernelle, qui s'ouvrent &
» se ferment, de maniére que cette fleur
» sert de barometre aux païsans, qui

» predisent, comme dit Geronde, (a) le
» mauvais tems qu'il doit faire le jour
» suivant si les fleurs sont fermées, & le
» beau tems quand elles demeurent ou-
» vertes. Cela s'observe encore plus par-
» ticulierement, dit-il, dans une herbe
» qui est en Irlande, laquelle ferme pen-
» dant la nuit ses fleurs couleur de roses,
» & elle commence à les ouvrir au le-
» ver du soleil, & à midi les ouvre tout-
» à-fait : Les gens du païs disent qu'elle
» dort la nuit. Quoique cela se puisse attribuer au froid & au chaud de la nuit &
du jour ; il est constant que ce même effet
arrive aux animaux & aux hommes, qui
dorment la nuit, & peu le jour s'ils ont
bien dormi la nuit.

Dans les terres de Cariens, Pierre
Martyr dit, (b) qu'il y a des arbres qui panchent leurs pointes dans la mer, & que
les ayant retirées, ils les laissent tomber sur
la terre, pour y produire & former de
nouvelles racines, afin de conserver l'é-
ternelle propagation de l'espece.

Ce n'est pas un petit témoignage de
sentiment & de la connoissance de leur
état, que ce que le grand Gassendi nous
fait observer, c'est-à-dire, que les plantes

(a) Herb. lib. 2. cap. 183
(b) Decad. 3. lib. 4.

étendent leurs racines vers l'endroit où elles peuvent trouver une nourriture convenable à leur nature, se détournant des lieux qui leur sont contraires, passant même à travers des trous & des pierres pour atteindre les endroits où elles peuvent trouver un aliment convenable & de leur goût, comme elles se détournent de ceux qui leur déplaisent ; aussi voit-on que les Choux, la Citroüille, & quelqu'autres plantes auprès desquelles on met de l'huile, se détournent d'un autre côté & vont germer plus loin, cette liqueur leur étant desagréable & nuisible.

L'on assure qu'en plantant des Choux près d'un seps de Vigne, ses branches s'éloignent de ce Légume, comme si l'odeur que le Chou exaloit ne lui plaisoit pas, de même que l'eau où les Choux ont boüilli est d'odeur desagréable aux hommes & aux animaux. » Les Plantes, dit » Mathiole (a), ont une ame suivant plu- » sieurs Philosophes, ce qu'on apper- » çoit par plusieurs mouvemens sembla- » bles à ceux des animaux. Comme, par » exemple, de voir que par les racines, » qui leur servent de bouche, elles tirent » la nourriture de la terre qu'elles digé-

(a) Dans sa Dédicace à la grande Duchesse de Florence.

» rent en peu de tems, & la diftribuent
» auſſi promptement aux branches, feüil-
» les, fruits, &c.

Il y a d'autres Plantes qui refuſent de
ramper, comme ſi elles craignoient d'être
foulées aux pieds, ou d'autres inconve-
niens contraires ; & pour cela elles s'attachent fortement aux murs, comme le
Lierre, la Vigne Vierge, & même celle
qui nous donne des raiſins & du vin.
L'on remarque de plus dans les premieres,
avec quelle attention elles inſinuent leurs
racines dans les fentes des murs, qu'elles
percent même pour ſe tenir plus fermes,
& pour y trouver une humidité ſéche qui
leur convient ; & que lorſque le vent ou
la main les arrache de ces lieux, elles
féchent & meurent, marque évidente
qu'elles cherchent le lieu qui leur eſt convenable. Quant-à la Vigne qui produit le
Vin elle n'aime point à ramper ſur la terre, c'eſt pourquoi elle s'attache volontiers
aux Arbres, & particulierement à l'Orme, avec lequel il ſemble qu'elle ait une
particuliere amitié.

Je ne crois pas que cela vienne, comme
quelques-uns le diſent, de ce que les racines de l'Orme ſuccent l'humidité de la
terre qui ne convient pas à la Vigne,
mais je crois plus probable qu'elle s'atta-

che ainsi à tout ce qui peut la soutenir; car j'ai vû avec plaisir qu'un seps de Vigne qui est dans ma cour, s'est tortillé à une corde de fer qui tient à une sonnette, comme si elle craignoit de tomber, & d'être ainsi exposée à être foulée, & à perir miserablement. Ce qui me le fait croire, c'est qu'à mesure que cette Vigne croît & qu'elle s'allonge, elle s'entortille continuellement, de maniére qu'il est impossible de l'en ôter sans l'arracher totalement. Ce qu'on peut remarquer en toutes les autres Plantes semblables à la Vigne dont on fait des Berceaux, lesquelles pourvû qu'elles puissent commencer à s'attacher à quelque chose, elles continuent à monter tant qu'elles trouvent du support.

Je pourrois attribuer à sentiment & à la crainte de tomber, cette attention de s'attacher si fort au mur, qui n'est pas particuliere à ces Vignes, car j'ai vû une graine de Tilleul, que le hazard avoit fait tomber entre la goutiére de ma cour & le mur, qui avoit poussé si fort ses racines dans le mur pour se tenir ferme, qu'elle est devenuë de la grandeur d'un arbrisseau presque gros comme le poignet, & il n'auroit pas été facile de l'arracher sans le détruire. J'ai vû commencer cet Arbre,

& je le faifois arrofer quand le Ciel lui refufoit la pluye dont il vivoit.

Mais que dirons-nous de l'amitié & de l'amour, que le Palmier mâle & fémelle, ont réciproquement l'un pour l'autre : car lorfque ces deux Arbres font proches, ils fe baiffent & s'étendent l'un vers l'autre. Ce qui importe encore, c'eft que la fémelle qui eft celle qui doit porter le fruit, ne le porte pas, ou bien il ne meurit point, à moins que les fleurs du mâle ne foient mifes dans ce qu'on appelle la matrice de l'Arbre fémelle.

Je rapporterai à cette occafion, mot à mot, ce que nous en dit Thevenot (a), qui a été long-tems en Perfe, lequel après avoir rapporté, tout ce qu'on obferve dans ce pays pour la culture de cette Arbre afin qu'il vienne bien, conclut par ces paroles. » Mais il y a encore à remar-
» quer une chofe fort curieufe, touchant
» la culture de cet Arbre. C'eft que tous
» les ans quand les Palmiers fleuriffent,
» l'on prend la fleur du Palmier mâle, &
» l'on en met deux ou trois branches, dans
» la matrice de quelque fémelle lorfqu'el-
» le commence à s'ouvrir, autrement el-
» le produiroit des Dattes qui n'auroient

(a) Voyage du Levant, pag. 226.

» que la peau & les os. J'apelle la matrice,
» ce qui contient en foi les fleurs, d'où
» naissent ensuite les Dattes. Le tems de
» faire cette conjonction est à la fin de No-
» vembre. Ce n'est pas que les mâles ne
» portent des fruits, mais ils ne valent
» rien. C'est pourquoi l'on prend toutes
» leurs fleurs pour hanter les fémelles, &c.

C'est apparamment sur cette Histoire du Palmier, que des esprits speculatifs modernes ont établi qu'aucun Arbre ne porte de fruit, à moins que la fleur du mâle ne se joigne avec la fleur de la fémelle, & ils disent que cela se fait par le secours du vent, qui emporte par les airs une certaine poudre qui vient dans la fleur du mâle, laquelle tombant sur la fleur de la fémelle la rend féconde. Mais quant à moi, je crois cela une pure imagination. Puisque nous voyons tous les jours qu'un seul Arbre, d'une espece, produit de bons fruits sans autre secours. Et autrefois dans presque toutes les cours des maisons de Paris, il y avoit un Meurier unique, qui portoit de bonnes Meures sans aucun autre secours.

L'on dit quelque chose de semblable au Palmier, du Figuier sauvage, qu'on appelle *Caprificus*, qui vient fréquemment en Calabre. La fémelle porte abondamment des Figues, mais elles ne meuriſſent pas à moins qu'on n'y entremêle les Figues du mâle ; cependant ce qui eſt de plus admirable (a) dit-on, c'eſt que les Figues mâles s'attachent ſi fortement (peut-être que le lait qui en ſort ſert de colle) à l'Arbre de la femelle, qu'il n'eſt pas à craindre qu'elles tombent par aucune ſécouſſe de vent, ni d'autre mouvement.

Je raporterai encore une autre maniere très curieuſe, par laquelle la femelle du Figuier ſauvage produit les Figues, & qui n'a point de rapport avec la précedente. Voici comme en parle l'illuſtre Wheler. (b) » Dans la plus part des Iſles de
» l'Archipel, on cultive deux ſortes de Fi-
» guiers, le ſauvage qu'on appelle *Ornos*,
» & en Latin *Caprificus*. La ſeconde eſpece
» eſt le Figuier domeſtique. Les Figues
» qui meuriſſent au mois d'Août, qu'on
» appelle *Fornitès*, demeurent enſuite juſ-
» qu'en Novembre ſans meurir. Mais
» pendant les mois d'Octobre & de No-
» vembre, il s'y engendre certains petits
» vers, d'où ſortent après certains mou-
» cherons, leſquels ne voltigent qu'au
» tour de ces Arbres auſſi-tôt qu'ils ſont

(a) Wheler, & Kirker magnet. nat. reg.
(b) Voyage de Grece.

» fortis. Ces Insectes piquent d'eux-mê-
» mes le second fruit du même pied des
» Figuiers, qui ne mûrissent leurs fruits
» qu'à la fin de Septembre, qu'on nom-
» me *Gratitires* & les *Fornites*, (les autres
» Figues) tombent peu après la sortie de
» leurs Moucherons. Les Gratitires res-
» tent sur l'Arbre jusqu'au mois de Mars,
» & conservent les œufs que les Mou-
» cherons y ont déposé en les piquant.
» Dans le mois de Mai la troisième espé-
» ce de Figues commence à pousser sur
» le même pied des Figuiers sauvages, &
» c'est un fruit un peu gros qu'on appelle
» *Orni*, ou *Ornos*. Quand il commence à
» grossir & à sortir, il est piqué par
» les Moucherons des *Gratitires*, qui
» le font fermenter & mûrir.

Le Pere du Tertre dit aussi que dans les Antilles il y a de semblables Figuiers, & des Figues desquelles sortent deux ou trois Mouches par les trous qu'elles font, qui se jettant ensuite sur les autres Figues, les font mûrir, ce qu'elles ne feroient point sans ces Mouches. Mais il ajoute que ces Figues, après être mûres, sont si dégoûtantes, que personne n'en veut manger, pas même les Esclaves. Je suis porté à croire que les Mouches qui sor-tent en premier lieu de ces Figues, viennent des œufs que d'autres Mouches y avoient faits, & que ces Mouches entrant dans ces Figues qui ne meuriffent pas fans ce fecours, y font des œufs & y jettent une liqueur glutineufe & fpermatique, qui fuit & accompagne toûjours ces œufs, laquelle fermentant avec la fubftance des Figues les fait meurir, ce qu'elles ne feroient pas fans ce fecours.

La Plante ou Arbre de Cacao, dont on fait le Chocolat, ne produit point à moins qu'il ne foit à l'ombre de l'Arbre de l'Ebene, (a) auffi ne trouve-t'on point un de ces Arbres fans l'autre, ceux qui les cultivent ayant foin d'en planter enfemble; car ce n'eft pas l'ombre fimple que le Cacao demande, mais celle de l'Ebene, qui tranfpire des corpufcules qui lui plaifent.

Une Plante des plus rares eft celle qui vient vers Aftracan, entre la Mofcovie & la Tartarie. On l'appelle *Boromet*, c'eftà-dire Herbe ou *Plante-Agneau*, parce que cette Plante a la figure précife d'un petit Agneau, qui eft fur une tige qui fe joint au nombril de l'Animal, & d'où il prend fa nourriture. Cette tige s'éleve de terre environ deux pieds. On dit que le peti

___
(a) P. Nuremberg, Hift. Nat. L. 15.

Agneau se repaît aussi de l'herbe qui vient aux environs, laquelle venant à manquer, il sèche & meurt faute de nourriture, quoique la tige sur laquelle il pose, semble devoir lui en fournir. On assure que cette Plante animale a une chair du goût de l'Ecrevisse, & que si on la blesse avec un couteau, il en sort du sang ; on dit encore, ce que Scaliger croit être ajouté pour augmenter le merveilleux, que les Loups sont fort friands de cet Agneau. Mais si cette herbe est telle qu'on dit, & qu'elle ait la chair & le goût d'Ecrevisse, je ne trouve pas merveilleux que le Loup la préfére à toute autre herbe.

Je ne sçais pas si tout ce qu'on en dit est vrai, ou non : Ce que je sçais, c'est qu'étant venu à Paris, du tems de Loüis XIV. un Ambassadeur Moscovite, j'interrogeai un marchand de sa suite qui vendoit quelques marchandises, auquel je demandai s'il connoissoit cette Plante. Il m'en dit des merveilles, & il m'offrit de m'en vendre une peau, qui me parut être plûtôt celle d'un véritable Animal. Elle étoit précisément comme la peau d'un petit Agneau qui vient de naître, avec un vrai poil mêlé de blanc & de gris, & fort bouclée. Il me fit payer ma curiosité, en me la vendant fort cher. Je l'ai gardé long-tems, & enfin je la donnai à une perſonne qui déſiroit l'avoir. Comme beaucoup d'Auteurs dignes de foi parlent de cette Plante, c'eſt ce qui a fait que je l'ai placée ici, d'autant plus qu'il n'y a rien en cela de ſuperieur à la nature.

Rutilius-Taurus dit que l'Olivier aime la chaſteté, & que cet arbre croît fort & produit beaucoup, s'il eſt manié par des enfans & par des pucelles. C'eſt peut-être ſur cette idée, que les Anciens avoient conſacré l'Olivier à Minerve, ou à Pallas la chaſte.

Mais cette effet ſe peut attribuer plûtôt à la vapeur chaude & ſubtile qui ſort des jeunes corps, d'autant plus que dans nos Pays (a) on n'y fait point tant de façons, & cela ne marque rien de particulier qui convient à cet arbre.

On ſçait que la Nimphée ne vient que dans l'eau ou dans les lieux fort aquatiques, & il eſt conſtant que ſi on plante cette herbe en lieu ſec, mais près d'un endroit où il y a de l'eau, cette plante ſe panche vers l'endroit où elle trouve de l'humidité.

Plus convainquant ſeroit pour la ſenſibilité, s'il étoit vrai ce que l'on dit, que

(a) En Italie & en France.

dans les Moluques il y a (particulierement à Ternate) une espece d'arbre appellé *Catope*, dont les feüilles en tombant se changent en Papillon ; & d'un autre dans les mêmes Indes, (a) dont les feüilles ont deux points noirs, comme les yeux d'un Papillon que l'Auteur dit avoir consideré, & que ce sont de véritables yeux. Il ajoute encore que ces feüilles ont quatre pointes comme les jambes d'une Araignée, sur lesquelles lorsqu'elles tombent de l'arbre, elles marchent pour se rejoindre, & se rejoignent en effet à l'arbre d'où elles proviennent. Mais comme ces choses sont fort extraordinaires, quoique pas plus que les plantes qui se retirent quand on les touche; je ne les rapporte que sur la foi des Auteurs, qui peut-être ne les ont pas bien considerées. Par exemple, on dit que dans les terres de l'Empereur des Abissins, tous les matins la terre produit une plante, qui se montre jusqu'à midi, après quoi vers le coucher du Soleil elle disparoît, & on croit qu'elle rentre dans la terre, comme si elle sentoit avec plaisir la lumiere & la chaleur de cet Astre. Quelqu'un dit cependant que cette plante se

---

(a) Journ. des Sçavans de Londres.

réduit en pouffiére dans ce moment qu'elle difparoît, ayant été brûlée par l'ardeur du Soleil, qui eft fort grande en Ethiopie; mais que l'humidité de la nuit contribuë à faire naître le matin une plante nouvelle. Ce qui a fait croire qu'elle fe cache, & fe montre en certains tems.

Tout cela peut être, & le contraire auffi, ayant vû, comme je l'ai dit, ici à Paris l'Arbre trifte, lequel le jour ferme fes fleurs, qui n'ont aucune odeur, & que la nuit au coucher du Soleil, fes fleurs s'ouvrent de nouveau, avec une odeur très-fuave; cette plante ne produifant ni feüilles ni fleurs le jour, mais feulement la nuit, quoique le jour on la tienne en lieu fombre & humide. J'ai vû cette plante, qui reffemble affez au Jafmin d'Efpagne qu'on tient dans un vafe.

C'eft une chofe trop vulgaire de parler ici de la fleur Eliotrope, qui fe tourne toûjours du côté du Soleil pour le regarder en face, fe plaifant à le voir; ce qu'elle fait immanquablement, quand la tige où elle repofe n'eft pas trop durcie. Et il n'y a pas d'apparence que cet effet vienne feulement de ce qu'on dit que le Soleil féche les fibres de fa tige, qui eft contrainte ainfi de fe tourner vers le Soleil, car tous les brins des arbres, du moins une grande partie, devroient faire un même effet, étant tous également frappés par son ardeur. Cependant cette fleur seule le fait. Ce qui a donné occasion aux Poëtes d'inventer la fable ingénieuse de Clitie amoureuse du Soleil. On dit à peu près la même chose du *Lotus* Egyptien, de l'Accaccia, & de plusieurs autres dont Kirker (*a*) parle, lequel assure ce que Theophraste dit du Lotus d'Egypte au liv. 10. chap. 4. de l'Histoire des Plantes. » Le Lotho d'Egypte qui naît » dans un lieu marécageux, (*b*) dit Ma-» thiole, se cache dans l'eau au coucher du » Soleil, & lorsqu'il paroît il fait sortir » ses fleurs, qui sont semblables à celles » des Pavots.

Le P. Nieremberg parle d'une herbe, laquelle étant touchée avec la main, se fanne, & se séche aussi-tôt, mais de maniére que quelque tems après elle reverdit, pourvû que la main qui l'a touchée soit éloignée. Elle a encore une autre propriété, c'est que tous les jours au coucher du Soleil elle séche & se fanne, de façon qu'elle paroît tout-à-fait séchée ; mais le Soleil paroissant sur l'Horison, elle re-

---

(*a*) Magnetic. natu. Regnum, pag. 94.
(*b*) Dans la Dedicace à la grande Duchesse de Toscane.

prend vigueur, & encore davantage lorsque le Soleil donne le plus de chaleur.

Je fçai bien que les Cartéfiens & tous ceux qui fuivent la Doctrine des Automates peuvent dire, qu'en tout cela il n'y a que des mouvemens femblables à ceux d'un Horloge, lequel fe meut & montre les heures, fans fentir & fans connoître ce qu'il fait ; & c'eft en quoi confifte la queftion. Ils diront que les vapeurs de certains corps peuvent convenir à certains autres, & les exciter à faire certains mouvemens. Mais d'un autre côté, on peut dire que c'eft par la même vapeur de certains corps que les hommes font tant d'actions vaines, & fouvent affez folles. A quoi la réponfe des Cartéfiens eft prête ; que l'homme fçait & connoît ce qu'il fait, & les autres non. Mais on pourra leur dire que lorfqu'un Allemand parle à qui ne l'entend pas, il n'y a qu'à dire que ce ne font que des mouvemens & des fons faits par le mouvement de l'air.

Ce que je dis en deux mots pour abréger la difpute, & pour faire remarquer au Lecteur que l'une & l'autre opinion pouvant être vraies, il faut avoüer que l'homme, qui fe vante de tout fçavoir, ne fçait pas grand chofe, & rien avec certitude. Il croit aux fens, & voilà tout

puisqu'on peut douter, & on doute si les plantes ont quelque sentiment.

Mais ayant dit quelque chose de ce qui peut donner quelque marque de sentiment aux plantes, cet Ouvrage veut que je parle aussi de plusieurs autres plantes, dans lesquelles la nature a mis quelque chose d'extraordinaire, & qui méritent pour cela d'être présentées à la curiosité du Lecteur, d'autant plus qu'elles peuvent en quelque maniere appuyer encore ce que j'ai avancé sur leur sentiment. C'est ce que nous allons voir dans le Chapitre suivant.

CHAPITRE XII.

Histoire de quelques Plantes rares & extraordinaires.

JE ne prétends pas faire l'Histoire de toutes les Plantes qui sont connuës sur la terre, aussi-bien que de leurs diverses vertus & propriétés. Non-seulement, parce que cela grossiroit trop cet Ouvrage, mais d'autant que les curieux de ces choses peuvent lire plusieurs excellens Auteurs qui en ont écrit, entr'autres Dioscoride commenté par Mathiole, de nos jours l'excellent livre de Mr. de Tournefort, de l'Académie des Sciences. C'est pourquoi je n'ornerai mon ouvrage que de la description historique de quelqu'unes des plus rares & des plus extraordinaires, laissant au Lecteur curieux la liberté de voir le reste chez les grands Hommes qui en ont parlé plus au long. Mon but véritable n'ayant été que de montrer la manière dont les graines se forment, en quoi consiste leur semence, leur construction, & rendre quelque raison de la diversité de leurs effets, à quoi j'ai taché de satisfaire autant que la foiblesse de mes forces & de mon génie me l'a pû permettre. Mais venons au détail de quelques végétaux singuliers.

Nieremberg rapporte, (*a*) qu'il vient une plante aux Indes, dont les feüilles sont semblables à celle du Meurier, & qui porte un fruit rond. Lorsque ce fruit est meur, la plante le lance loin d'elle, avec un bruit semblable à celui du Canon, qu'on entend de fort loin. Ce bruit vient, sans doute, de la répercussion impetueuse de l'air; mais la cause de ce que le fruit est lancé avec tant d'impétuosité, ne peut venir, (à mon avis,) si ce n'est

(*b*) Hist. Nat. Lib. 15.

que la nature de cet arbre est fort aërienne & venteuse, & que le fruit se détachant du tronc les fibres s'ouvrent, & le vent où l'air rarefié s'échape, qui lance loin le fruit. Ce que je dis, en supposant la vérité du fait, qui, pour être bien éclairci, auroit besoin qu'on connût plus exactement la nature de l'arbre & du fruit.

Il y a un autre arbre au Perou, qui vient près de la Ville *De Los Reyes* ou des Rois, lequel du côté qui regarde le midi croît & verdit sans produire de fruits, mais du côté qui fait face à la Mer, quoiqu'il y fasse beaucoup plus chaud, il porte des fruits en abondance. Ce qu'on peut dire provenir, de ce que du côté de la Mer la chaleur vient accompagnée de l'humidité, qui convient mieux à la nature des fruits, que la simple chaleur séche du midi,

Il vient un arbre dans la Province de *Che-Kiang*, à la Chine (*a*), qui porte des fruits pleins d'une espece de suif, comme de la Cire, dont on fait des Chandelles fort belles, semblables à de la bougie.

Il y a à la Jamaïque un fruit, (*b*) qui est comme la pomme, fort aqueux & rafraichissant. Son suc, quoique fort clair,

(*a*) Martini Atl. Sinic.
(*b*) Histoire des Antil. du Pere Dutartre.

teint en violet. Quand ce fruit tombe, les pourceaux qui en mangent, aussi-bien que les oiseaux sur l'arbre-même, ont la chair & la graisse toute teinte en couleur violette. Il y a encore un autre fruit appellé *Raquette*, qui teint l'urine de ceux qui le mangent de couleur de sang, par la teinture du fruit ; ce qui épouvente les gens qui n'en sçavent pas la raison.

Le Pere du Tertre convient, avec Pirard, que ce qui fait le germe du *Cocos*, est l'eau qui est au-dedans. Peut-être que cette eau est son essence séminale, qui dans la terre vegete avec le fruit : Ou bien que cette liqueur contribuë à sa végétation, ce que je crois encore plus probable, car le vrai germe est sans doute dans la substance de l'Amande, comme aux autres fruits.

L'on parle, dans un Journal des Sçavans, d'une plante dans laquelle en mordant on perd l'apetit, (du moins pour un tems.) Il y a apparence que cette plante a quelque chose de fort acide, comme les Citrons, & au même tems fort dégoutant, qui produit l'effet de faire perdre l'apétit.

Il n'est pas étonnant que dans les Maldives il y ait un fruit, lequel lorsqu'on en mange trouble l'esprit, & qui étant mangé en trop grande quantité cause la mort. Le vin trouble de même l'esprit, enyvre, rend furieux & foû pendant le tems de l'yvresse, & même quelques gens sont morts pour avoir trop bû: Ainsi un fruit spiritueux peut enyvrer, causer des folies & des égaremens d'esprit. Les anciens ont parlé d'une plante qui croissoit en Sardaigne, laquelle étant mangée causoit une espéce de rire qui étoit mortel & convulsif, parce qu'elle attaquoit les nerfs de la bouche & du visage, qui faisoient faire des grimaces semblables à celles d'un homme qui veut rire, ou qui fait mine de le vouloir, d'où vint le proverbe de *Risus-Sardonicus*, rire à la maniére de Sardaigne, c'est-à-dire, un ris feint & forcé. Les fumées vénimeuses de cette herbe s'élevant à la tête, causoient cette attraction violente des nerfs, qui conduisoit à la mort si l'on n'y apportoit un prompt remede.

» Si les ânes mangent, dit Mathiole,
» avec les autres herbes, un peu trop de
» ciguë, ils tombent dans un sommeil
» si profond qu'ils paroissent tout-à-fait
» morts. Ce que j'ai vû quelquefois dans
» la Toscane, qui a trompé les Paysans
» qui en étoient les maîtres. Car ayant
» voulu les faire écorcher, pour profiter
» au moins de leur peau, ces animaux se

Tome III. X

» sont éveillés avec impétuosité, au grand
» étonnement des spectateurs qui ne sça-
» voient pas la raison de cet effet. Ce qui
est rapporté plus au long par cet Auteur,
dans ses Commentaires sur Dioscoride.

Il y a dans le Japon, un arbre qui meurt aussi-tôt qu'il est moüillé.* Le moyen de le faire revivre, c'est de le déraciner au plus vite, de faire sécher ses racines au Soleil, & de le replanter. Alors, dit-on, il reverdit, & devient plus beau qu'auparavant. Il paroît que cette plante est sensible à l'humidité, qui suffoque sa chaleur naturelle interne, quoi qu'il faille pourtant bien qu'elle se nourisse de l'humidité de la terre. Mais il y a apparence que l'humidité terrestre où croît cet arbre, est celle qui convient à sa nature, comme celle des Clouds de Gérofles, qui ne viennent que dans les terres brûlées, par des feux soûterrains, des Isles Moluques ; & de même aussi que les herbes Pariétaires, qui ne viennent que dans les fentes des murs. L'eau donc lui étant contraire & la sécheresse & l'ardeur du Soleil confortant son humide radical, par une nouvelle chaleur, dont la racine

* Relation du Japon.

& tout l'arbre s'imbibe, il peut végéter de nouveau, d'autant plus que son humidité radicale est apparamment fort épaisse & huileuse. Peut-être que si nous avions plus de connoissance de la nature & autres circonstances de cette arbre, on pourroit en rendre une raison plus sûre.

Je ferai remarquer néanmoins à ce propos, que des troncs d'Olivier, ou de semblables arbres, étant plantés dans la terre, ont des germé. Je crois de qu'il faut attribuer cela à ce que la séve étant huileuse, elle ne s'est pas séchée facilement, & qu'elle a entretenu les fibres qui la contenoient, humides & molles. Au surplus comme nous avons dit que la véritable semence est dans la séve, & que les fibres n'ont pas été desséchées & gâtées : la veritable semence, dis-je, qui étoit dans ces fibres, (quand elle est forte,) a bien pû germer étant dans la terre ; d'autant plus que nous voyons que les graines demeurent souvent un an ou deux hors de la terre, & lorsqu'on les séme elles végetent à l'ordinaire, pouvû néanmoins que leur feu (qui est le *semen* & l'ame de la semence) ne soit pas évaporé, car alors les graines pourrissent sans végéter, parce que ce sont des corps morts & privés de l'ame qui leur donne la vie & le mouvement.

Près de Guatimala au Mexique, dans un lieu appellé *Iztapeké*, il y a cinq arbres qui distillent du souffre & du bitume, que les habitans du lieu recueillent. Peut-être que ces arbres sont de telle nature, qu'ils peuvent se nourrir du souffre & du bitume, qui sert d'aliment au fameux Volcan qui est auprès de Guatimala.

Il y a des arbres qui distillent une gomme assez dure, & qui durcit encore plus en tombant dans la mer, laquelle ressemble tout-à-fait à l'ambre jaune qui vient dans la mer Baltique. Cette espece d'Ambre se produit dans des rochers pierreux au Royaume d'Ava, * & il n'est pas difficile de croire, que la nature qui se diversifie si fort en toutes choses, ne produise aussi cette gomme de ces arbres, qui peut même approcher de la nature de pierre, comme il y a plusieurs herbes qui se pétrifient après avoir végété. Cet ambre se distille au pied de certains arbres qui ont beaucoup vieilli, & d'une espece particuliere. Il y a aussi à Madagascar d'autres arbres qui distillent une gomme semblable dans la mer, & c'est ce qui a donné lieu au systême, que l'ambre étoit distillé par des arbres dans la mer Baltique. Cependant ces

* Histoire de Lao, & de Tunquin.

ambre, ou succin, est de nature differente. L'Histoire fabuleuse des sœurs de Phaëton changées en arbres, qui distillent une gomme jaunâtre, peut avoir favorisé aussi cette autre fable. Mais, comme j'ai dit, la nature opere differemment à sa maniére, laissant aux curieux de discerner la difference.

Il y a une espece d'arbre de Figuier, à la Chine, qui porte le fruit par les racines, au lieu de les porter comme les autres, par le bout des branches.

Il y a une plante qu'on appelle *Distillatoire*, parce qu'elle tire toute l'humidité de la terre, qu'elle rend & distille par ses fibres qui sont ouvertes en quelques endroits, comme nous voyons que la Vigne, après qu'elle est coupée, distille de l'eau pendant plusieurs jours, dont les femmes se servent à Rome, dans la croyance qu'elle est bonne à laver le visage, & à rendre la peau unie & délicate. Et c'est à peu-près par une maniere semblable, que certains arbres servent de fontaines aux pays où il n'y en a point.

J'ajouterai à ce sujet que le Pin sauvage, comme on l'appelle, a ses feüilles qui contiennent environ une demi-pinte d'eau de pluye, & cette eau rafraichit les feüilles & la racine. » Quand on trou-

» ve ces arbres, (*a*) dit Dampierre, nous
» mettons le couteau précisément entre les
» feüilles proches de sa racine, c'est pour-
» quoi l'eau en sort aussi-tôt qu'on ra-
» masse dans le chapeau, comme j'ai fait
» souvent avec beaucoup de plaisir.

Le sieur Navaretti (*b*) nous parle d'un autre arbre appellé *Bejuco*, lequel s'entortille aux autres, & après laisse tomber sa tête vers le bas. Les voyageurs alterés en coupent une pointe & aussi-tôt il en sort une petite fontaine d'eau, claire comme du crystal, qui suffit pour sept ou huit personnes. » J'en ai bû avec bien du
» plaisir, dit-il, & je l'ai trouvée douce
» & fraîche, j'en beuvois toutes les fois
» que j'en rencontrois dans mon chemin;
» c'est un suc mêlé avec l'eau naturel-
» le, qui est d'un grand soulagement
» pour les Bergers, quand ils sont sur les
» montagnes où il n'y a point d'eau, les-
» quels s'attachent à cet arbre du Bejuco.

A cela on peut ajouter ce que Mr. Ray rapporte de ces branches dont on fait les balais, (*c*) qui étant coupées dans le

(*a*) Voyage à Campeche, chap. 2. pag. 56.
(*b*) Assemblage de plusieurs voyages, pour servir de supplément au voyage de la Chine de Navaretti.
(*c*) Ray Catalogue des plantes aux environs de Cambridge.

commencement du Printems, avant que les feüilles commencent à pousser, rendent abondamment un suc assez doux, duquel les Bergers pressés de la soif boivent souvent. Il dit même en avoir bû quelquefois, en traversant les bois pour chercher les herbes & les plantes. Mais je ne vois pas qu'il y ait de quoi s'étonner beaucoup de cette plante, qui est la même, je crois, que celle qu'on appelle Bouleau à Paris, qui est fort commune. On blesse cet arbre dans la même saison, & on applique à la blessure une bouteille dans laquelle il se distille une eau semblable à celle que Mr. Ray décrit. Cependant il faut observer que cette eau vient goutte à goutte, & qu'il faut un tems raisonnable pour en tirer une bouteille. Il faut dire que les fibres de cet arbre sont fort larges, & que le suc de la terre y monte abondamment pour faire cette distillation. Cette humidité de la terre circule dans la plante, & par la vertu de l'essence seminale est changée en feüilles, & dans les autres parties de l'Arbre qu'elle nourrit. Mais si on entr'ouvre l'écorce, elle sort par le trou, comme nous le voyons de la Vigne lorsqu'on la coupe au Printems.

C'est une chose commune que si on coupe par une pointe les racines de bette, qui sont fort grosses en Italie, elles distillent une grande quantité d'eau. Il faut croire que ces sortes d'arbres ou de racines ont des fibres fort larges, comme je viens de le dire, & qu'elles attirent beaucoup de suc de la terre & de son humidité, qui se répand & se distille ensuite par la blessure, comme on le voit dans la Vigne, (*a*) & en quelqu'autres arbres de ce pays qui rendent quantité de séve, qui est bonne à diverses maladies, suivant la nature de l'arbre.

Les Peres de la Doctrine Chrétienne de Paris, conservoient, & peut-être conservent encore une plante de bled, qui avoit porté 249. épics, & 18000. grains de bled. Ce qui n'est qu'une marque de la force de l'action du sperme séminal, & du lieu qui lui fournit ce qui est convenable à sa nourriture.

A Oxford, en Angleterre, il y avoit, & peut-être qu'il y a encore, un Chêne si grand, que ses branches occupoient 108. pieds de diamêtre, & sous lequel se pouvoient tenir 4300. hommes à l'ombre. Ce qu'il faut attribuer, comme nous venons de le dire à la force des principes de la semence, & à la bonté de la terre qui

(*a*) L'Auteur parle de l'Italie.

fourniſſoit un aliment copieux à ce grand corps.

Ce n'eſt pas une choſe merveilleuſe que dans les terres proches du Pole, comme en quelques endroits de la Moſcovie, de la Suede, & la Norwege, on faſſe la ſemaille & la récolte en moins de deux mois; car les neiges & les glaces trop fortes empêchent de ſemer l'hyver; & dans les mois de Mai, Juin & Juillet les jours étant preſque perpetuels, ils font croître & meurir les grains plûtôt que dans les païs où les nuits ſont longues.

Quelquefois la nature ſe joüe, en produiſant des racines qui ont quelque reſſemblance aux hommes, ou bien aux animaux.

Une rave, racine groſſe & ronde, formoit la figure d'un homme aſſis à terre; les jambes & les cuiſſes étant formées par des racines entrelaſſées d'une maniere fort propre, & à l'endroit par où ſortent les feüilles, ſe formoit une maniere de tête avec un pennache ſemblable à celui des Amériquains. J'ai vû auſſi un navet qui repreſentoit fort bien un bras; dans ces deux productions l'art n'y avoit point de part, la nature ſeule les avoit formées ainſi.

Mais ce que le hazard avoit fait dans

ces deux racines, la nature le produit fixement dans la racine de la mandragore, dans laquelle le sexe humain est fort bien marqué, principalemeut celui de la femme. Que si l'on y ajoute un peu de secours de l'art, la chose en est encore mieux, & j'en ai vû quelques-unes surprenantes.

L'arbre qui produit cette gomme rouge, qu'on appelle sang de dragon, porte un fruit semblable au dragon véritable.

* Le *Daucus* marque parfaitement une main. *L'Orchides*, tous les membres du corps humain assez distinctement. Choses toutes curieuses à la vérité, mais qui nous méneroient trop loin, si on en vouloit faire un détail exact.

Il y a un arbre dans les Indes appellé *Cambous*, dont le bois est presque aussi dur que le fer, ce qui marque que sa substance est fort terrestre, comme les plantes très-pliantes paroissent en général fort humides; tels sont les joncs qui viennent ou dans l'eau ou sur les bords des lieux aquatiques, comme le saule & autres semblables.

Il vient aussi aux Indes des plantes, qui aulieu de s'élever en haut, retombent toujours vers la terre, & les pointes prenant de nouvelles racines forment une plante fort épaisse. On s'en sert pour former des

* Kirker mund. subter. l. 12. p. 2. & 3.

hayes difficiles à percer, à peu près comme on fait en plusieurs lieux de Flandres, où les jardins ne sont fermés que par ces murailles végétantes, très-épaisses & difficiles à penetrer.

Il est superflu de parler des plantes aromatiques, dont quelques unes distillent des liqueurs odoriférantes, comme l'encens, la mirrhe, le benjoüin, & autres odeurs dont l'Arabie est fertile. Il est à remarquer que ces liqueurs odoriférantes ne viennent guéres que dans des païs fort chauds, où le soleil cuit & épaissit tellement la séve des arbres, qu'elle peut produire cette odeur, en chatouillant les narines par les sels volatils, temperés d'une humidité convenable. Il y a aussi ailleurs, comme dans le Perou, des arbres qui produisent le beaume odoriférant, excellent pour les blessures. Autrefois les baumes de la Judée & de l'Egypte étoient fameux, & les Rois de ces Royaumes tenoient les arbres qui les produisoient, enfermés & gardés comme des trésors de nature. Mais il y a apparence que ces arbres qui ne venoient que dans certaines terres, ont été détruits par les barbares qui ont conquis ces païs, de maniere qu'on n'en trouve plus, quoiqu'on nous donne une liqueur qu'on dit venir de la Mecque, & de Judée, que je ne crois point du tout être la véritable, ou bien qu'elle est forte alterée par les Marchands avides du gain. Il est vrai que ce baume prétendu de la Mecque, est bon & odoriférant, mais il n'est rien de si facile que de le falsifier avec des liqueurs approchantes en odeur, comme l'essence de citron qui paroît dominer dans ce baume. Quant à moi je crois que ces baumes de Judée & d'Egypte sont tout-à-fait perdus & qu'on en substitue d'autres à leur place. Comme le cinanome des anciens qui ne subsiste plus, & à la place duquel on a substitué, au dire de Mathiole & d'autres habiles naturalistes, la canelle, dont la bonne vient seulement dans l'Isle de Ceilan ; de maniére que si cette Isle & celles où viennent les clous de geroffles & la muscade étoit un jour saccagés par des soldats brutaux, la canelle, le geroffle, & la muscade ne se trouveroient plus. Ce que je dis, afin que l'on voye que certaines plantes, ou choses rares, qui ne viennent qu'en certains lieux de la terre, peuvent se perdre avec le tems & ne se trouver plus, comme, en parlant des pierres, nous l'avons dit du porphire, dont les carrieres sont perduës ou négligées, quoique l'on sçache en général qu'elles étoient dans la Grece, & qu'aux carrieres de marbre de Paros ont succedé celles de Carrare, & que les beaux marbres de diverses couleurs de la Sicile, ne se trouvent plus que par hazard dans les vieux édifices: du moins on n'en trouve pas de si beaux, dans les carrieres où l'on foüille à present. Mais pour revenir aux plantes ? Qui pourroit jamais finir de dire l'utilité & la vertu des végétaux & des herbes, non-seulement de celles qui servent à la nourriture des hommes & des animaux, mais aussi des autres qui peuvent être utiles à la guérison de certaines maladies. Je ne sui spas trop éloigné de croire que l'on peut connoître la nature & la vertu de plusieurs plantes & de leur propriété, par des signes & des caracteres exterieurs que la plante porte, soit par la figure des feüilles, ou des racines, ou de toute la plante ; soit par ses couleurs, ou de celles de son suc. Par éxemple : la plante qu'on nomme *millepertuis*, tant infusée dans de l'huile & cuite doucement au soleil, teint l'huile de couleur de sang ; l'experience montre qu'elle est excellente pour arrêter le sang qui sort trop abondamment, & pour consolider les blessures, ce que les trous dont cette herbe est parsemée marquent aussi. * On sçait que la rhubarbe, qui teint la décoction en jaune est bonne pour purger la bile

* Paracelse, Kirker, & autres Auteurs.

jaune ; comme la teinture du polipode, qui fait une decoction ténebreuse, purge la bile noire : & l'usage fréquent de ces choses, augmente ces humeurs. Le citron qui imite assez la figure du cœur, son écorce odoriferante contribuë à fortifier ce viscere, & à dissiper les fumées noires qui l'incommodent. La noix d'inde, qui a la figure de la tête, est bonne pour cette partie. Le *Nodus Salomonis* qui a la figure des hemorroïdes, adoucit un peu la douleur y étant appliqué. La racine de l'*Aconite*, qui ressemble à un scorpion, est très-venimeuse. Et les plantes dont les feüilles ont la figure en forme d'un bout de lance, comme celles de la scammonée, rendent un suc pénétrant & incisif des humeurs les plus gluantes. Les plantes odoriferantes ayant plus ou moins de chaleur, confortent la chaleur naturelle & les esprits. Celles qui rendent du lait augmentent celui des nourrices. Et comme quelques esprits excellens * ont écrit de ces caractéres des plantes, on peut les consulter, & mieux encore Mathiole sur Dioscoride.

Je ne veux pas finir ce chapitre sans faire remarquer, qu'il n'y a pas toûjours de proportion entre les plantes & les

* Paracelse de signat. & Kirker.

graines dont elles proviennent, je veux dire qu'un grand arbre ne produit pas toûjours une graine fort grande. Car, par exemple, le ciprés qui s'éleve à une hauteur très-confidérable, est produit d'une graine qui n'est pas si grosse que la tête d'une épingle. Ce qu'il faut croire qui provient de ce que dans cette petite graine, il y a beaucoup de feu mêlé avec un suc glutineux. Ce qui se confirme en voyant que le ciprés monte fort droit suivant la nature du feu, que ses feüilles sont droites & lineaires & pleines d'un suc fort gluant, qui est dilaté par la chaleur vers le haut, & qui par son action convertit fort bien le suc de la terre en sa nature. Et sa chaleur se confirme encore par l'odeur aromatique du bois, qui d'ailleurs ne se corrompt pas facilement, & ne produit point de vers. Au contraire la féve n'étant qu'une petite plante, sa graine est fort grande. Pithagore défendoit à ses écoliers d'en manger, surquoi on a imaginé diverses allusions. Mais quant à moi, qui connois les féves d'Italie & celles de Calabre où Pithagore vivoit, je puis dire que ces féves étant fort grosses, terrestres, & venteuses, produisent un sang de cette nature, qui est fort contraire aux speculations philosophiques, & à cette solidité requise dans l'esprit du vrai philosophe. C'est (je crois) la vraye raison de cette défense.

Il ne faut pas non plus oublier que toutes les plantes, de quelque nature qu'elles soient, se multiplient par la graine, ou par leurs propres racines, & quelques-unes & même toutes peuvent se multiplier, en mettant dans la terre un brin de l'arbre ou de la plante, poussant jusqu'à ce que les tuyaux de la plante se soient convertis en racines, ou pour mieux dire qu'ils fassent l'office de racines; car les jeunes brins, étant pleins du sperme seminal le plus pur, comme j'ai dit, ne manqueront pas en peu de tems de s'étendre dans la terre, & produire des racines, pour succer le suc terrestre & le changer en leur propre nature.

Mais on demandera peut-être de quelle maniére ce sperme seminal attire le suc, & pousse même les racines à s'étendre du côté où elles peuvent trouver un aliment convenable à leur nature; & plus encore de sçavoir, comment ce suc peut monter si haut dans les grands arbres. Quant à la premiere difficulté, il ne nous sera pas difficile d'y répondre, en répetant que ce principe, qui forme l'ame de la plante, a quelque sentiment & quelque connoissance de son propre état. Ainsi cette connoissance la porte à se mouvoir vers l'endroit où sa nourriture est plus prête, de même qu'un cheval ou un âne, qui sont dans un lieu sterile, courent vers l'endroit où ils voyent verdoyer l'herbe.

Quant à sçavoir comment cette humidité, ou seve de l'arbre, peut monter si haut, comme est la hauteur d'un ciprès, d'un palmier, ou d'un chêne; je dis que si l'on observe les fibres de tous les arbres, on verra qu'elles ne sont pas placées directement & verticalement, mais que presque toutes inclinent & panchent de côté & d'autre. De maniére que lorsque par la fermentation, qui se fait continuellement dans le bas de la racine, le suc se dilate, celui qui fermente en se dilatant pousse un peu l'humeur contiguë, & celle-ci l'autre voisine jusqu'au sommet, ce qui ne se pourroit pas faire si les fibres étoient placées verticalement, car l'humeur péseroit trop du haut vers le bas. Mais par cette position oblique, la chose peut se faire facilement, & sans beaucoup d'effort.

Quant à l'humeur que les plantes succent de la terre, il leur faut, comme à l'animal, un tems pour la digerer, & même plus. Et comme la plus grande diges-

Tome III. Y

tion de l'animal se fait durant le sommeil, les plantes pendant le long repos de l'hyver attirent & digerent long-tems le suc de la terre, & se reveillant à la chaleur du printems, cette humeur qui fermente sort en feüilles, fleurs & fruits, comme la nourriture à l'animal se change en chair, os, &c. Quant à celles qui ne perdent pas les feüilles l'hyver, elles sont glutineuses & chaudes, & digerent plus facilement.

Je ne puis pas finir ce chapitre sans faire remarquer le soin qu'a la nature, de produire les graines, & la façon dont elle s'y prend pour les semences, afin que son ouvrage ne soit pas tout-à-fait perdu, & que l'espece se conserve. Par exemple, les plantes qui aiment un terrain particulier, comme les pavots & semblables, ces plantes * ont des graines fort petites, mais assez pésantes; aussi tombent-elles au pied de la plante, & dans la même terre. Mais celles qui sont plus grandes & plus légeres, ont une espece de crochet ou de dent, & même plusieurs, qui les attache à la terre, & qui empêche le vent de les enlever facilement. Au contraire il y a des graines qui ont une espece d'ailerons, & lorsque le vent souffle, elles sont transf-

* Demonstration de l'existence de Dieu, par Derham, page 360.

portées en divers endroits, afin qu'en tombant en un seul lieu, elles ne se nuisent pas l'une à l'autre, en se suffoquant par la grande quantité. Il y en a qui ont les aîles fort courtes, afin que le vent les écarte seulement, sans les emporter fort loin. Il y en a même qui, sans le secours du vent, sont lancées un peu loin par la plante seule, comme fait, dit Derham, * l'aigremoine sauvage, laquelle ayant une racine qui s'étend beaucoup, la nature a jugé à propos de répandre sa graine en la lançant loin, comme nous avons dit de cet arbre des Indes ; quoique l'action ne soit pas si grande. Car l'effet de l'aigremoine s'effectuë, moyennant une écorce blanche & ferme, qui contient la graine, & cette pellicule étant enflée par les exhalaisons de la plante, elle se dilate avec violence, & lance la graine un peu loin. Notez qu'il y a dans cette bourse, qui contient la graine, une espéce de ressort qui ressemble à une vis, & aussi-tôt que ce ressort est devenu assez fort, il rompt la bourse, & lance la graine assez loin de la plante.

Je ne veux pas oublier de dire, que ce n'est pas une petite merveille que si une femme grosse, qui a eu une forte en-

* Ubi supra.

vie de manger quelque chose, touche quelque partie de son corps, l'enfant qu'elle met au monde, porte la marque de cette chose, dans le même endroit du corps que la mere a touché. A peine la chose seroit-elle croyable, si l'on n'en voïoit pas tous les jours des expériences, pour en convaincre les plus incredules; mais ce qui me paroît de plus admirable encore, c'est que si l'envie a été de quelque fruit, dans le tems que ce fruit fleurit, ou meurit sur l'arbre, le fruit de chair, que l'homme, par l'envie de sa mere, porte sur son corps, fleurit, & change de couleur comme fait le même fruit sur l'arbre. J'ai vû un de mes amis qui avoit une féve sur la poitrine, qui paroissoit fleurir dans le tems que les féves fleurissoient, & qui croissoit, verdoïoit, & se durcissoit, comme font les féves sur les plantes. Une fille qui avoit sur la gorge une petite branche de groseilles que la mere avoit souhaité de manger, étoit verquand la groseille étoit de cette couleur sur la plante, & fort rouge dans le tems que les groseilles rougissoient. Mais pourquoi chercher ailleurs ce que j'ai sur moi-même. Ma mere étant grosse de moi, desira de boire de l'eau de fraise à la glace, & en ayant envoyé chercher chez ceux qui en vendent, le valet tardant trop (à son gré,) elle se plaignit de ce retardement, en se grattant le col, où j'ai la marque d'eau de fraises, qui n'est visible que dans le tems que les fraises sont rouges. Et bien m'en prend qu'elle touchât son col presque derriere la tête, ce qui fait que cette marque n'est pas visible, étant d'ailleurs couverte par la perruque.

Mais ce qui me paroît encore plus merveilleux, c'est que quand on s'apperçoit lorsque l'enfant est né qu'il a ce défaut, si l'on frotte cette envie avec l'arriere-faix de la mere, cette marque de fruit ou autre chose disparoît en peu de tems. J'ai oüi dire que si l'on n'use pas de ce remede lorsque l'enfant vient au monde, l'arriere-faix d'une autre femme qui accouche, peut faire le même effet ; & j'ai vû disparoître les groseilles de la fille dont je viens de parler ci-dessus ; par le remede qu'on lui fit de l'arriere-faix, quoique cette fille fût déja assez grande & presque nubile. L'on pourroit dire à la verité que la disposition de l'air, qui fait fleurir & meurir les fruits sur la plante, cause aussi ce changement sur ce fruit, qui a quelque rapport avec le naturel, de même que le vin dans le tonneau fermente & se trouble, pendant que l'air fait fleurir & meurir la vigne & ses raisins.

Mais quoique ces rapports simpatiques d'un fruit de chair causé par une envie maternelle, semblent n'avoir pas le même rapport, qu'il y a d'une certaine constitution de l'air, avec le vrai fruit & le suc qui en provient, cependant l'on voit que cela ne laisse pas d'être ainsi.

Afin de n'obmettre rien de curieux sur le chapitre où nous sommes, je suis bien-aise de dissuader certaines personnes, qui croïent que les plantes peuvent produire des animaux, ce qui est constamment très-faux. Car quoiqu'on trouve souvent dans le milieu du tronc d'une poutre des vers qui mangent la tige & le cœur de l'arbre ; cependant des curieux qui ont nourri soigneusement ces vers, ou chenilles, ont vû que ces vers ont enfin produit des papillons de differentes beautés. On voit même dans les chênes se former une espece de petit fruit, qui étant sec s'appelle *noix de galles*, & en latin & en italien simplement *Galla*, duquel le plus souvent on voit sortir un vermisseau, qui à la fin produit une mouche, ou petit papillon ; & ce qui est de plus étrange, dans le cœur des bigarreaux de petits vermisseaux, comme aussi dans les poires & dans les pommes de plus gros vers, lesquels souvent après avoir mangé une partie du cœur du fruit, sortent par un trou qu'ils y font en le rongeant. Mais quoiqu'il paroisse que le fruit même ou l'arbre puissent produire ces vers & ces insectes, on a reconnu cependant que nul animal ne se peut produire sans semence, ou sans des œufs qui contiennent la semence. Le Docte Malpigius* a fait un traité très-curieux de la maniére dont ces petits animaux viennent dans les arbres, & j'en rapporterai en peu de mots quelque chose. Il dit en premier lieu que le papillon, ou certaine espece de mouche, en lachant l'œuf seminal sur l'arbre y fait un trou, avec une espece de vilbrequin que la nature lui a donné près de l'endroit où l'œuf doit sortir, lequel sort aussi au même-tems accompagné d'une matiére gluante, qui le colle & l'attache dans ce trou de l'arbre, ou du fruit encore fort jeune. Lesquels en croissant, enveloppent & enferment cet œuf dans leur substance, par la fermentation du fruit, ou de la séve de l'arbre. L'œuf produit le vermisseau, lequel étant ainsi en-

* De Gallis.

fermé se nourrit de la substance qu'il trouve dans la moëlle de l'arbre, ou du fruit. Et ce qui est remarquable, c'est que le papillon, ou la mouche, ne jette pas ses œufs au hazard; mais seulement sur des arbres, ou des fruits, dont la substance convient à la nourriture des petits qui doivent naître. De même que font les insectes, dont nous parlerons dans la sixiéme partie de cet ouvrage, lesquels après avoir jetté leurs œufs sur un arbrisseau, les enveloppent d'une toile très-forte, qui résiste aux injures de l'hyver suivant. Le printems venant, alors l'air se rechauffant produit deux effets en même-tems, c'est qu'en fortifiant la chaleur interne de la semence de l'arbre, il fait aussi fermenter la liqueur seminale qui est dans les œufs, aidant à produire & à faire sortir les petits vermisseaux de la coque; & dans le même tems fait fermenter la féve de l'arbre & pousser des bourgeons fort tendres, dont les vermisseaux naissans ont besoin pour leur subsistance, & lesquels étant fort délicats doivent avoir une nourriture fort délicate, que la mere leur a préparée de fort loin, par une providence & par une prévoyance admirable; & qui me fait dire, que le divin Auteur de la nature a répandu jusques

dans

dans ces petits insectes le sentiment, (que les Cartésiens veulent ôter de leur plein pouvoir à tous les animaux,) & une connoissance de ce qu'ils font, dans l'aprêt de tant de circonstances nécessaires au bon état & à la nourriture de leurs petits futurs. C'est de cette maniére, (disent les Auteurs curieux qui ont traité de ces choses,) que les petits vermisseaux se trouvent au-dedans du tronc de l'arbre, ou du fruit. Car selon eux, & je le crois aussi, aucun animal ne peut se produire sans la semence du mâle & de la femelle, comme nous le verrons en parlant de la génération des animaux.

Quelquefois les insectes picotent l'arbre & les feüilles, sans lâcher l'œuf, d'où il en résulte ces tuberosités & ces excroissances, ou enflûres qu'on voit dans les feüilles & dans les troncs, qui sont causées par la matiére colleuse & aigre, qui fermente avec le suc de la plante, & qui fait qu'elle s'éleve en bubes. J'ai dit en très-peu de mots & obscurément, ce que Malpigius explique au long, d'une maniére qu'il met en évidence ce qu'il a observé. C'est pourquoi je conseille les curieux de consulter cet excellent Auteur qui a fait honneur à l'Italie.

Il y a tant de choses à dire sur les plantes, que je ne trouve pas le moïen de finir. * Une femme d'Arezzo, en Itàlie, eut le malheur de produire une herbe par le nez. Une plante de lierre végeta & fortit de la corne d'un bellier. Un enfant qui avoit un abcès au côté, en l'ouvrant, il en fortit une épine. Il n'y a pas trente ans qu'un écolier des Jefuïtes de Paris, en joüant avec un épi d'avoine qu'il tenoit dans fa bouche, cet épi lui coula dans les boyaux, & fortit de même par le côté, où il avoit caufé un apoftume.

On a trouvé dans le corps de plufieurs animaux, des plantes qui y ont végeté. Un journal curieux rapporte que certains bœufs qui avoient beaucoup mangé d'érable en hiver, on leur trouva dans le ventre, après que les bouchers les eurent éventrés, des plantes de cet arbre affez grandelettes. Apparemment qu'ils en avoient mangé la graine, laquelle avoit trouvé dans les excremens de leur ventre des difpofitions à pouvoir germer, d'autant plus que le fumier des animaux aide à la végetation des plantes. L'Auteur raconte qu'on avoit trouvé la même chofe dans le corps d'un élephant. Je crois que dans ces animaux les fermens étoient affoiblis, & qu'ils n'avoient pas détruits

* Ephemerid. German. Dec. 2. anno 4. obfervat. 43.

l'essence seminale de la plante. Et il pourroit nous en arriver autant, si notre essence seminale plus forte, ne changeoit pas celle des plantes que nous mangeons, lesquelles végeteroient dans nos boyaux.

Il y a une grande quantité de choses curieuses à dire sur les figures des plantes, & comme certains arbres ont formé des figures extraordinaires; mais desirant de finir, je renvoye à Jean Zahn, qui en a ramassé une grande quantité.

Les anciens ont cru que la fougere, & plusieurs autres plantes capillaires n'avoient point de graines. Cependant de nos tems, le sieur Féderic Cesio, Italien, a fait voir que ces plantes en ont de très-petites, & qu'on ne voit qu'avec le microscope.

Le sieur Guillaume Cole * a observé depuis très-diligemment ces graines, & il remarque entre-autres choses que les capsules qui contiennent ces sortes de graines, sont la moitié plus petites qu'un grain de sable gris, ou couleur de cendre: & quelques especes ne sont que la troisiéme & quatriéme partie d'un grain de ce sable. Quelques unes de ces capsules sont environnées de certains anneaux, ou petites bandes, qui ressemblent à des vermisseaux. Et quelques-unes de ces capsules insensibles, contiennent environ jus-

* Anglois.

qu'à cent de ces graines, qui par conséquent sont si petites, que sans de bons microscopes elles sont invisibles. Au contraire de quelques plantes, dont la graine est presque aussi grande que la plante, comme sont les féves, lorsqu'elles sont dans leurs vessicules.

Ainsi ceux qui croïent que les plantes peuvent venir sans quelque semence, n'ont qu'à lire Rhedi & Swammerdam pour se desabuser. Car on a trouvé que les champignons-mêmes ont leur graine, quand ils sont meurs ; & que les trufles, que j'ai cru moi-même être un suc de la terre, portent aussi des semences, quand elles sont dans une parfaite maturité.

CHAPITRE XIII.
De la production du vrai corail de Discoride, duquel seul on entend de parler ici avec la description de plusieurs plantes marines, & de quelques végétaux qui se petrifient sur la terre.

UNe des plantes qui peut faire la curiosité des Naturalistes, est sans doute le corail, qui est une vraye plante, puisqu'elle végete & forme des branches comme les véritables. Il est vrai qu'elle a quelque chose de singulier, en ce que le corail végete sur une pierre, sur le fer, sur le bois, sur une coquille, comme celle que j'avois, & dont j'ai parlé au chapitre des pierres transparentes, * & qu'en un mot, il croît sur toutes choses où sa semence tombe, sans qu'on voye ni racines pour tirer sa nourriture de quelqu'endroit, ni de fibres & de tuyaux par où puisse se distribuer l'aliment qu'elle prend, & néanmoins il faut bien dire qu'elle le prend, puisqu'elle végete & croît. Cependant cette plante qui est sans organes, sans tuyaux visibles & sans racines, paroît être une véritable pierre. C'est-ce qui a fait dire à quelques sçavans de la societé de Londres, que le corail végetoit, d'autant qu'il n'étoit qu'un arbrisseau maritime, incrusté & enduit d'une croute coralline qui pénétroit ses fibres & ses pores, & qui restoit enfin ainsi petrifié; & je crois qu'ils veulent faire entendre que cela arrive à peu près comme on le voit de plusieurs morceaux de bois, qui ayant trempé dans des eaux chargées de sucs petrifians, ont enfin acquis la figure extérieure & même l'intérieure de pierre.

Cette opinion paroît favorisée par la coralline *fructicose*, par le corail noir, ou *antipates* de Lobel, & quelques autres coralloïdes, au-dedans desquelles on voit

* Troisiéme partie.

clairement le bois, quoique le dehors paroisse quelque chose de semblable à la pierre. Le sieur Bocconi que j'entreprends de suivre sur cette matière, qui comme Sicilien & d'ailleurs fort curieux, a eu la commodité d'observer la pêche du corail, qu'on fait tous les ans, en certaines saisons, dans les mers de la Sicile, paroît favoriser aussi cette opinion; & il rapporte * qu'il avoit entre ses mains un morceau de bois, environné de toutes parts d'une croute de vrai corail rouge, de même, dit-il, que la cire d'une bougie enveloppe la mêche, quoiqu'il soit vrai qu'il dise, qu'on voyoit distinctement que le bois retenoit sa propre nature, & qu'il n'étoit pas changé en corail; surquoi on pourroit dire, qu'il faut un tems convenable, pour faire un total changement de ce bois en forme de corail. Mais quoique cette opinion ait sa vrai-semblance, elle n'est pas la mienne, non plus que celle de Bocconi, ni du fameux Swammerdam, à qui nous devons tant de belles découvertes, car pour moi je crois que le corail est une plante qui croît comme les autres, en tirant origine de sa propre semence, quoiqu'elle végete & croisse d'une manière particuliere, & par laquelle il semble que la nature ait voulu

* Lettre 6e. page 13.

montrer qu'elle peut, & sçait faire la même chose en diverses maniéres. Mais voyons ce que dit Bocconi.

» Un jour, dit-il, qu'on faisoit la pê-
» che du corail, dans le canal qui sépare
» la Calabre de la Sicile, je montai sur
» une barque de ces pécheurs pour exa-
» miner la nature de cette plante, & ayant
» mis le bras dans l'eau avant que le co-
» rail en sortit & qu'il vit l'air, je sen-
» tis que le corail étoit dur comme il l'est
» après qu'il est sorti de l'eau, par où nous
» sommes éclaircis sur ce que quel-
» ques-uns ont dit, que le corail est mol
» étant dans l'eau : « quoiqu'à mon avis il
ne soit pas impossible que le corail étant
à l'air, ne se desséche de quelque reste
d'humidité qui étoit encore en lui, &
qu'il n'acquiert quelque petit degré de dureté, comme la plûpart des pierres qui perdent à l'air quelque humidité de la carrie-
re où elles étoient auparavant. » Le co-
» rail étant hors de l'eau, (continuë Boc-
» coni,) bien examiné, on trouve qu'il
» est couvert d'un tartre, ou croute dé-
» liée, rouge dans le corail rouge, &
» blanche dans le corail blanc, à peu près
» comme une couche de bol, que les
» ouvriers mettent sur une bordure de
» tableau avant que de le dorer ; laquelle

croute est appellée *Fucus*, par Bocconi, quoique d'autres Auteurs l'appellent *Muscus* : & sous ce *Fucus*, ou *Tartre*, on voit que la branche du corail a plusieurs petits sillons comme des rides, lesquelles vont & aboutissent depuis le commencement de la plante jusqu'à l'extrémité de ses branches. Et tout du long de ces branches, sous ce tartre, on voit clairement plusieurs trous, ou pores étoillés, sur toute la superficie de cette écorce tartreuse, mais qui sont encore plus remarquables dans ses boutons.

Cependant il faut remarquer que les sillons dont nous avons parlé qui ressemblent à des fibres, ne sont pas creux, mais solides comme le reste de la substance, & ne ressemblent point aux fibres & tuyaux des plantes terrestres. Ce qui fait croire avec raison à Bocconi, que le corail ne croît point *per intus susceptionem*, mais *per extrâ additionem partium*.

Néanmoins une remarque la plus importante & la plus curieuse, * (à mon avis,) c'est que dans le bout des branches, il y avoit certains boutons ronds, gros comme des groseilles, lesquels boutons sont fendus par plusieurs petites fentes, qui toutes ensemble forment la figure d'une petite étoille, par où l'eau peut entrer,

* Page 7.

Mais ce qui est plus considérable, c'est que ces boutons, qui sont fort tendres, étant ouverts, on voit qu'ils ont au-dedans six ou sept petites cellules, remplies d'une liqueur blanche & épaisse comme du lait, que Bocconi compare à celle du titimale, & Gassendi * au lait que les figues, qui ne sont pas encore meures, répandent quand on les détache de l'arbre. Ce qu'il y a de plus curieux, c'est que cette liqueur blanche comme du lait, étant hors de la mer, en cinq ou six heures, & à mesure qu'elle se séche, elle devient rouge comme le corail, soit qu'elle séche hors des boutons ou bien dedans, comme Bocconi les a fait voir à plusieurs sçavans, entr'autres à l'habile Swammerdam, qui après avoir remercié cet Auteur dans une lettre qu'il lui écrit, l'assurant que par son moïen il avoit acquis la connoissance de la production du corail, il lui marque ensuite qu'il avoit examiné avec un bon microscope, & avec beaucoup de diligence ces boutons & la liqueur desséchée au-dedans, & qu'il avoit remarqué qu'elle étoit formée de trois sortes de boulles crystallines & transparentes, de differentes couleurs & grandeurs. Les plus petites étoient blanches, comme le crystal. Les secondes jaunes com-

* In vita Peirchey.

me l'écorce de citron, & les troisiémes plus grosses & rouges comme un rubis; & il fait observer que ces dernieres sont placées immediatement aux ouvertures étoillées des boutons qui les renferment. La seconde remarque importante est, qu'il a reconnu que dans le fond où ces boutons se joignent à la branche, il y avoit deux ou trois membranes, ou pellicules subtiles, lesquelles se durcissant (à son avis) donnoient l'accroissement aux branches du corail, auxquelles elles se joignoient *per juncta positionis*.

Swammerdam convient avec Bocconi, & moi avec eux, que cette liqueur blanche qui est dans les boutons, & qui devient rouge dans la suite, est la vraye semence du corail, que j'appelle *Sperme seminal*, parce qu'il est plus semblable au sperme de l'animal, qu'à la graine d'une plante. Bocconi appelle aussi ce sperme du nom de *levain*, parce que l'ayant goûté & fait goûter aux mariniers, ils trouverent qu'il avoit le goût de levain, c'est-à-dire, une saveur acre mêlée de parties astringentes, tirant sur la saveur du poivre & de la châtaigne, ou de la corme. " Ce goût & cette saveur, acre est
" manifeste, dit-il, dans le corail fraîche-
" ment tiré de la mer; mais lorsque ces
" boutons, & ce qu'ils contiennent sont

» deſſechés, ils la perdent, & ne retien-
» nent que la ſaveur aſtringente ». Toutes
ces circonſtances ſe trouvent auſſi dans
le vrai corail blanc.

Après toutes ces remarques faites par
de ſçavans hommes, je dirai auſſi mon
opinion ſur la production du corail, que
j'eſtime être une véritable plante marine, mais fort differente des terreſtres.

Je crois donc que ce levain ou liqueur,
que j'appelle ſperme ſeminal, en tombant ſur une pierre, fer, coquille, bois,
ou autre matiére, en fermentant & boüillonnant avec le ſel marin, s'enfle, &
s'éleve; mais étant comprimé par l'eau
de la mer qui l'environne de toutes parts,
il perce l'eau, & s'éleve en forme d'ar-
briſſeau, lequel ſe nourrit du ſel & de
l'eau de la mer, qui entre par les fentes des boutons qui contiennent le levain, ou ſperme ſeminal; qui fermentant
avec le ſel marin, le change en ſa propre
nature, & par coction il en forme ces petites membranes, ou pellicules, que Swammerdam a remarqué dans le fond des boutons, leſquelles pellicules ſe durciſſant s'attachent au bout des branches du corail,
& le font croître *per extra ſuſceptionem
partium*, c'eſt-à-dire, par l'addition de
pluſieurs de ces pellicules couchées les
unes ſur les autres, comme on le voit en

plusieurs pierres & particulierement dans l'ardoise, & le plâtre de Mont-Martre près Paris, qu'on appelle pierre *speculaire*, qui sont formées de plusieurs feüilles couchées les unes sur les autres; & il est à croire que les petits pores étoillés, que l'on voit dans toute la superficie du corail, ont quelque portion de semblable ferment, qui change de même en sa nature de sel & l'eau de la mer qui entre dans ces pores étoillés, ce qui fait que la tige du corail croît aussi en grosseur *per extra additionem partium*.

Je suis même porté à soupçonner que cette croute est peut-être quelque chose de semblable à l'écorce de l'arbre, où le spermé seminal abonde le plus, & qui fait grossir l'arbre, d'autant plus que cette écorce étant séparée, l'arbre séche aussi-tôt, sans former une nouvelle écorce.

Je croirois volontiers aussi, que comme l'arbre terrestre grossit sous l'écorce par de nouvelle matiére qui se joint tous les ans au tronc, comme on le peut voir par les divers cercles qu'on voit dans la tige d'un arbre, quand on le scie horizontalement; de même le corail grossit sous cette écorce coralline, par l'addition de nouvelle matiére qu'elle transmuë. Et ce qui appuye encore ma conjecture, c'est que ce *fucus*, ce tartre, ou croute rouge qui est huileuse, grasse, & mucillagineuse dans l'eau, se durcit aussi-tôt qu'elle se sèche à l'air ; ce qui peut nous faire soupçonner que sous cette écorce, se forment de tems à autre de nouvelles pellicules, qui grossissent la plante du corail.

Quoiqu'il en soit, il est certain que le corail grossit *per additionem partis ad partem*, & il est à croire qu'il y a un agent qui fait cette transmutation, que les Peripateticiens ont appellé ame végetale, terme qui déplaît au sieur Guisoni, lequel, quoique fort sçavant & fort curieux d'ailleurs, * dans une lettre au sieur Bocconi, traite cela de vieille fable des Peripateticiens. *Antiquatam Peripateticorum fabulam* : mais je suis étonné qu'un Cartésien (tel qu'il étoit apparemment) & par conséquent homme d'une pénétration infinie, n'ait pas compris que l'ame végetale en question, est la même chose que *la nouvelle fable* de la matière subtile de Descartes. Mais c'est l'ordinaire de ces Mrs. de ne vouloir point entendre, & de rejetter tout autre langage que le leur. Le sieur Guisoni veut aussi que le corail se produise comme l'arbre de Diane, qui se fait par le mélange d'argent & de mercure dissous dans l'eau-forte. Mais si cela étoit vrai, le sel de la mer qui s'attache

* Lettre 4. page 18.

& qui se joint (selon lui) au corail, resteroit blanc & non pas rouge; c'est pourquoi, je crois qu'il faut dire qu'il y a un agent qui digere & cuit ce sel, & de blanc le fait devenir rouge, ce qui se fait sans doute par une certaine fermentation & coction que la nature fait faire, & dont on peut voir un exemple dans la calcination du plomb, qui étant au feu en poudre noire, devient peu à peu blanc, & par un feu un peu plus fort & continuel devient jaune, & continuant le feu, devient enfin rouge, tel qu'est le *minium*, qui n'est autre chose que du plomb calciné. C'est donc ainsi que par la longue coction le sel de la mer, de blanc, devient jaune, comme Swammerdam l'a observé dans les boulles blanches & jaunes du levain du corail, qui enfin deviennent rouges par une coction plus longue, qui sont les trois couleurs des digestions chymiques.

Je ne puis m'empêcher de dire, que si cette liqueur lactée est la vraye semence du corail, comme il ne paroît pas qu'il y ait lieu d'en douter, cela favoriseroit fort mon opinion, qui tend à montrer que l'arbrisseau qui est dans la graine des plantes, n'est pas la vraye semence de l'arbre, mais la liqueur spermatique qui est contenuë dans ses fibres, puisque cette liqueur ou sperme seminal du corail végete, par la chaleur interne, ou ame végetale qui est en elle, sans avoir besoin de tuyaux. La nature ayant voulu faire voir dans cette plante, comme je l'ai dit, qu'elle peut & sçait faire la même chose en diverses maniéres. Car comme elle a donné aux plantes des fibres & des racines qui succent le suc de la terre de bas en haut, au contraire du corail qui sans racines & sans fibres se nourrit & croît par les bouts d'en haut, moyennant les susdites pellicules, & qu'au surplus elle sçait nourrir aussi cette plante par les pores, ou trous étoillés, qu'elle a mis dans la surface du corail, tout cela nous montre que rien n'est impossible à cette divine ouvriére. Je crois que cela suffit pour faire connoître ma pensée, que je laisse rectifier à des personnes plus sçavantes, qui en pourront dire quelque chose de mieux, de plus apparent & de plus vrai. Je ferai remarquer seulement que ceux qui ont écrit du corail, n'ont point parlé de sa semence, ni de ses boutons, parce qu'on ne les voit pas souvent, d'autant qu'étant fort tendres, lorsqu'ils sont embarrassés dans la filace, avec laquelle on pêche le corail, ils se détachent facilement. En un mot, peu de gens l'ont remarqué parce que les mariniers étant fort grossiers,

& les marchands plus attentifs au gain & à leur profit, qu'à autre chose, ils n'ont point pris la peine d'y faire attention, comme a fait Bocconi, lequel étant fort grand Botaniste & très-curieux, s'est attaché à examiner cette plante qui vient dans les mers de son païs; commodité que nous n'avons pas, non plus que les sçavans des autres païs.

Afin de confirmer cette opinion, que la semence du corail est cette liqueur lactée & spermatique qui sort des boutons; je prie le Lecteur de voir ce que j'ai dit dans le chapitre des pierres transparentes, à l'article du corail, d'une coquille sur laquelle étoit crûë une branche de corail, qu'un de mes amis m'envoya du bastion de France.

Pour un plus grand éclaircissement de cette matiére, je veux ajoûter ce que le Pere du Tertre dit à ce propos, * dans sa rélation des antilles. Ce qui embellira encore mon histoire, par le récit d'une chose très-curieuse. » La chaux dont on se » sert aux Isles du vent, est une plante » qui croît dans la mer. Elle vient dans » une infinité d'endroits, mais on ne la » pêche que dans ceux qui n'ont pas plus » de trois brasses de profondeur. Celle

* Nouveau voyage aux Isles de l'Amerique.

» qui se produit dans les lieux plus pro-
» fonds, croît à son aise, jusqu'à ce que
» sa hauteur ne lui donnant plus assez de
» force pour résister à l'impetuosité de
» la mer agitée, elle se rompt, & est em-
» portée sur la côte où on la ramasse. Le
» pied de cette plante est rond, ou ovale;
» il s'élargit à l'endroit d'où il part du
» fond, comme si c'étoit un bourlet qui
» environnât le pied, pour le soûtenir &
» le fortifier. Quand cette tige a un pied
» de hauteur, ou environ, elle s'élargit &
» se partage en plusieurs branches, qui
» font comme une main à plusieurs
» doigts, ce qui lui a fait donner le nom
» de *patte de chaux*. Ces doigts s'élargis-
» sent ensuite & en poussent d'autres, &
» ceux là encore d'autres. Tous sont plus
» longs que larges, & toûjours assez plats.
» Ils sont tous remplis de petits trous,
» comme des rayons de miel. * La figure
fera entendre encore mieux cette description. » Lorsque cette plante est jeune &
» tendre, & qu'on la rompt, il en sort
» une liqueur épaisse & blanche comme du
» lait. Il faut que ce soit son suc, ou la
» seve qui la fait croître & qui la nourrit.
» Les extrémités sont toûjours tendres &

* Voyez la figure 12.
Tome III. A a

» s'égrainent facilement, quand on les
» presse dans la main avant qu'elles soient
» sorties de l'eau, mais elles durcissent dès
» qu'elles ont pris l'air, & ne s'égrainent
» plus aussi aisément. Cette plante, ou
» pierre, est blanche comme la néige,
» pésante, & compacte. Quand on en
» rompt une patte, & qu'on examine sa
» construction en dedans, on voit que ses
» pores & ses parties se resserrent à mesure
» qu'elles approchent du centre. Et que
» les fibres ou tiges du pied sont perpen-
» diculaires, & celles des pattes horizon-
» tales. Cette plante a une odeur fort ap-
» prochante du *Goemon* quand on la tire de
» la mer, qu'elle perd à mesure qu'elle se
» séche. Dont la raison est, (à mon avis,)
qu'elle n'exhale plus rien qui frappe l'odo-
rat, lorsqu'elle est ainsi durcie comme la
pierre.

Il dit qu'on la pêche en deux maniè-
res. La premiere est, comme celle du corail, (dont il est une espece,) mais plus
facilement, entortillant une corde au pied
de la plante & tirant de force, & de cette
maniére on enleve d'ordinaire la plante
toute entiere, & on se sert de cette façon
quand il y a plus d'une brasse d'eau. Lorsqu'il y en a moins, les pêcheurs se mettent à l'eau aïant le canot à côté deux,

ils brisent la tige au pied des plantes avec des pinces de fer, & ils plongent pour prendre ce qu'ils ont brisé, & le mettent dans le canot, car la chaux ne flotte pas, sur-tout le pied. Il est vrai que les extrémités des pattes viennent sur l'eau & flottent, quand on les rompt étant encore jeunes & tendres; mais quand elles sont imbibées d'eau, qui selon les apparences, s'insinuë par l'endroit de la rupture, elles coulent à fond. Ce Pere ajoûte encore: » soit que cette plante se reproduise par » les racines qui restent au fond de la » mer, soit que la liqueur blanche qui en » coule quand on la rompt, lui serve com- » me de germe (ce qui me paroît plus » probable, & plus semblable à ce que j'ai » dit du corail,) & de semence pour renaî- » tre & pousser de nouveau, il est certain » qu'elle repousse toûjours, & que les » lieux où il y en a eu une fois, ne s'en » dégarnissent jamais.

Le Pere rapporte qu'aïant fait rompre & pêcher à la Guadeloupe cette plante pour en faire de la chaux, dans un endroit où ces plantes étoient presque à fleur d'eau, & empêchoient les canots de passer & d'aborder, il arriva que vingt-deux mois après, passant par le même endroit, le canot où il étoit s'arrêta tout court,

A a ij

comme s'il eût échoüé sur un banc de sable, & on trouva qu'il avoit échoüé sur les plantes de chaux. Le Reverend Pere enseigne la maniére dont on fait la chaux de ces plantes, qui, suivant la description qu'il en donne, sont de véritables coralloïdes, & ensuite il dit une pensée qu'il avoüe qui paroîtra extraordinaire, mais qui est fondée sur ce que la chaux que l'on trouve dans les terres de la Guadeloupe, quand on les foüille, est de même espece que celle que l'on fait des plantes qu'on pêche dans la mer. » Seroit-il » possible, dit-il, que toute l'étendüe du » terrain qui compose cette Isle, ne fût » dans les siécles passés, qu'un haut fond » rempli de plantes de chaux, qui ayant » beaucoup crû & rempli les vuides qui » étoient entre elles, occupés par l'eau, » ont enfin haussé le terrain, & obligé » l'eau à se retirer, & à laisser à sec tou- » te la superficie ? Cette conjecture, » ajoûte-t'il, toute extraordinaire qu'elle » paroisse d'abord, n'a pourtant rien d'im- » possible.« Quant-à-moi je la trouve très-probable, car il est plus extraordinaire que les feux fassent des Isles comme celle de Santorin, & l'autre près de St. Michel, que de voir qu'une grande quantité de ces plantes pierreuses se transforment en

Isle, de la maniére que le Reverend Pere le dit. Car la nature ouvriére agit toûjours, & en plus de maniéres que notre foible esprit ne peut s'imaginer.

Mais ce qu'il y a de plus remarquable à notre sujet, c'est que cette description exacte d'un Religieux si sçavant & si curieux, nous donne un grand éclaircissement pour la génération du corail, & des coralloïdes, qui croissent en si grande quantité dans la mer rouge, qu'on assûre qu'elle est presque impraticable en plusieurs endroits, par le nombre infini des coralloïdes blanches qui s'y produisent, & dont peut-être on feroit de la chaux semblable à celle des Isles.

La mer ne produit pas seulement les coraux & autres semblables plantes, mais plusieurs autres de nature differente, qui cependant inclinent à la nature des pierres. J'en ai vû une entr'autres qui n'est pas rare, & qui ressemble fort à un grand évantail de joncs, entrelassés les uns avec les autres ; en effet, les parties en sont un peu pliantes, & pas tout-à-fait dures. Ce qu'on peut dire, c'est que cette plante participe de la nature du jonc, & en partie de la pierre, ou bien du bois fort dur.

Je ne veux pas obmettre de parler d'u-

ne herbe curieuse qui croît à la Chine, *
semblable au chanvre, laquelle étant mise dans l'eau se petrifie, & étant jettée dans le feu, elle y résiste & ne se consume pas.

Peut-être que cette plante de la Chine, ressemble en quelque chose à celle des Pyrennées, dont je vais parler; & que la démangeaison de rendre le fait admirable, ne permet pas de dire les circonstances de la chose, pour pouvoir faire un raisonnement juste. Ce que je dirai d'avance, c'est que je ne sçais pas si ces sortes de végetaux donnent quelque semence avant que de se pétrifier.

Ce n'est pas le seul corail & les coralloides qui végétent comme des pierres dans la mer. Il y en a nombre qui végétent sur la terre. Dans les montagnes des Pyrennées, il y a quelques herbes qui croissent même assez hautes, lesquelles après être crûës à une certaine hauteur, séchent & se durcissent en vraye pierre, qui résiste à la violence du feu. Il y en a d'autres, qui ne font qu'une espece de mousse sur la terre, qui se pétrifie & durcit. J'en ai de ces deux sortes, & peut-être il y en a d'autres que je n'ai pas vû. J'ai aussi des bourses & des rubans faits de ces herbes, que l'on file comme

* Pere Martini, Alt. Senic. page 375.

du lin, & qui étant lavées dans l'eau chaude, on peut leur ôter, comme j'ai fait quelquefois, une certaine matiére gluante, qui est celle qui les nourrit, & les petrifie au même-tems, quand l'humidité superfluë se séche. Lorsqu'on a ainsi nettoyé ces herbes de ce suc pierreux, en les mêlant avec du vrai lin, on peut les filer, & en faire des ouvrages, lesquels étant jettés dans le feu, il brûle le vrai lin & ne fait que blanchir la toile. Il y a apparence que c'est de cette toile, ou autre semblable, que les anciens se servoient pour brûler les corps des défunts, dont ils vouloient conserver les cendres.

Cependant je ne crois pas que ce soit la véritable pierre d'amiante des anciens, quoique ces herbes puissent suppléer à la place. Car parmi les curiosités qui sont dans le Palais du Vice-Roi à Naples, * & qui étoit autrefois celui des Souverains de ce Royaume, on y voit entre autres choses une pierre grise, qui sent, en la frottant, l'odeur d'herbe, & lorsqu'on la ratisse, il en sort une espece de cotton qu'on fait filer. C'est cette pierre qu'on croit être le vrai *Amiantes* des anciens.

---

* Boussigault, Théatre du monde, Part. 2, page 160.

Comme je ne l'ai pas vûë, je ne puis dire que ce que la relation rapporte.

Ce n'est pas seulement dans les Pyrenées que ces especes de pierres végetent; mais le fameux Medecin Boëtius Boot, nous parle d'une pierre qui végéte dans les campagnes sabloneuses des environs de Spire, & dans le Palatinat en Allemagne, qu'il dit être de plusieurs sortes, & naître en differens lieux. » Elle ressem-
» ble, dit-il, assez à un os qui est creux,
» où il y a une espece de moëlle, qui
» consiste en une poudre frêle qui se
» fond sur la langue. » Elle vient aussi aux environs d'Heidelberg, & à Jene en Saxe, comme aussi en Silesie, dans une fontaine d'eau très-claire du Bourg Sconunelde, & autour d'Arnestad dans le Bergetras » Cette plante croît parmi le
» sable en forme de corail, quelquefois
» de la longueur, dit-il, d'un bras, &
» lorsqu'elle sort de terre elle est frêle,
» & petit-à-petit elle se durcit de plus
» en plus ; ce qui arrive, sans doute, à mon avis, à cause que l'air dessèche l'humidité par laquelle elle avoit végété, & qui rendoit sa substance molle & tendre. Boëtius ajoûte, qu'un très-noble Gentilhomme, Maître-d'Hôtel de l'Empereur Rodolphe, dont Boëtius étoit Medecin,

lui

lui avoit donné une pierre aſſez ſemblable aux précedentes, qui croiſſoit, à ce qu'il lui dit, dans le Marquiſat de Brandebourg ſa patrie, d'une façon admirable, & qui étoit très-excellente pour conſolider les os rompus, qui eſt la vertu des pierres dont j'ai parlé. Ce Seigneur diſoit qu'au printems, cette pierre de Brandebourg pulluloit de terre comme un petit choux, ayant la tête revêtuë de feüilles cendrées, & d'autres qui tiroient un peu plus ſur le noir. Après que ces petites feüilles étoient éparpillées & étenduës contre terre, (car à peine cette plante éleve-t'elle ſa tige,) l'on trouvoit au milieu une moëlle en poudre qui ſe liquifie facilement.

On peut voir chez l'Auteur, ſi l'on eſt curieux, les autres circonſtances que je paſſe pour abréger, faiſant obſerver ſeulement, que ſi les plantes de pierre peuvent végeter, il n'eſt pas difficile de croire que des petits rochers végétent auſſi, & enfin les plus grandes montagnes, comme je l'ai montré en parlant de leur formation, y ayant là-deſſus aſſez d'expériences qui prouvent ce fait, comme choſe inconteſtable; mais en ayant aſſez ſuffiſamment parlé pour ceux qui veulent examiner la nature ſans prévention, je n'en dirai rien davantage, afin d'éviter la répétition.

J'ajoûterai ici, que Mr. l'Abbé Bignon, qui préside avec tant de sçavoir à l'Académie des Sciences de Paris, me parla un jour d'un palmier qui se pétrifia, avec cette circonstance singuliere, qu'il étoit plus tendre, plus il étoit éloigné de l'endroit d'où il tiroit la séve. Ce que je crois qui devoit être ainsi, parce que le suc le plus terrestre & pétrifiant montoit d'autant moins vers le haut, qu'il étoit plus grossier & plus pésant que le suc le plus subtil. Il faut dire encore que le hazard l'avoit fait naître dans des sables, (où ils viennent ordinairement en Affrique,) où les sels, ou sucs pétrifians étoient plus abondants pour causer cet effet, qui n'est pas rare, puisque nous avons une quantité de plantes comme nous venons de le voir, qui viennent dans les pirennées, & ailleurs, qui croissent & à la fin se pétrifient, & forment une espece de fil incombustible.

Fin de la quatriéme Partie.

HISTOIRE NATURELLE DE L'UNIVERS.

CINQUIE'ME PARTIE.
DU REGNE ANIMAL.

CHAPITRE PREMIER.

De la génération des Quadrupedes

Ous voici parvenus au Royaume de Jupiter, c'est-à-dire, à la génération des animaux, dans lesquels le feu éterée & l'air (qui forment le soufre des Chimistes) prédominent sur les autres

élemens ; ce qu'on voit par leur mouvement, & de ce que par leur propre force ils peuvent transporter leur corps d'un lieu à un autre. Je tâcherai d'éclaircir autant qu'il me sera possible cette matiére, qui me paroît avoir été négligée par Descartes. Si mes opinions paroissent absurdes à ceux qui sont imbus de celles avec lesquelles ils ont contracté une amitié étroite, & qui paroît plus simpatique que raisonnable, cependant j'ose esperer qu'elles auront quelque succès, si particulieres qu'elles leur puissent paroître, depuis que j'ai vû avec quelle ardeur la plûpart des Sçavans ont embrassé l'ovaire, & l'opinion des petits animaux qu'on croit voir dans le sperme de l'animal.

L'opinion commune de la plûpart des Cartesiens, & de beaucoup d'autres Sçavans, consiste à dire : que dans le sperme de l'homme, par exemple, on voit voltiger un très-grand nombre de petits hommes très-parfaits (disent ils) dans leur espece, & à qui il ne manque que la parole, qu'ils acquierent après être nés : de même dans le sperme du cheval, on voit encore une plus grande quantité de petits chevaux, parfaits dans leur petitesse, auxquels il ne manque plus que la selle & la bride pour être montés par ces petits hommes. Il eſt vrai, (& je l'ai vû,) qu'on voit voltiger dans ces ſpermes, & dans tous ceux des autres animaux, de petits filets, qui peuvent venir du ſang dont le ſperme eſt formé. Mais qu'ils ſoient des animaux vivans, comme on le prétend, j'en doute beaucoup. L'on aſſure que ces animaux meurent peu après qu'ils ont ſenti l'air froid, quoiqu'auparavant ils voltigeoient fort vîte dans la liqueur. Mais pourquoi ne pourroit-on pas dire que cette liqueur, qui eſt naturellement fort épaiſſe & gluante, s'épaiſſiſſant à l'air froid, empêche ces prétendus hommes de ſe mouvoir, ou bien, à mon avis, parce que les particules les plus ſpiritueuſes & ſubtiles s'évaporent ? Quoiqu'il en ſoit, l'une & l'autre cauſe peut empêcher le mouvement de ce que j'appelle filets ſanguins. On ajoûte que le ſperme des vieillards eſt privé de ces hommes, ce qui fait qu'ils ſont incapables d'engendrer. Ce qui eſt trèsfaux, car il n'y a point de vieillard qui puiſſe venir à l'acte de la génération qui n'engendre, comme l'expérience journalière le montre. On dit auſſi que la figure des petits animaux, qu'on voit dans le ſperme des oiſeaux eſt différente de celle des quadrupedes. J'en conviens, mais le sang des oiseaux est aussi different de celui des quadrupedes, comme le sang des vieillards est different de celui des jeunes, quoique les vieillards ne laissent pas d'engendrer. Cependant quel usage fera-t'on de ces petits animaux ? Le voici, disent les Modernes ovaristes. Ils passent par la matrice & par les trompes, & ils s'envolent, (chose merveilleuse) aux œufs de la femelle qui sont dans ses reins, où un, ou deux de ces petits hommes, ou bêtes s'attachent. Et afin qu'ils soient plus fermes, ils fichent, dit-on, leurs petits pieds dans un trou que la nature pourvoyante a fait exprès dans l'œuf de la femelle, où ils commencent à prendre la premiere nourriture. Mais il semble qu'ils auroient encore mieux fait de s'y attacher avec les dents qu'ils n'ont pas encore, ou avec les lévres pour succer l'humeur convenable ; car on ne prend pas sa nourriture par les pieds. L'animal grandit ainsi, & l'œuf grossit au même-tems ; & quand l'œuf est à un certain point, en s'enflant il creve les pellicules qui l'attachoient à l'ovaire, & il tombe dans les cornes de la matrice, (qui ouvre ses cornes au moment qu'il le faut,) par des passages si étroits, qu'à peine peut-on y passer le plus petit fil d'archal ; il tombe ensuite dans le fond de la matrice, où il s'attache fort aux arteres de la fémelle qui lui fournissent une nourriture plus abondante, jusqu'à sa parfaite grandeur. Voilà en peu de mots l'opinion de la plûpart des Philosophes modernes, & de la plus grande partie des Cartésiens, d'où il n'y a pas d'apparence de les détacher, ce sistême leur paroissant bien imaginé; & de plus, qui est encore confirmé, disent-ils, par les choses que l'on voit dans l'œuf de la poulle, où ils veulent que le poulet soit visiblement formé avant que la poulle couve ses œufs. Surquoi il sera facile de se détromper, si l'on en veut croire ses propres yeux.

C'est donc une grande témerité à moi, d'aller contre un sistême si bien imaginé. Mais on se moque bien aujourd'hui de Platon & d'Aristote, c'est pourquoi je ne dois pas me fâcher qu'on me traite encore plus mal, étant infiniment inferieur à ces grands hommes, quoique je me sente appuyé par un des plus sçavans personnages du siécle précedent; je veux dire du fameux Harvée, à qui l'on doit la découverte de beaucoup de choses importantes, particulierement du lieu où le poulet s'engendre dans l'œuf. Ce grand homme a donné occasion innocemment à cette nouvelle imagination, ayant montré par une infinité d'expériences, (que le Roi d'Angleterre Charles I. lui donna la commodité de faire fur les biches, qui portent neuf mois comme les femmes,) qu'après l'accouplement du mâle avec la femelle, on ne voyoit point qu'il y eut dans la matrice aucune marque de génération, & même que le sperme masculin n'y paroissoit pas, & qu'il n'y avoit aucune marque de conception qu'environ trois semaines après l'accouplement. Ce qui étant très-véritable, contre l'opinion des anciens qui avoient dit que la génération se faisoit de l'union des deux spermes masculin & feminin dans la matrice, cela a donné occasion à des esprits très-subtils d'inventer les petits hommes, & les œufs de l'ovaire des femelles, que j'ai vû comme les autres, & que je crois n'être autre chose que des glandes, qui se trouvent souvent pleines d'une humeur glaireuse, plûtôt que de véritables œufs destinés à la fin qu'on le suppose.

Mais d'autant que mon intention est de suivre dans ce chapitre, ce que cet Auteur diligent a observé; & de plus, de montrer que la génération se fait comme les anciens l'ont dit, du mêlange du sperme masculin & feminin. Je demande pardon au Lecteur, si pour éclaircir une matière si curieuse, & pour éviter de paroître tout-à-fait ridicule, je serai un peu prolixe, en rapportant les observations que le grand Harvée a faites, tant sur les biches, que sur divers autres animaux; déclarant d'avance que par le sperme feminin, je n'entends pas cette liqueur que la femelle répand dans l'action vénerienne, que je conviens ne pouvoir pas aller dans la matrice, & par conséquent qui ne sert de rien à la génération.

Je ne puis pas m'empêcher de faire remarquer que ce grand homme, à qui l'on ne peut pas refuser avec le titre d'excellent Anatomiste celui de profond Philosophe, suit pied à pied Aristote autant qu'il peut, & que la vérité le permet, sur la génération des animaux; ce qui est tout le contraire chez nos modernes, qui croiroient avoir failli, s'ils s'imaginoient devoir quelque chose à cet ancien Philosophe. Je suivrai donc Harvée, qui sera mon Aristote.

Harvée donc, avant de parler de la génération, croit à propos, comme il l'est en effet, de faire quelques remarques sur le lieu où se fait la génération; & pour cela il fait remarquer que la matrice des biches & des dines, est assez semblable à la matrice des femmes. Excepté que cette partie de la femme est plus distincte & plus connuë, à cause que les Anatomistes ont travaillé sur elle avec plus d'attention que sur les biches, sur lesquelles rarement ils ont eu occasion de s'attacher.

Il dit aussi que par ses observations il a reconnu, qu'il y a plusieurs choses qui sont communes aux unes comme aux autres, & quelqu'autres qui sont differentes. Mais comme cela n'est pas essentiel, je le passe legerement.

Il ajoûte que ces animaux n'ont point de vaisseaux préparatoires, (autant qu'il a pû connoître,) c'est-à-dire, ces vaisseaux d'où sort une liqueur que les femmes repandent dans le tems du plus grand plaisir, & qu'on appelle mal à propos le sperme ou semence feminine. » Ce que, » dit-il, la plûpart des femmes assurent » de ne pas toûjours répandre quand el- » les conçoivent, excepté quelqu'unes des » plus lubriques. Surquoi je ne pense pas qu'il faille les croire tout-à-fait, quoiqu'il soit vrai, comme plusieurs me l'ont assuré, qu'elles puissent concevoir sans répandre cette liqueur de plaisir, car en effet elle ne sert de rien à la génération. Le vagin de ces bêtes est placé, comme celui des femmes, entre la vessie & le rectum, reſſemblant en quelque maniére au membre viril, (qu'on me pardonne le peu de modeſtie que je ſuis obligé d'obſerver pour me faire entendre,) lequel s'étend facilement, & il eſt plein d'humeur gluante. Dans le fond du vagin de ces bêtes paroît le col de la matrice, dont l'orifice eſt fort étroit, mais duquel ſort facilement tout ce que la matrice veut chaſſer dehors, & qui ne ſortant pas, peut cauſer de grands accidens dont la guériſon eſt difficile, ſi on n'ôte cet embarras avec des inſtrumens convenables. Mais cet orifice eſt étroit comme celui des femmes groſſes ou des vierges, de maniére, que le *ſtile* le plus mince ne peut pas y entrer facilement. Le col de la matrice des biches eſt beaucoup plus rond que celui des femmes, plus fibreux & plus épais, qui s'étend juſqu'à l'ouverture du ſexe. Le reſte des obſervations étant ſemblables à celles de la matrice de la femme, je les paſſerai pour abréger, diſant qu'il fait obſerver que les trompes, ou cornes de la matrice de la plûpart des bêtes, ſont plus petites que celles des femmes. Et il ajoûte que le ſiége principal de la génération des biches, des dines, & des autres animaux qui accouchent d'un animal vivant, n'eſt pas la matrice, mais la bâze des trompes.

C'est je crois une des choses qui a donné occasion de dire que l'œuf prétendu vient par les trompes de la matrice. Il est vrai qu'il dit (comme l'ayant vû) que quelques femmes (ce que Riolan a observé aussi) ont porté leur enfant dans le fond d'une des trompes. Les Ovaristes se prévalent de ce fait, & ils disent que cela vient de ce que l'œuf n'a pû couler jusqu'au fond de la matrice, & qu'il est resté dans cet endroit par quelque empêchement. Surquoi nous verrons quelle en peut être la cause, suivant le systême nouveau, que j'ai imaginé sur les expériences d'Harvée, & dont les Ovaristes mêmes conviennent.

Harvée commence par établir une chose évidente, qu'après la conjonction du mâle avec la femelle, on ne voit dans la matrice aucune marque du sperme masculin, ni aucun signe de conception, & je prie le Lecteur de lire avec attention ce qu'il dit dans les chapitres 67. 68. & suivants de son livre admirable de la génération *, où il rapporte en substance, que tout ce qu'il a pû remarquer dans beaucoup d'animaux, particulierement dans les biches & les dines, qu'il a dissequées

---

* Harveus Exercit. de Gener. animal.

en grand nombre plusieurs années de suite ; c'est que le fond de la matrice changeoit en plusieurs maniéres, qu'elle formoit quelques tuberosités, qui étant coupées & pressées entre deux doigts distilloient comme par le bout des tetons, une liqueur épaisse, & semblable à celle que les femmes grosses de quatre ou cinq mois rendent de leurs tetons ; & enfin en pressant fort, il en sortoit encore du sang. Que le fond de la matrice & ses caroncules devenoient plus épaisses, plus enflées, & plus unies & luisantes, dans les endroits qui n'étoient pas occupés par ces tuberosités : il y en avoit même quelqu'unes dans le fond de la matrice, qui avoient une humeur purulente, verdâtre, & semblable à celle qui sort d'un abcès mûr, quoique ces biches fussent d'ailleurs fort saines.

» Plusieurs jours après, la matrice com-
» mença à se rapetisser, les côtés parurent
» comme enflés, & dans les endroits où
» il y avoit des cellules, il y paroissoit à
» la place de petites élevations rondes,
» qui remplissoient presque tout-à-fait le
» creux des cellules, & par cette enflu-
» re il paroissoit que les côtés se touchoient,
» sans laisser aucun espace entre eux ; ce
» qui est à peu près semblable à ce qu'on

» voit arriver aux enfans qui voulant fuc-
» cer le miel qui eſt dans la cire, ſont pi-
» qués aux lévres par une abeille, qui les
» leur fait enfler de maniére, qu'alors el-
» les paroiſſent ſe toucher mutuellement.
» Et c'eſt de cette façon que la ſuperficie
» interne de la matrice s'enfle, paroiſſant
» charnuë, molle, & douce au tact. Les
» caroncules ne deviennent pas plus gran-
» des, mais ſeulement plus douces & plus
» blanches, comme ſi elles avoient trem-
» pé dans l'eau chaude, & comme les
» tetons après que l'enfant a ſuccé le lait.
» Les tuberoſités dont nous avons parlé,
» étoient devenuës ſi douces & ſi délica-
» tes pour lors, qu'il n'y avoit rien au-
» delà. On peut lire dans l'Auteur le reſte
des obſervations exactes qu'il a faites ſur
les moindres circonſtances du changement interne de la matrice, qu'il exprime bien mieux que je ne pourrois faire.

Il continuë en diſant qu'ayant fait voir
au Roi (d'Angleterre Charles I.) ces changemens de la matrice, comme des marques d'une conception prochaine, (lui
ayant fait obſerver auparavant, qu'il n'y
en avoit encore aucune marque :) » Il s'é-
» leva, dit-il, une grande diſpute, car
» les Gardes du Parc diſoient tout haut,
» que je me trompois, & que je trompois

» le Roi ; d'autant plus que les Medecins
» prétendoient que sans la semence mas-
» culine, il ne pouvoit y avoir de géné-
» ration. Ainsi en avançant que la matrice
» vuide de sperme masculin peut produire
» un animal vivant, c'étoit une chose ri-
» dicule & impossible.

» C'est pourquoi afin d'éclaircir un fait
» de cette importance, & que la posteri-
» té ne put plus en douter, le tems de
» l'accouplement étant fini, le Roi or-
» donna de renfermer douze biches dans
» un lieu où les mâles ne pourroient plus
» entrer, afin de voir si celles-ci (la ma-
» nière de devenir pleine étant la même
» pour toutes) produiroient quelque
» chose. Afin même qu'il ne restât aucun
» doute, j'en ouvris quelqu'unes de ces
» douzes, dans lesquelles on ne trouva
» aucun vestige de semence, & telles que
» je l'ai rapporté ci-dessus. Quoique tou-
» tes les autres, qui étoient restées ainsi
» enfermées, ayent mis bas en leur tems
» (c'est-à-dire, neuf mois après) de pe-
» tits cerfs & dines.

» J'ai expérimenté aussi dans les chien-
» nes, lapins, & en plusieurs autres ani-
» maux la même chose, c'est-à-dire, que
» l'on ne voit point dans la matrice après
» l'accouplement, pendant quelques jours,

» aucune marque de la ſemence du mâle,
» ni rien qui reſſemble à la conception.

Par où ce grand homme conclut, que la génération ne ſe fait point par le mélange des deux ſemences, comme diſoient les Medecins; puiſqu'on ne trouve dans la matrice aucun veſtige de l'un ni de l'autre, ni des deux enſemble. Ni que la conception ne ſe fait point par le moyen du ſang menſtruel, ni immediatement après l'accouplement, comme eſt l'opinion d'Ariſtote. » Non plus, dit-il, qu'il n'eſt pas
» vrai que dans l'accouplement prolifique,
» il ſe trouve dans la matrice une matiére
» préparée, laquelle eſt coagulée par la
» vertu de la ſemence maſculine. Puiſqu'il
» eſt conſtant, que pendant pluſieurs
» jours, (plus ou moins,) ſuivant que
» l'animal porte plus ou moins de tems,
» on ne voit rien dans la matrice.

» Il paroît par là, ajoûte Harvée, que
» toutes les femmes ne jettent pas la ſe-
» mence dans la matrice, car les biches &
» les dines n'en donnent aucun indice,
» & même elles n'ont point de vaiſſeaux
» préparatoires à cette fin.

» Quant à ſçavoir ce que c'eſt que la li-
» queur que les femmes répandent dans
» l'action venerienne, j'en ai parlé, dit-
» il, ailleurs. Mais quant-à-moi, je croirois

rois facilement qu'elle vient par e frottement du vagin, & que lors qu'elles ont beaucoup de plaisir, quelques vaisseaux s'ouvrent qui font cet epanchement de volupté, sans entrer aucunement dans la matrice.

Voilà en substance les observations d'Harvée, lesquelles nous font voir deux choses. La premiere, qui mérite grande attention, sont les divers changemens de l'interieur de la matrice après l'accouplement. La seconde, en ce qu'après l'accouplement, il ne reste rien dans la matrice de la femelle qui ressemble au sperme du male, ni à celui de la femelle, & que par conséquent la conception ne se fait que plusieurs jours après, suivant que l'animal porte plus ou moins long-tems, & dans les biches & les dines ce tems va jusqu'à vingt, vingt-un, & quelquefois vingt-deux jours. Ce qui est un tems considérable, dans lequel la matrice est vuide de toute sorte de conception visible. C'est, à mon avis, ce qui a donné lieu au système de l'ovaire des femmes. Quant à la maniére dont Harvée a observé que la conception se fait, nous l'allons voir dans l'article suivant.

Comment, & en quel tems paroissent les premiers signes de la conception.

»Par une longue expérience de plu-

» sieurs autres conceptions, j'ai vû au
» mois de Novembre, * dit Harvée, dans
» les biches & dans les dines les premieres
» marques de conception, ce que je puis
» certifier comme une vérité fondée sur
» l'expérience de plusieurs années. En
» quoi cela consiste, je vais le dire. » (Je
prie le Lecteur de bien remarquer ce qui
suit.)

» Avant qu'on puisse appercevoir quel-
» que chose, la matrice aussi-bien que les
» trompes se rapétissent un peu plus que
» lorsque ces bêtes étoient en chaleur, &
» ces caroncules que j'ai dit qui étoient
» blanches deviennent fort flasques, &
» ces élevations dont j'ai parlé aussi-bien
» que l'enflure de la tunique s'affaissent
» considérablement, & deviennent ridées
» & moüillées.

» Environ ce tems, par le milieu de
» l'une & l'autre corne, comme aussi par
» le fond de la matrice, descendent &
» s'élevent certains filets gluants & sub-
» tils comme ceux des toiles d'araignées,
» lesquels venant de l'angle superieur de
» ces cornes, forment une membrane &
» une espece de poche oblongue, *vuide*.
» De la même maniére que le *Plexus co-*
» *roïdes* s'insinuë & pénetre dans tous les
» ventricules du cerveau; semblablement

* Exercit. de Gen. cap. 69.

» ce petit sac, formé d'une membrane
» deliée, parcourt par les deux cornes
» & par les rides de la matrice, tout com-
» me la pie mere, par ses tours & détours
» enveloppe tous les plis & replis du
» cerveau.

» *Un jour ou deux après*, (notez bien,)
» cette petite poche, ou bourse, se rem-
» plit d'une matiére aqueuse, un peu
» épaisse & blanchâtre, de manière que
» le tout ressemble assez à une andouille,
» ou boyau plein de cette liqueur, le-
» quel par l'humeur gluante extérieure
» se colle & s'attache un peu aux deux
» côtés de la matrice, d'où il n'est cepen-
» dant pas difficile de le séparer, pour-
» vû qu'on agisse avec un peu d'adresse.
» Cette conception, étant tirée dehors,
» ressemble assez à une poche, ou bourse,
» ou double saucisse, qui est environnée
» d'une certaine saleté purulente & gluan-
» te, & qui contient au-dedans une hu-
» meur claire, un peu épaisse, assez sem-
» blable au blanc d'œuf un peu liquide.

» Voici donc la premiere conception
» sensible des biches, & des dines. Et
» comme ceci a la nature & la condition
» de l'œuf, & que la définition qu'Aristo-
» te a donné de l'œuf lui convient, c'est-
» à-dire, dont une partie produit l'ani-

Cc ij

» mal & l'autre sert à sa nourriture, &
» d'autant que c'est le principe de l'ani-
» mal futur, c'est pour cela qu'on l'ap-
» pelle l'œuf de l'animal, suivant ce que
» dit le même Philosophe. (Quelle bas-
sesse pour un moderne de la trempe d'Harvée de suivre & d'aplaudir Aristote.)
» Ceux qui produisent l'animal dans leur
» ventre, dit Aristote, forment au com-
» mencement quelque chose qui ressem-
» ble à un œuf; car il y a une humeur qui
» est contenuë dans une membrane deliée,
» semblable à celle qui enveloppe l'œuf
» de la poulle duquel vous auriez séparé
» la coque, c'est pourquoi dans le com-
» mencement des fausses couches il y a
» une extravasion de cette humeur, qu'on
» appelle flux de la matrice. *Quæ intra se
pariunt animal post primum conceptum ovi
formæ quiddam efficitur. Humor enim in mem-
brana tenui continetur, perinde quasi ovi
testam detraxeris. Quamobrem depravati-
ones conceptuum quæ per id tempus accidunt
fluxum vocant.* » Cette conception ou cet
» œuf, continuë Harvée, est donc le vé-
» ritable sperme & la semence, comme je
» l'ai dit ci-dessus, qui contient la vertu
» de l'un & de l'autre sexe, & qui est ana-
» logue à la graine & à la semence des

» plantes : c'est pourquoi Aristote décri-
» vant la premiere conception des fem-
» mes, dit qu'elle est comme un œuf en-
» vironné de membrane, duquel on au-
» roit ôté le jaune, & tel que celui qu'Hi-
» pocrate rapporte, qui tomba d'une
» joüeuse de flutes en dansant, & tel que
» moi-même, (dit Harvée,) je l'ai vû
» plus d'une fois aux femmes, qui ont
» avorté au second mois qu'elles avoient
» conçû, de la grandeur d'un œuf de pi-
» geon & quelquefois gros comme l'œuf
» d'un phaisan, & même d'une poulle
» d'inde. Dans ce tems l'embrion, qui
» étoit de la grandeur de l'ongle du petit
» doigt, flottoit dedans la liqueur. Il est
» à remarquer, que la membrane qui con-
» tient l'animal produit, n'est pas encore
» attaché au *Placenta* qui lui est joint, &
» elle n'est pas encore attachée à la ma-
» trice, mais l'on voit seulement que
» sa partie supérieure est environnée d'u-
» ne espece de mousse, ou de laine, qui
» donne des indices du *Placente* qui va
» croître ; & que la superficie intérieure
» qui est lisse & moüillée, montre qu'el-
» le est pleine d'une grande quantité de
» principes de vaisseaux umbelicaux. Le
» troisiéme mois cet œuf est déja crû de
» la grandeur de celui d'un oye, & l'on

» voit l'embrion déja parfait & alors de la
» grandeur de deux travers de doigts.
» Le quatriéme mois l'œuf est plus grand
» que celui d'une autruche. Voilà ce que
» j'ai observé dans les dissections des avor-
» temens, que j'ai fait avec beaucoup de
» soin & d'attention.

» C'est de cette maniére que les dines,
» & les biches conçoivent, quoique pen-
» dant un mois & plus, après l'accouple-
» ment, on ne trouve rien dans la matrice
» qui puisse donner quelque indice de con-
» ception.

J'ai été un peu long à rapporter les observations d'un des plus grands anatomistes qui ayent été, auquel on doit beaucoup de belles découvertes, & entr'autres
celle qui a donné occasion au systême des
œufs, & des petits animaux qu'on croit
voir dans le sperme des hommes, ou des
bêtes.

Mais si nous suivons les observations
réelles & non point imaginaires de ce sçavant & ingenieux Anatomiste, on peut
voir que la chose se passe differemment,
car en premier lieu, il est vrai, comme il
le fait observer, que pendant plusieurs
jours on ne voit aucune marque que l'animal ait été conçu ; il est vrai aussi que la
conception se fait par une espece d'œuf,

comme Aristote & Hipocrate l'avoient déja observé, mais il est évident que cet œuf ne descend pas du prétendu ovaire par les trompes de la matrice. Harvée nous marque seulement qu'il ne vient des trompes que par des filets semblables à ceux d'un araignée, lesquels se joignant ensemble forment une membrane qui ressemble à une bourse *vuide*, & afin qu'on ne puisse pas prendre d'équivoque, cette bourse reste vuide *un jour ou deux*, après lesquels elle se remplit de cette humeur glaireuse, dont cet Auteur nous parle d'une maniére si circonstanciée, que quand il ne seroit pas un aussi grand homme qu'il l'étoit, on ne pourroit pas en douter. Et moins encore, si l'on considére qu'il avoit sa réputation à soutenir en la presence de son Roi, contre tous les Medecins & les Sçavans de son tems, qui s'écrioient contre une opinion si nouvelle, & qu'il falloit convaincre, en leur faisant voir par leurs propres yeux la verité qu'il avançoit. On convient aujourd'hui de cette verité, puisque c'est sur cette demonstration qu'on a fondé le systême des œufs, & des petits animaux que l'on croit voir dans le sperme masculin, & que je crois n'être autre chose que des petits filets ou des particules salines de ce sperme, qui nagent dans la liqueur chaude, laquelle se refroidissant & s'épaississant, ces filets ne pouvant pas se mouvoir en liberté, leur mouvement cesse alors, sans qu'ils perdent la vie qu'ils n'avoient pas.

Jusques-là nous ne sçaurions presque nous tromper, & si l'on fait reflexion qu'il n'y a point d'œuf formé qui descende par les trompes, mais seulement des filamens qui forment une petite bourse *vuide*, laquelle ne se remplit de liqueur qu'un jour ou deux après, formant ainsi une espece d'œuf sans jaune ; si l'on fait reflexion, dis-je, à tout cela, on connoîtra facilement que le prétendu systême des œufs dans l'ovaire, tombe plus facilement que les œufs n'en peuvent tomber dans la matrice par ses cornes.

Mais on me demandera peut-être comment la conception se fait, puisqu'elle ne se fait point par les œufs, ni par les petits animaux qui volent du sperme à l'ovaire, par des chemins impraticables.

J'hésite de dire mon opinion là-dessus, dans la crainte où je suis de passer pour un esprit contrariant, & d'autant plus encore que je ne puis pas la démontrer si facilement, comme je puis le faire sur la nouvelle opinion que j'ai proposée des plantes. Mais puisqu'on me la demande, je dirai ce que je pense, & que les gens de bonne foi & non prévenus trouveront peut-être au moins aussi probable, que celle des œufs, & des petits animaux. Sûrquoi j'oubliois de dire, que plusieurs personnes sensées ayant vû la difficulté qu'il y avoit que ces petits hommes pussent passer du vagin dans la matrice, delà par les trompes aller trouver le prétendu ovaire, & de ce qu'un ou deux de ces petits hommes seulement y alloient, les autres restans inutiles; ces personnes se sont contentées de dire que le seul esprit seminal & sa seule vapeur chaude, suffisoit pour féconder l'œuf, qu'ils vouloient bien accorder dans l'ovaire. Mais parce que cette idée ne convient pas aux expériences certaines d'Harvée, & que je nie les œufs, aussi-bien que les petits hommes qu'on suppose dans le sperme du mâle, j'ai imaginé un systême tout nouveau, qui convient non-seulement à ce que les anciens ont dit que la conception vient des deux semences; mais à ce qu'Harvée dit que cette liqueur qui remplit l'œuf de conception est véritablement un sperme, ou semence, qui contient la vertu de l'un & de l'autre sexe. *Et igitur conceptus ille verè sperma sive semen utriusque sexûs virtutem in se complectens.* Ce que je crois volontiers qui arrive par un artifice admirable de la nature, & voilà comme je l'ai imaginé.

Je suis porté à croire (quoique Harvée paroisse en quelque maniére opposé à mon sentiment, & même qu'il nie précisément ce fait, qu'il y ait dans la matrice une matiére seminale) que dans la matrice de la femme ou d'un autre animal, il faut qu'il y ait une matiére préparée, que nous pouvons appeler d'un certain sens *le sperme feminin*. Et je me fonde non-seulement en ce que la femme ne conçoit point toutes les fois de l'accouplement, mais en ce que cette liqueur spermatique est nécessaire afin que tout animal conçoive, & sans laquelle les femelles des bêtes, (*parce que ce sont des bêtes*, disoit Christine Reine de Suede,) ne souffrent point l'accouplement du mâle ; soit que c'est elle qui chatouille & échauffe la matrice & les parties voisines, ou par quelque autre cause que nous ne connoissons pas. Cette liqueur est même visible en quelques quadrupedes, particulierement dans les chiennes, les chattes, & autres semblables animaux domestiques ; & pour peu qu'on l'observe, on voit que l'orifice externe de la matrice est plus enflé qu'à l'ordinaire, & qu'il en sort une humeur sanguine & purulente. Elle est visible aussi dans les oiseaux, dont la matrice des femelles, au rapport d'Harvée même & de tous les Anatomistes qui l'ont observé, est si flasque & si adherente, qu'il faut être habile pour la discerner; mais lorsqu'au printems les femelles des oiseaux sont prêtes à s'accoupler, leur matrice est fort enflée, & pleine d'un certain suc spermatique propre à la génération. Ce qui est encore digne d'être observé, c'est que les vessicules seminaires aussi-bien que les testicules des mâles sont remplis de sperme beaucoup plus qu'à l'ordinaire, & cet Auteur rapporte * que dans les taupes & les rats le sperme masculin est beaucoup plus remarquable que dans les autres bêtes. *Tempore coitûs vasa uterina, presertim arterias pleniora, & copiosiora observavi. Testiculi qui dicuntur (fœminarum) neque ampliores nec repleti magis quam antea nec à pristina sua constitutione mutari apparent... Dictu mirùm quàm maribus in talparum & murium majorum genere coitûs tempore, tum in vessiculis seminariis plurimùm distentis, tumentiam in testiculis abundet genitura copia.* Etant probable que la seve nouvelle des herbes dont les animaux se nourrissent, échauffée par le retour du soleil, cause cette fermentation dans le sang & dans les humeurs, avec cette instigation au plaisir de Venus,

* Cap. 65.

par lequel les hommes & les bêtes sont excités à l'accouplement. Il est vrai que les biches & les dines ne s'accouplent que vers le commencement de Septembre, & les jours suivans. Mais dans ce tems-là, il y a encore une séve plus chaude, qu'on appelle la séve de Septembre, & plus convenable à échauffer ces femelles, qui sont les bêtes qui passent pour les plus chastes, ou moins lubriques, comme notre Auteur le remarque *.

Cela étant incontestable qu'il y ait une humeur dans la matrice, (du moins des bêtes & probablement des femmes,) lorsque le sperme masculin tombe dans la matrice, qui se presente alors avec avidité pour le recevoir, (car la matrice est, *animal in animali*, comme il convient à une partie qui doit former & donner l'ame végetable & sensitive à l'animal,) la matrice, dis-je, s'imbibe de cette humeur masculine, & la mêlant avec celle qui est au-dedans de ses fibres, il ne paroît rien au-dehors, ni dans la matrice. Et notez que le sperme de l'homme, & moins encore celui de la femme, ne sont pas propres dans l'état qu'ils sont à former l'animal, & encore moins l'homme. De maniére qu'il faut que l'un & l'autre circulent un tems ensemble dans les fi-

* Cap. 66.

bres les plus subtiles de la matrice, afin de former une quintessence pure & propre former un animal, & à particulierement l'homme, dont les actions sont si admirables. Pour montrer comme cette quintessence seminale se forme, qu'il me soit permis de faire observer : que l'animal prenant sa nourriture change son suc en chile, qui par la coction & la filtration se change en lait; ce lait se cuit encore dans le cœur & se change en sang; des parties les plus subtiles de ce sang, bien cuit & bien filtré, se produit l'esprit animal; de ce sang & de ces esprits animaux filtrés dans les testicules, se forme le sperme. Mais ce sperme n'est pas encore semence, il faut qu'il soit filtré & purifié encore dans les fibres capillaires & innombrables dont la matrice est composée. C'est dans ce vaisseau, où les deux spermes masculin & feminin mêlés ensemble circulent, se cuisent, & se filtrent; & comme les cornes de la matrice sont apparamment formées des fibres les plus subtiles, c'est par elles aussi, de même que par la corne d'un alambic, que se distile auparavant cette membrane, ou toile subtile, qui forme la peau de l'œuf qui doit contenir la semence pure, dont se forme ensuite l'homme ou l'animal.

Cette operation de la nature est sans doute merveilleuse, mais non pas plus que celle qui par diverses coctions, & circulations convertit le pain, le vin, les viandes en sang, & enfin en sperme; comme nous l'avons observé des plantes, qui changent le suc de la terre en leur essence, & ensuite, après plusieurs cuissons & filtrations, par les tuyaux les plus fins forment la graine, qui contient le petit arbrisseau, dont les fibres sont pleines de l'essence seminale de l'arbre. Et c'est pour cela apparemment qu'Harvée dit, que la semence dont se remplit la membrane qui forme l'œuf, où se doit produire l'animal, est analogue à la semence des plantes, c'est-à-dire, que la liqueur de cet œuf est aussi éloignée & changée de la premiere nature, aussi cuite, & aussi filtrée que l'essence seminale qui est dans l'œuf des plantes. (*Ovum animale*) *plantarum semini analogum.* Voilà donc une partie de mon opinion, qui consiste en deux mots à croire: *que la génération de l'homme & de l'animal se fait par l'union des deux spermes masculin & feminin,* comme Hipocrate & les anciens l'ont dit, *cuits & depurés, par la circulation & filtration, dans les fibres de la matrice,* laquelle seule (à l'honneur des Dames & des femelles) forme la vraye semence pure dont se produit l'homme & l'animal. N'oubliez pas que par le sperme feminin, j'entends une matière qui fait enfler la matrice, & non pas la liqueur que la femme répand dans le plaisir.

Il nous reste à present de voir si l'homme ou l'animal sont absolument déja formés dans leur œuf, ou bien s'ils se forment peu-à-peu & successivement comme je le prétend ; & quoique nous verrons encore cela plus facilement dans la génération du poulet, néanmoins il ne sera que fort à propos de profiter de ce que le sçavant Anatomiste Harvée a pû observer.

De la production de l'animal.

Ce grand homme nous fait remarquer qu'il y a dans l'œuf dont nous parlons deux humeurs. L'une d'une pureté & d'une transparence plus que cristalline, dans laquelle nage l'animal déja formé. Cette liqueur pure est séparée d'une autre, tant soit peu moins claire, par une pellicule très-subtile, appellée *Amnios* en Grec, qui est le nom qu'on donne encore actuellement à cette pellicule. L'autre liqueur tant soit peu moins claire est contenuë dans un autre peau plus épaisse, qu'on appelle *Corion*, parce qu'elle est semblable à un cuir très-fin, & cette peau enferme les deux liqueurs & tout l'œuf. La premiere chose que l'on voit dans le centre de la liqueur la plus pure, est un point rouge qui bat déja, avec quelques veines sanguines. Ce point palpitant, qui est le cœur, est, dit-il, la premiere partie de la génération, laquelle étant ainsi formée, on peut dire sans hésiter, que non-seulement elle est douée d'ame végétative, mais aussi d'ame active, par laquelle toutes les autres parties du fœtus sont engendrées *successivement*, & suivant un certain ordre, comme Harvée l'a montré, & que nous le montrerons clairement dans la génération du poulet, sur les observations de ce grand homme, confirmées par Malpigius dans son excellent traité qu'il a dedié à l'Académie de Londres, & comme je l'ai observé moi-même en plusieurs œufs de poulle & d'autres animaux.

Les deux humeurs dont nous venons de parler se trouvent dans tous les œufs des animaux, qui sortent vifs du ventre de la mere. Et quoique quelques-uns ayent pensé que ces humeurs fussent, ou l'urine, ou la sueur du fœtus, cela n'est point vrai, & on peut le prouver; car si on coupe le corion, afin que l'eau un peu trouble

qu'il contient puisse se repandre, on voit fluer par les cornes de la matrice une semblable liqueur, propre à reparer celle qui se consume. Il est vrai qu'il n'arrive pas la même chose de la liqueur cristalline qui est contenuë dans l'amnios. » J'ai fait voir à
» mon Roi, (dit Harvée,) ce point rou-
» ge & palpitant sortant immediatement
» du fœtus, lequel point étoit encore si pe-
» tit, que sans le secours des rayons du
» soleil, on ne pouvoit pas distinguer son
» mouvement. Mais je l'ai fait voir encore
» mieux aux assistans, en mettant toute la
» liqueur contenuë dans l'amnios, dans
» un vase avec de l'eau claire un peu tiede.
» J'ai remarqué que dans les jours suivans
» y étoit attaché une humeur mucilagi-
» neuse, comme un vermisseau, semblable
» à ce qu'on appelle *nimphe dorée*, ce qui
» n'étoit autre chose que les premieres
» traces du corps futur, & cette matiére
» étoit separée en deux; une des parties
» devoit former, & formoit en effet le
» tronc ou le buste; l'autre partie for-
» moit le col & la tête, de la même ma-
» niére que je l'ai fait observer en parlant
» de l'œuf de la poulle (duquel je parle-
» rai bien-tôt). L'épine du dos, comme
» la quille d'un vaisseau, étoit un peu re-
» courbée. La tête étoit formée par trois

» vesficules, dans lesquelles on voit une
» humeur fort cristalline comme dans le
» poulet, qui croissent tous les jours
» jusqu'à ce qu'elles ayent acquis la fi-
» gure, l'une du cerveau, les deux autres
» des yeux. Il y a cette difference, que
» dans les animaux qui sortent vivans de
» la matrice, les vesficules qui doivent
» former les yeux, sont beaucoup plus
» grandes & plus visibles que celles de
» l'homme. Peu de jours après les mem-
» bres du corps sont tous formés, de ma-
» niére qu'on peut les distinguer, & mê-
» me on peut en connoître le sexe, qui
» est très-visible dans l'embrion humain,
» où on distingue même l'âpre artere.

» J'ai remarqué que le mâle ou la fe-
» melle (des biches) n'avoient point de
» lieu déterminé pour être produits, &
» que tantôt l'un étoit dans la trompe
» droite, tantôt dans la gauche indiff.-
» remment.

» On s'étonnera peut-être qu'en si peu
» de tems, après que le cœur est formé,
» tout l'animal soit parfait dans l'amnios,
» car cela se fait en six ou sept jours. Et
» qu'on puisse en discerner le sexe, &
» voir que les pieds sont formés, que
» les ongles sont fendus (des animaux
» comme des biches,) quoique tout le

» corps ne soit qu'une espece de morue
» un peu jaune.

» Mais aussi-tôt que le fœtus commen-
» ce à se former & à croître, la substance
» de la matrice [des biches] commence à
» maigrir, ce qui est tout le contraire de
» ce qui arrive aux femmes, dont la ma-
» trice s'épaissit & s'augmente peu-à-peu,
» quand celle des biches tous les jours s'af-
» foiblit & diminuë autant que l'embrion
» croît : quoiqu'il soit vrai que la corne
» dans laquelle est l'animal, s'étende &
» paroisse comme un sac beaucoup plus
» grand que l'autre, &c.

Harvée doute si c'est le cœur ou le sang
qui sont les premiers produits dans la formation du fœtus. Mais Malpigius prétend
que c'est le sang, ou quelque chose d'approchant au sang. Ce qu'il a peut-être
mieux connu par le secours des microscopes, qui n'étoient pas encore fabriqués
& en usage du tems d'Harvée.

On peut voir le reste chez l'Auteur.
Mais comme l'animal est entiérement formé dans le six ou septiéme jour, je crois
qu'il nous faut arrêter un peu, pour voir
si nous pouvons dire de quelle maniére
l'animal se produit dans cette liqueur épaisse renfermée dans l'amnios, & que nous
avons dit être un sperme perfectionné &

réduit en véritable semence.

Car il faut avoüer, que c'est l'ouvrage le plus étonnant de la nature, que de produire un homme, ou une bête, d'un peu de liqueur épaisse.

Je dirois donc [si quelque chose se peut dire sur ce sujet] avec Harvée, que c'est l'ouvrage de Dieu. Cependant comme Dieu opere par des causes secondes, pour donner quelque idée superficielle d'un tel ouvrage aux curieux, je dirai que si l'on considére cette matiére feminale, claire & épaisse, *qui est la vraye semence du mâle & de la femelle* jointes ensemble, (j'ai expliqué ce que j'entends par le sperme feminin), qui contient en elle ce feu céleste étheré, entretenu & nourri aussi par la chaleur naturelle de la matrice, on verra que cette semence n'aura point de peine à boüillonner, & à former dans son centre cette petite bube ou vessicule, qu'on appelle cœur ; & comme ce cœur est plein de feu, qui cherche à se dilater & à s'échapper, il parcourt & se glisse, & en se glissant il forme une autre vessicule supérieure, qui est ensuite le cerveau, lequel, pendant qu'il se produit, n'est autre chose qu'une bube, ou vessicule, pleine de cette même eau renfermée dans l'amnios. Mais ce feu interne du cœur ne s'arrête point, il forme à travers la même eau claire differens canaux, dont les plus grands se divisent en d'autres plus petits qui sont les artéres & les veines, lesquelles s'étendent encore à travers de l'amnios dans la liqueur qui est moins pure. Et comme la chaleur contenuë dans les artéres n'est pas assez forte pour percer le corion, la liqueur est contrainte de rebrousser chemin par d'autres canaux qu'elle se forme, qui sont dans la suite ce qu'on appelle veines. Voilà tout ce que je puis dire de la formation des deux parties principales, dont les autres ne sont que des ramifications. Car l'autre vessicule qui forme le cerveau est de même maniére la source des nerfs, comme le cœur est la source des artéres, dont les branches forment les poulmons & le foye. Quant aux os qui soutiennent toute la machine du corps de l'animal, on peut dire que la chaleur boüillonante dans la semence, chasse au loin, & assemble les parties les plus grossiéres pour en former les os qui renferment le cerveau, aussi-bien que l'épine du dos qui enferme le cervelet, & tout cela ensemble forme la carcasse de l'animal, dont les os ne sont au commencement que des peaux subtiles qui dans la suite se durcissent,

Mais enfin quelqu'effort d'imagination que l'on fasse, il faut avoüer que la formation du corps de l'homme, ou de l'animal est une chose si admirable, qu'il n'y a point de mechanique qui puisse demontrer l'arrangement ou la formation de ses parties, & de la ressemblance que sa figure conserve avec celle de ses peres. C'est pourquoi les Modernes n'ont pas trop mal-fait de dire, pour se tirer d'embarras, que l'animal est dans le sperme, quoiqu'on puisse demander aussi comment cet animal s'y est formé, & dans quels moules il a pris sa figure & sa construction. On a dit à la verité que toutes les parties du corps fournissant la matiére de la semence, chaque partie de la semence formoit le membre d'où elle provenoit : mais comme cela est dit *gratis*, les Philosophes modernes ont mieux aimé dire pour se tirer d'intrigue, & pour ne pas admettre un principe actif, formateur, & connoissant, que l'animal étoit tout fait du tems d'Adam, lequel portoit dans la semence renfermée dans ses testicules, tous les hommes qui devoient naître, lesquels étoient enchassés les uns dans les autres, & infiniment petits. Mais cette imagination me paroît si ridicule, que je n'ai pas crû devoir faire d'autre effort pour la refuter, que de l'exposer simplement.

L'on dira sans doute que mon opinion est encore plus ridicule, en voulant que la semence par son boüillonnement forme des bubes & des vessicules, qui sont le commencement de l'animal. Je conviens, que ceux qui n'admettent pas une substance invisible qui se meut, & qui connoît qu'elle se meut, auront une raison apparente dans leur cerveau de se moquer autant de moi, que je puis me moquer d'eux; mais la verité est, qu'à moins qu'on n'admette dans le monde une substance agente & formatrice, on ne pourra rien établir de fixe dans la nature, & c'est ce qui a déterminé Platon & Aristote, d'admettre ce principe formateur, qu'ils ont appellé *forme*. D'ailleurs cette immutabilité des choses & la conservation des espéces, en est, à mon avis, une preuve évidente. De maniére qu'après que les méchaniciens auront dit tout ce qu'ils voudront, à moins d'admettre les petits hommes éternels & les œufs des femelles, il faudra convenir, avec Harvée, que la génération des animaux se fait, *numine*, par la vertu & par l'action de Dieu, & qu'elle surpasse notre intelligence; n'étant pas possible d'expliquer comment il se peut faire que d'un excrément si vil, tel qu'est le sperme, puisse se produire un homme, dont les actions [au moins de quelques-uns] sont admirables. Mais comme ces verités mortifient trop notre vanité, & montrent notre ignorance, je passerai à autre chose; & pour montrer que l'animal se forme peu-à-peu & successivement, je donnerai bien-tôt la description de la maniére dont le poulet se forme dans l'œuf, ce qui donnera une entiere lumiére à tout ce que je viens de dire de la formation des quadrupedes. D'autant que l'on a pû faire des observations sur l'œuf que la poule couve, plus facilement qu'on n'a sçu faire en dissequant un grand nombre d'animaux vivans.

Ceux qui veulent que la génération se fasse par les œufs, rapportent quelques exemples d'enfans qui ont été engendrés hors la matrice, disant que l'œuf fecondé en tombant d'une certaine maniére n'avoit pas été reçu par la trompe, & qu'il étoit tombé entre la matrice & la cuisse. Ce qui surprend & met en même tems dans l'erreur ceux qui n'en sçavent pas davantage, & qui ne connoissent pas les voyes dont la nature se sert pour produire certains Phénomenes. Par exemple, Misaldus, habile Médecin, raconte après Jean Langius autre Médecin : qu'une femme

me d'Heberbac en Allemagne étant grosse, & ayant porté son enfant vivant pendant quelques mois, enfin il mourut & périt dans la matrice. Comme la miserable fut tourmentée dix ans après d'un flux de matrice, elle rendit les os des jambes & du crane de l'enfant, noirs & pourris, ce qui n'arriva pas par les ouvertures de la matrice, comme il auroit dû arriver, mais par l'anus. (Chose incroyable, mais tres-vraye dit Langius,) Ce qui pourtant n'est pas nouveau, suivant ce qu'enseigne Oribasius Medecin de l'Empereur Julien. Voici ce qu'il dit : " il faut sçavoir que " les abcès de la matrice se purgent & ne " sortent pas toûjours par le canal & " l'ouverture ordinaire, mais aussi quel- " quefois par la vessie, & quelquefois " par l'intestin *rectum*. Comme il arriva à la femme dont nous venons de parler : de sçavoir comment cela se fait, n'y ayant point de communication sensible entre la matrice, la vessie & les boyaux, on ne le sçait pas non plus que plusieurs autres choses. Telle est, par exemple, ce qui arriva de mon tems à un jeune écolier des Jesuites, qui avala en se joüant un épi d'avoine. Quelque tems après, il lui vint un abcés dans le côté, d'où sortit l'épi qu'il avoit avallé, sans sçavoir comment il avoit pû trouver une issuë des boyaux dans cette partie, cependant rien n'est plus vrai. D'où je conclus que pour certains cas rares, il ne faut pas toûjours fonder des systêmes, & qu'on sçait d'ailleurs qu'ils sont contre l'ordre de la nature, car elle fait quelquefois des choses qui sont au-delà de notre connoissance. Avant de passer outre, il faut que je rapporte ici quelques productions extraordinaires. Comme, par exemple, d'une femme, dont le Journal des Sçavans du mois de Septembre 1722 nous a parlé, de qui on tira du ventre après sa mort, un enfant qu'elle avoit porté quarante six ans. Elle disoit toûjours pendant ce tems qu'elle étoit grosse, & qu'un enfant remuoit dans son ventre. Ce qu'il y a de plus remarquable, c'est que dans cet espace de tems jusqu'à sa mort, elle avoit accouché de deux autres enfans.

Peu de tems après mon arrivée en France, on tira du ventre d'une femme morte à Toulouse, un enfant petrifié qu'elle avoit porté plus de trente ans, disant toûjours qu'elle se sentoit grosse, mais cet enfant étoit en quelque sorte petrifié dans son ventre. Néanmoins ce qu'il y a de particulier, c'est qu'il

*En 1667. ou 68.

avoit les lévres vermeilles, comme s'il eût été vivant. Peut-être qu'il n'étoit pas desséché & durci. J'ai vû depuis quelque chose de semblable, qui arriva à une autre femme; mais elle ne porta l'enfant petrifié, ou desséché qu'environ trois ans.

Plus extraordinaire me paroît encore (& je demande pardon de rapporter cette avanture très-rare) ce qui arriva à une femme, à qui les Chirurgiens tirerent un enfant en plusieurs morceaux par l'anus, où elle sentoit de grandes douleurs.

Je ne sçai pas si je dois dire ce que Licetus rapporte *, qu'il y a des femmes monstrueuses qui ont double matrice, & même des hommes qui sont hermaphrodites en dedans, il raconte à ce sujet l'histoire d'un jeune homme à qui on fit la même operation, de tirer un enfant par l'anus.

J'ai vû une Dame à Rome, de l'Illustre maison *del Bufalo*, qui s'étant faite Religieuse dans un Couvent où l'on ne reçoit que des filles de Condition, en joüant & en courant avec une de ses camarades, elle voulut faire un effort pour sauter un fossé qui étoit dans le jardin afin

* Liceti de monstris.

de la joindre ; dans ce moment il se dechira une peau par devant, & il parut ce qui fait les mâles ; je veux dire qu'il y a des hermaphrodites au dedans, qui ne paroissent pas sans faire quelqu'effort.

Tout le monde a vû comme moi à la foire de Saint Laurent, à Paris, un homme qui avoit dans le nombril une espece de tête humaine mal figurée, avec une bouche, dans laquelle il y avoit une dent assez large ; il m'a dit lui même que par cette bouche ou ouverture du nombril, il transpiroit fort, ce qui lui donnoit grand appetit, & il mangeoit beaucoup. Licetus, que j'ai cité ci-dessus, rapporte la figure d'un homme qui avoit aussi dans le ventre une semblable tête, & ceux qui sont curieux de voir en combien de maniéres la nature fait des monstres humains, peuvent lire ce même Auteur.

Il rapporte aussi ce que j'ai vû à la foire de Saint Germain à Paris d'une femme née sans bras, qui avec les pieds filoit, cousoit, & faisoit tous les ouvrages les plus difficiles que les autres femmes font avec les mains.

Une femme grosse ayant eu envie d'un roignon de veau qu'elle acheta, s'étant touchée à la tête, elle accoucha à neuf mois d'un garçon bien nourri, mais il avoit au lieu de cerveau un roignon de veau, & il étoit en un mot sans cerveau ni cervelet. Il paroissoit stupide, la moëlle de l'épine ne commençoit qu'à la troisiéme vertebre. Il vécut six heures.

Mr. Mery a vû un fœtus mâle venu à terme, qui n'avoit point de cerveau, ni moëlle de l'épine du dos. Il a vécu vingt-une heures, & a pris quelque nourriture. La pie & dure mere faisoient canal dans les vertebres.

J'ajoûterai encore ici que l'on sçait que ceux qu'on appelle mulâtres, viennent de peres de deux couleurs. Le pere du Tertre dit * que l'enfant qui naît est toûjours blanc, comme les vrais blancs. Mais quand on veut s'assûrer de quelle couleur il doit être, il n'y a qu'à le faire découvrir, car s'il est formé d'un Negre & d'une Negresse, l'enfant a les parties naturelles toutes noires. Mais si l'on ne veut pas recourir à cette preuve, il n'y a qu'à regarder ses ongles dans les endroits où ils sortent & où ils tiennent à la chair, car si cet endroit est noir, c'est une marque infaillible, [dit le Pere,] que l'enfant sera noir. Mais si cette place est blanche, ou presque blanche, on peut dire avec certitude

* Voyage aux Isles Françoises, page 126.

que l'enfant sera mulâtre.

Qu'après cela, (ajoûte ce Pere,) les Medecins, ou Philosophes modernes disent tant qu'ils voudront, que les deux sexes ne concourent pas également à la production de l'enfant, & que les femmes font comme des poulles qui ont des œufs dans le corps, & que l'homme comme le coq ne fait autre chose que de les faire détacher & de perfectionner le germe. Car si cela étoit, (dit-il), une Negresse feroit toûjours des enfans de sa couleur. Ou bien si l'enfant est dans la semence du pere (comme ils le disent) il feroit toûjours noir ou blanc comme le pere.

Mais à dire vrai, cette preuve ne suffit pas contre les Cartésiens, qui la plûpart n'ont pas moins d'esprit que d'obstination, car ils peuvent répondre : que la mere en fournissant la matiére pour l'accroissement de l'enfant, alterera toûjours la couleur primitive, mêlant ou du noir ou du blanc telle qu'elle est. Cependant comme il me semble que notre sistême est plus conforme aux expériences d'Harvée, je crois qu'on peut le soutenir, & que ce que je viens de dire des Mulâtres n'est pas une preuve à méprifer.

Crainte de n'avoir pas assés bien expliqué ma pensée, je repeterai encore, avant de finir ce Chapitre, mon opinion sur la génération dont j'ai parlé, en disant : Que pour faire concevoir la femelle, il faut qu'il y ait dans la matrice une matiere préparée, laquelle est proprement ce qu'Hipocrate & Aristote ont appellé *Sperme feminin* ; ce qui est d'autant plus probable, que sans cela la femme ne conçoit point, & les femelles des Animaux ne souffrent point l'approche du mâle ; & que lorsqu'elles le souffrent on voit que leur matrice est pleine de cette liqueur spermatique, qui excite l'animal à gouter l'action de Venus.

Cette liqueur de la femelle abondante en humidité, a besoin de la liqueur ou sperme masculin qui la rechauffe, & se mêlant ensemble dans les fibres de la matrice, elles fermentent, & par ce moyen elles circulent dans les fibres les plus subtiles de la matrice, où les deux spermes se digerent & se subtilisent encore, jusqu'à former cette liqueur claire comme un diamant, qui est la quintessence seminale de l'un & de l'autre sexe, comme dit Harvée, *Utriusque sexus virtutem in se complectens*. Les cornes ou trompes de la matrice sont la derniere perfection de cet Ouvrage, car c'est d'elles que se diſtille en premier lieu la liqueur la plus eſſentielle & la plus criſtalline, qui eſt renfermée dans cette eſpéce de bourſe, que les mêmes cornes ont diſtillé en forme d'une toile d'araignée. Ce ſont les mêmes cornes ou trompes qui diſtillent auſſi l'autre liqueur moins pure, que l'Amnios ſépare de la Criſtalline, dans le centre de laquelle ſe forme par la fermentation le cœur, que l'on appelle *Punctum ſaliens*, lequel dans la veſſicule qui le forme contient la liqueur la plus étérée & céleſte, qui boüillonnant & voulant s'étendre forme la ſeconde veſſicule pleine d'une eau ſemblable, laquelle avec le tems s'épaiſſit & forme le cerveau.

Le cœur boüillonnant & voulant s'étendre toujours, en perçant la foible réſiſtance de l'Amnios, il forme les arteres, qui portent le ſang qui vient du cœur. Mais la force de ce ſang, ne pouvant pas paſſer à travers le corion, il eſt contraint de rebrouſſer chemin vers le cœur, où le ſang eſt rapporté.

Le cerveau en fait à peu près de même; car la liqueur qu'il contient voulant ſe dilater, forme des conduits par où elle s'écoule & fait les nerfs, leſquels s'étendent par tout le corps. Les parties les plus

groſſieres,

groſſieres, ou pour mieux dire les moins ſubtiles, ſont chaſſées par ces liqueurs & forment la carcaſſe, laquelle ne conſiſte au commencement que dans des filets tendres & pliants, qui peu à peu prennent une conſiſtance dure. Quoique les Méchaniciens en puiſſent dire, il faut avoüer qu'il y a dans ces liqueurs un eſprit céleſte & divin, qui agit & donne la forme à l'homme ou à l'animal, & c'eſt cet eſprit céleſte qu'Ariſtote appelle *Forme*. Voilà tout ce que j'en puis dire pour le preſent. Peut-être qu'en parlant de la formation du poulet, cela me fournira de quoi parler de quelqu'autre choſe. Mais quoiqu'on puiſſe dire, il faut concevoir que s'il ſe forme un animal de cette liqueur, c'eſt l'ouvrage de Dieu, dont les opérations étant cachées à nos ſens, nous ne pouvons pas décrire ce qu'il fait, mais ſeulement l'admirer.

Pour une plus grande intelligence, j'ajouterai ici l'opinion des Anciens. Voici ce que j'en ai copié mot pour mot dans un livre qui l'exprime fort bien : » Sçachez que l'enfant eſt engendré de mâle » & de femelle, & ſi les deux ſpermes » ne ſont conjoints enſemble, on ne fait » rien. Quand le ſperme de la femme » vient à la porte de la matrice, & ren-

» contre le sperme de l'homme, ils se
» conjoignent ensemble. L'un est chaud
» & sec, l'autre est froid & moite, &
» incontinent qu'ils sont entrés ils sont
» mêlés, & la nature qui gouverne par
» la volonté de Dieu serre la porte de la
» matrice, & entrent dans une peau qui
» est en icelle, & se clôt la cellule de la-
» dite peau où sont ces spermes ; de ma-
» nière que la femme n'a point ses fleurs,
» & ne sort rien au dehors. Donc se tient
» la chaleur naturelle tout au tour de la
» matrice suavement, digerant les deux
» spermes ensemble. Et le *sperme de l'hom-*
» *me ne fait* que *convertir & meurir* ce-
» lui de la *femme*, &c. Quoique ce ne
soit pas précisément mon opinion parole
pour parole, néanmoins on peut voir
qu'elle étoit celle de nos prédécesseurs,
que je crois devoir suivre, comme approchant de plus près les expériences du
grand Harvée.

Au reste si l'on en ôte la pensée qu'ils
avoient, que le sperme feminin fût (comme on le croyoit) cette liqueur que la
femme répand dans le plaisir, le reste est
assez convenable à mon intention. Il faut
remarquer encore comme une chose importante, que cette liqueur est si peu nécessaire à la génération, qu'Harvée n'a pas

trouvé dans les bêtes aucun vaisseau pour la contenir, & moins encore pour la former, n'y ayant que celle qui fait enfler les vaisseaux de la matrice qui doive se considerer comme sperme feminin, que le sperme masculin cuit & digére doucement, & le réduit à la perfection réquise, le faisant par sa chaleur motrice circuler & cribler dans les vaisseaux convenables.

Je vais parler dans le Chapitre suivant de la génération des volatiles, considerée principalement dans la formation du Poulet dans l'œuf.

CHAPITRE II.

De la génération des Volatiles.

LA génération des volatiles, suivant l'opinion de la plûpart des Sçavans du tems, se fait comme celle des autres animaux. L'oiseau de quelque nature qu'il puisse être, disent-ils, est dans le sperme du mâle bien formé, comme on l'a dit des hommes, & on ne peut pas disconvenir qu'il ne se produise dans l'œuf que la nature forme dans l'ovaire de la poule ou d'autres volatiles, & cette ressemblance est un grand préjugé à leur avis, de ce que la femme & les quadrupédes se ressemblent, & qu'ils ont tous également un ovaire; comme si la nature n'operoit que par un seul & unique moyen. Mais ce qui nous importe c'est de sçavoir de qu'elle maniere le poulet, ou autre volatile se forme dans l'ovaire.

Nous devons au même Harvée cette connoissance, car avant lui la plus grande partie des Sçavans croïoient que les nœuds qui tiennent le blanc & le jaune liés ensemble, étoient non-seulement le vrai lieu de la génération du poulet, mais que c'étoit le véritable sperme du coq, & même les femmes d'Italie appelloient ces nœuds *le ingallature*, c'est-à-dire, la semence du coq qui avoit couvert la femelle. Enfin, Harvée a découvert ce qui avoit échapé à tant de Philosophes, montrant que dans le jaune il y a une tache blanche, qui n'est pas plus grande qu'une petite lentille, dans laquelle seule & non ailleurs, le poulet se forme. Qu'au surplus cette petite tache blanche renferme en petit, ce que contient l'œuf d'un quadrupéde, avec cette circonstance que le reste de l'œuf, (c'est-à-dire, le blanc & le jaune,) ne sert que de nourriture à l'animal qui se forme dans cette vessicule, lequel ne peut pas tirer de nourriture de sa mere, comme font les hommes & les quadrupédes, qui avant que de naître se nourrissent du sang maternel, jusqu'à ce qu'ils aïent acquis la grandeur convenable pour sortir du ventre de leur mere. La nature aïant par un autre moïen pourvû de nourriture les animaux qui se produisent hors du ventre maternel, comme sont les volatiles.

Mais avant que de passer outre, il y a plusieurs choses très-importantes qu'il faut considerer. Premierement la situation de l'ovaire des poules & des autres oiseaux, qui est situé précisément où les mâles ont leurs testicules, au-dessus du foye. En second lieu c'est qu'il ne se forme dans cet ovaire que le seul jaune de l'œuf, qui tombe lorsqu'il est mûr, par les trompes dans la matrice, où en se roulant il s'enveloppe de cette matiere qui forme la glaire, & parce qu'il roule, comme je dis, dans la matrice, c'est par ce mouvement que sont formés les deux nœuds, par lesquels il semble que le jaune soit attaché & noué au blanc. Cette observation entr'autres, a donné lieu aux Ovaristes de croire que les femmes avoient un ovaire comme les poules, & que l'œuf tomboit par les cornes dans la matrice.

La troisiéme chose importante qu'il faut observer avec attention, c'est que tous les jaunes d'œufs qui sont dans l'ovaire de la poule ont cette petite cicatrice, que j'appelle *vessicule seminale*, où le poulet se forme; & que les œufs fecondés ne sont pas differens de ceux qui ne le sont pas, car tous ont cette même vessicule. Mais ce qui est digne de remarque, c'est que quoique tous les œufs aïent cette vessicule seminale où le poulet se forme, cependant l'œuf est sterile & infecond, à moins que le coq n'ait comprimé la poule. Ce qui me paroît encore plus remarquable, c'est qu'un coq fort & vigoureux, en couvrant une seule fois la poule, peut feconder non-seulement tous les œufs qui sont dans l'ovaire, mais ceux-mêmes qui se forment dans la suite. Experience que Fabricius & Harvée ont faite, & qui se peut faire facilement, en faisant couvrir une jeune poule par le coq, & l'enfermant après dans quelque endroit où elle ne puisse point avoir de communication avec le mâle; car si l'on met couver les œufs qu'elle fera pendant le Printems suivant, (qui est le tems où les poules pondent le plus,) on trouvera que tous, ou du moins la plus grande partie, produiront des poulets.

Mais ce qui me paroît encore digne de notre observation, c'est que le coq n'a point de membre masculin comme les quadrupédes, pour pénétrer avant dans la matrice, & y porter la semence à l'ovaire; car les plus habiles Anatomistes, entr'autres Harvée*qui l'a cherché avec soin, n'a pu découvrir autre chose qu'une certaine peau flasque dans son derriere, qui s'enfle dans l'action, comme il arrive à la plûpart des autres bêtes (même volatiles,) quoiqu'il soit vrai que parmi ceux-ci il y a plusieurs oiseaux & particulierement les oyes qui ont un membre comme les Quadrupédes, & même fort long : mais ce qui rend la difficulté plus grande, c'est que le canal de la matrice de la poule est si étroit, & si rétressi par des plis & replis & par des tuberosités, que l'entrée est presque totalement fermée au passage de la liqueur seminale du coq. Au surplus, l'ovaire de la poule est fort éloigné de l'entrée où le coq répand son sperme prolifique, de maniere qu'il n'y a pas d'apparence que cette liqueur puisse parvenir jusqu'à l'ovaire.

Quant à la premiere observation que l'ovaire des poules soit placé où les mâles

---

*Harvée exercit. 15. circa finem.

ont leurs testicules, cela donne lieu de croire que l'ovaire fait la fonction des testicules, en filtrant la liqueur qui forme le jaune de l'œuf, & particulierement la vessicule seminale qui se trouve immanquablement dans tous les jaunes. Nous avons observé ensuite que cette vessicule ne contient que le sperme de la poule, lequel n'est pas capable de rien produire étant trop aqueux & humide ; c'est pourquoi il faut qu'il soit mêlé avec celui du mâle, pour devenir polifique. Mais la difficulté consiste à sçavoir comment le sperme masculin peut parvenir à l'ovaire, & de plus, ce qui est encore plus difficile, comment il est possible qu'une seule action du coq puisse rendre feconds plusieurs œufs. Quant à moi je dirois que le sperme du coq tombant dans l'orifice de la matrice, que la poule pousse visiblement vers le coq pendant qu'il la couvre, elle s'imbibe de la semence masculine, qui est remplie de ce feu éteré, que nous regardons comme l'agent de toute génération, & cette partie (la matrice) aïant quelque communication avec l'ovaire, elle transmet dans la vessicule seminale sa vertu chaloureuse : ou bien que le sang de la poule rechauffé par ce feu céleste, influe dans la vessicule seminale, qui se forme du plus pur sang de la poule, lequel circule & passe dans cette vessicule, & cuit & anime la liqueur qu'elle contient; étant certain que quoique la plus grande partie du jaune soit formé, cette vessicule ne laisse pas de recevoir tous les jours les humeurs & les esprits animaux qui la nourrissent & l'entretiennent. Il est donc à croire (à mon avis) que quoique la vessicule seminale soit déja formée, elle ne laisse pas de recevoir tous les jours de nouveau sang, filtré & animé de la maniere que nous le disons ; & dont les parties les plus subtiles, les plus pures, & les plus ignées circulent dans la vessicule seminale. Suivant ce principe, il n'est donc pas merveilleux que la matrice & le sang de la poule échauffé & animé puisse feconder plusieurs œufs, même ceux qui se forment après que la poule a été comprimée par le coq, lequel, comme on l'a dit, pour bien faire cet effet doit être vigoureux & rempli de beaucoup de chaleur. C'est apparamment cette consideration qui a fait croire à quelques Sçavans, à qui les petits animaux qu'on supposoit dans la semence ne plaisoient pas, que l'œuf de la femme pouvoit être fecondé par le seul esprit, & par les particules les plus subtiles & les plus ignées du sperme, qui alloient jusqu'à l'ovaire. Quoiqu'il en soit, nous établirons comme une verité que nous demontrerons, que *l'animal n'est pas tout entier dans le sperme*, comme on le suppose, & qu'il ne peut pas voler jusqu'à l'ovaire par les obstacles qui se trouvent dans le chemin. Nous ferons voir d'une autre part que sans le sperme du mâle la femelle ne produit point, & que les œufs de la poule sont steriles, & qu'au surplus il est constant que le coq peut en une seule fois qu'il comprime la poule feconder plusieurs œufs, & il est difficile (& même je le crois impossible) de dire, comment la génération du poulet & de plusieurs poulets à la fois se peut faire.

Il est pourtant vrai que parmi les œufs qu'une poule pond, quoiqu'elle ait souffert plus d'une fois le coq, il peut y en avoir quelques-uns qui ne produiront pas. Mais cela peut arriver en plusieurs manieres ; soit parce que l'œuf en question étoit déja détaché de l'ovaire, quand le coq a couvert la poule ; ou bien que la semence du mâle n'étoit pas assez bonne dans ce tems ; ou parce que cette semence a été filtrée par un certain côté de la matrice où il y avoit quelque obstacle, ou obstruction qui empêchoit d'aller à cet œuf; & en un mot par d'autres caufes que nous ignorons, & qu'on ne peut pas facilement découvrir, & que d'autres pourront imaginer mieux que moi. Ce qui eft de conftant, c'eft que la veflicule feminale ne produit point fans le fperme du mâle.

Avant de paffer plus avant, je ferai remarquer, que quoique le mâle s'attribuë toute la gloire de la génération, d'autant qu'il eft vrai que fans lui tout ce que la femelle fait eft inutile, néanmoins elle fait le plus difficile. C'eft elle qui forme l'œuf. C'eft elle qui prépare & fait la veflicule feminale. C'eft elle qui couve l'œuf avec tant de peine & de foin. C'eft elle qui a foin des pouffins, qui les conduit, & leur apprend à manger, qui les deffend de ceux qui veulent leur nuire; & les femmes & les quadrupédes les portent elles-mêmes avec tant d'incommodité dans leur ventre, les nourriffent de leur fang, & les aïant mis au monde avec beaucoup de douleurs, les nourriffent encore de leur lait, & en ont foin jufqu'à un certain âge. C'eft pourquoi ce n'eft pas fans raifon que les hommes fenfés ont eu de tout tems, & qu'ils ont encore tant de refpect & de déférence pour les femmes qui leur donnent la vie, & qui perpetirent l'espece humaine, sans compter le plaisir qu'ils reçoivent dans l'acte de la génération, où il faut avouer qu'ils ne mettent de leur part que la volupté & le plaisir qu'ils reçoivent dans une telle action.

Après avoir expliqué de quelle maniere je pense que cette petite vessicule seminale, qui contient le sperme de la femelle peut-être renduë feconde & propre à former le poulet, ou autre oiseau, (car la génération de tous les volatiles se fait à peu près de même;) & après avoir montré que cela ne peut arriver que par l'infusion de l'esprit qui est dans la semence du mâle, qui passe par des endroits peu connus dans l'ovaire, il faut passer présentement à la connoissance de quelqu'autre chose qui n'est pas moins digne de notre attention, aïant dessein de prouver par les observations suivantes, plusieurs choses qui se voïent à l'œil.

1°. Que le poulet ou autre oiseau, n'existe pas tout entier & parfait dans le sperme, comme on le suppose.

2°. Qu'il est visible que le poulet, ou autre volatile se forme peu à peu, & que les membres de l'animal se produisent successivement, & ainsi par conséquent quand même l'animal seroit dans le sperme, ce que je nie, il n'eſt pas vrai qu'il y ſoit parfait & avec tous ſes membres comme on le prétend.

3°. Que l'erreur des Méchaniciens de notre tems, vient de ce qu'ils n'ont pas voulu admettre un eſprit inviſible, formateur des Eſtres. Car quoiqu'il ſoit vrai que tout ſe puiſſe faire, & que tout ſe faſſe en effet d'une maniere méchanique, il faut cependant admettre néceſſairement un ouvrier agent, qui ſoit la cauſe motrice de cette méchanique, d'autant que les ſeuls corpuſcules ne ſont pas propres d'eux-mêmes à compoſer aucune choſe, ſans un Compoſiteur. Et c'eſt (comme je l'ai déja dit pluſieurs fois) ce qui a déterminé Platon & Ariſtote d'admetre la matiére premiere en qui réſide naturellement le mouvement, & de donner à ce moteur une eſpece de connoiſſance de ce qu'il fait, le tout provenant de Dieu, à qui le Philoſophe ne doit point avoir honte de donner la gloire de tant d'actions merveilleuſes, & de le reconnoître comme premier moteur & formateur de la nature, & de tout ce qu'elle forme par l'influence de la volonté divine.

Je ſuis fâché qu'une partie de ce que je dirai ne ſoit pas tout-à-fait nouveau, & qu'il n'ait pas un air de merveilleux, car je pourrois esperer qu'il seroit plus facilement reçu. Cependant je me flatte que cela pourra plaire à ceux qui ne se nourrissent pas de chimeres, & qui aiment à connoître la vérité autant qu'il nous est possible de la découvrir. Afin même de ne pas fatiguer l'imagination du Lecteur, je placerai ici quelques-unes des figures que Malpigius nous a données dans son Livre, * (qui sont conformes à ce qu'Harvée en dit,) où il traite de la génération du poulet, & comme je les ai vû moi-même en faisant couver des œufs. L'on pourra voir par les figures qui sont dans le Livre de cet Auteur, le progrès que fait le poulet de six heures en six heures, n'ayant mis ici de figures que les plus importantes, & qui suffiront à un Lecteur d'esprit pour marquer le progrès de la formation du poulet.

Dans les quatre premieres figures Malpigius nous represente ce qu'Harvée n'avoit pû si bien connoître faute de Microscopes, qui de son tems n'étoient pas encore communs. Il nous fait remarquer dans la premiere figure, qu'avant de mettre couver l'œuf sous la poule (si cet œuf est fecond,) on voit déja dans la ves-

---

* De ovo incubato.

sicule seminale les premieres traces de la carcasse du poulet, qui est formée par deux petites fibres, ou filets blancs, lesquels sont quelquefois fourchus, ou de la maniere qu'on les voit réprésentés dans les figures 5. 6. 7. 8. Car, comme on l'observe fort bien, elles n'ont pas toujours la même figure; d'autant que ces filets étant fort tendres, & fort pliables, ils s'ouvrent, ils se serrent, & se plient en diverses manieres, comme on le peut voir ici & dans les autres figures en plus grand nombre que Malpigius nous donne. Il faut remarquer aussi, que ce commencement de carcasse est en partie couvert par une bube, qui empêche de bien voir cette premiere production de l'animal. Cette bube ou enflure, n'est pas toujours placée au même endroit, car quelquefois elle est au pied de ce commencement de carcasse, mais le plus souvent elle est au-dessus, & elle couvre les deux tiers ou environ de la partie superieure. On peut voir dans les quatre premieres figures sa differente situation. Il semble que Malpigius croie que cette bube s'étend dans la suite, de maniere qu'elle forme ce qu'on appelle *Corion*. Ce que je ne crois pas trop, d'autant plus que lui-même dit après que toute cette bube se perd & se liquifie dans le jaune. Quant à moi je croirois plus volontiers que le corion eſt formé par la peau extérieure de la veſſicule ſeminale, qui renferme le poulet, & une partie de la liqueur nourriciere dans laquelle il nâge. Cependant cette bube empêche de bien voir le cœur & la carcaſſe.

Ce qui pourroit donner quelque étonnement & favoriſer l'opinion de ceux qui veulent que l'animal ſoit tout formé, c'eſt de remarquer qu'avant de mettre couver l'œuf fecond, on voit ce commencement de carcaſſe, qui eſt comme la premiere trace ou ébauche du poulet. Ce qui ne m'étonne pas, parce que je ſuis perſuadé que l'eſprit de feu qui eſt dans la ſemence, & qui eſt le formateur de toute la machine du poulet, étant de ſa nature mobile, cet eſprit, dis-je, n'eſt jamais oiſif; & d'autant moins que pendant qu'il eſt dans le ventre de la poule, ſa chaleur l'excite au mouvement, de maniere qu'il commence à agir & à former: mais étant ſorti du ventre de la poule, il ſuſpend ſon action, étant embarraſſé dans cette liqueur épaiſſe & gluante; & il demeure ainſi en repos, juſqu'à ce que la chaleur de la poule, ou quelqu'autre ſemblable, (comme on le fait en Egypte,) l'excite de nouveau au mouvement. Ce

qu'on

qu'on voit aussi dans toutes les semences des plantes, qui quand elles en sont détachées restent long-tems sans action, jusqu'à ce qu'elles soient ramollies par le suc acide de la terre, & qu'elles puissent fermenter ensemble, y étant aidées par la chaleur du soleil, ou autre semblable, sans quoi elles germent avec difficulté, ou bien elles ne viennent pas à une entiere perfection. C'est à peu près de même dans l'œuf, qui dans ce commencement doit végéter; le feu interne de la semence cesse de se mouvoir & d'agir, étant hors du ventre de la poule qui le rechauffoit & le poussoit à agir, & il recommence lorsque la poule l'échauffe en le couvant : car alors le feu éteré qui est dans l'interieur est excité à agir & à former le poulet, qui meurt si on le laisse refroidir. Et c'est, comme j'ai dit, ce qui a déterminé les Académiciens, & les Stoïciens d'admettre cette chaleur interne des semences, qui aidée de l'externe, forme les êtres. Ainsi c'est avec raison qu'ils l'ont appellée la *Forme*, c'est-à-dire l'ame formatrice.

Il n'y a donc pas dequoi s'étonner de l'un ni de l'autre de ces effets, dont les Auteurs que je suis m'ont laissé le soin de rendre quelque raison.

Tout est merveilleux dans la nature quand on la considere, mais dans la formation de l'animal plus on y fait réflexion, plus on a lieu de s'étonner : je ferai la description de quelques-unes de ces choses merveilleuses, qui serviront aussi à éclaircir les propositions que j'ai avancées, & qui peut-être choquent quelques personnes.

La premiére, dont je ne puis pas assez m'étonner, est en considerant ce peu de liqueur seminale renfermée dans une si petite vessicule, qui aux sens n'est autre chose qu'une liqueur épaisse, dans laquelle il y a néanmoins une espéce de feu invisible & presque divin, qui fait vegeter cette matiére seminale ; je ne puis m'étonner assez, dis-je, en considerant comme ce feu interne, excité par l'externe, tendant à sortir des liens où le tient cette liqueur épaisse, l'éleve en forme de bube, de même qu'on le voit dans une liqueur grasse, gluante, & colleuse, que le feu veut faire boüillir ; ensuite dequoi il en forme les premiéres vessicules du cœur & du cerveau, qui ne contiennent au commencement qu'une eau gluante & grasse, n'y ayant que la vessicule du cœur qui paroisse rouge, & où on voit boüillonner encore par ses battemens cet esprit de feu celeste, qui tendant toûjours à s'échaper, en dilatant cette matiére qui l'environne, se fait plusieurs chemins plus grands au commencement, qui forment diverses ramifications plus petites & plus subtiles, dont quelques-unes composent les visceres du poulmon, du foye, de la rate, qui ne sont autre chose que nombre d'arteres & de veines conglomerées ensemble, où est emportée une partie de la liqueur seminale, qui par l'action du feu interne peu à peu se convertit en ce qu'on appelle sang, dont la partie la plus ignée, monte par l'artere ascendante au cerveau, où il se subtilise en se filtrant par ses petits canaux, que le même feu se forme.

Je ne suis pas moins étonné de voir que ce feu éterée chasse le plus grossier de la semence, & qu'il forme les os & le squelette, sans lequel la machine du corps ne pourroit pas se soutenir, & auquel squelette le cœur est attaché, aussi-bien que le cerveau & le cervelet qui remplissent sa cavité, avec les nerfs, que les parties les plus subtiles du sang se forment elles-mêmes pour y résider : & que cet esprit forme au même tems une peau fort fine & une autre fort épaisse, pour contenir tout l'ouvrage qu'il bâtit.

G g ij

Quand je considere tout cela, il faut avoüer qu'il y a quelque chose de plus que de simples corpuscules, & qu'un ouvrier invisible travaille à la construction de tant d'organes, de tant de membres, & de tant de vaisseaux, chacun desquels a ses fonctions particulieres, & qui sont tous semblables à ceux du pere & de la mere de qui ils proviennent.

Il n'est pas moins merveilleux, ni moins digne de consideration, à mon avis, quand on considere que cette petite vesicule seminale qui est dans le jaune de l'œuf, & où elle commence à se nourrir de sa propre substance, aussi tôt que l'animal commence à se former, au lieu de s'étendre sur le même jaune où elle est, elle s'en sépare en quelque maniere, & va s'étendre sur le blanc de l'œuf, qui est comme le lait le plus convenable au poulet encore enfant. Car remarquez que le poulet ne prend point la nourriture du jaune, qu'un peu avant de sortir de l'œuf, comme étant un aliment plus épais, plus nourrissant, & plus propre à un animal plus grand & adulte. Ce qu'on voit, parce que cette nourriture jaune est encore dans ses boyaux lorsqu'il sort de la cocque, d'où il ne sort guéres avant que d'avoir consommé tout ce qu'il y avoit pour se nourrir.

Ce n'eſt pas à dire pourtant que dans ce commencement le poulet ne ſucce quelque choſe des parties les plus déliées du jaune, mais je dis, avec Harvée & Fabricius, que ſa nourriture principale dans le commencement, eſt le blanc de l'œuf plûtôt que le jaune.

Le ſoin avec lequel la nature a pourvû dans la formation de l'œuf eſt remarquable, (comme Harvée le montre & dont Fabricius touche légérement quelque choſe,) en ce que le blanc de l'œuf eſt compoſé de deux ſubſtances différentes, l'une plus liquide & legere, dont le poulet ſe nourrit au commencement, l'autre un peu plus épaiſſe & nourriſſante dont il s'alimente à meſure qu'il croît ; & quoiqu'on ne diſtingue pas facilemeut à l'œil cette action, cependant quand on l'examine de près, on voit que ces deux ſubſtances ſont ſéparées l'une de l'autre par une pellicule très-ſubtile, comme Harvée le fait voir. On voit au ſurplus, ce que j'ai dit ci-deſſus, que le poulet qui eſt dans la veſſicule ſeminale, quitte le jaune où il eſt attaché, pour aller chercher la nourriture qui lui convient le mieux.

Il faut remarquer ſur-tout que ce n'eſt pas encore le poulet qui ſe nourrit, mais le cœur qui eſt la ſeule partie formée, &

qui étend sur ces substances, ses arteres & ses veines, qu'il forme de la maniére que je l'ai montré ci-devant. De façon qu'il y auroit lieu de soupçonner que cette petite partie, (le cœur,) qui est la principale de l'animal, seroit déja douée d'ame sensitive, capable de sentir, & de discerner l'aliment qui lui convient. Ce qui pourroit être confirmé par l'expérience qu'Harvée dit avoir fait plus d'une fois en la présence de son Roi, & de plusieurs personnes, c'est-à-dire qu'en approchant de ce petit cœur naissant, quelque chose de froid, il cessoit de battre jusqu'à ce qu'on eût éloigné la cause qui empêchoit son action. Il ajoute de plus qu'en le touchant légérement avec la pointe aiguë d'un stile, ce petit cœur presque en colere multiplioit ses battemens avec impétuosité. Ce qui fait que cet Auteur met en quelque maniére en doute, si c'est le sang qui sent, à cause de l'esprit éterée dont il est rempli, & par l'action duquel il se meut, ou bien si c'est le cœur lui-même.

Mais pour reprendre le fil de notre histoire, où nous avons pour but de faire le récit de la formation du poulet & des autres volatiles, suivant les observations d'Harvée, de Fabricius, & en dernier lieu de Malpigius qui a dédié les siennes à l'Académie de Londres, marque certaine de l'exactitude de ses observations: Harvée dit donc que presque aussi-tôt que l'œuf est échauffé & couvé, (*statim ab incubatione*,) cette cicatrice, que je nomme *vesicule seminale*, se dilate & se répand circulairement, & qu'on voit dans son centre un petit point blanc, semblable à une petite tache qui seroit sur la prunelle des yeux, qui peu après devient un point rouge qui bat, environné d'un grand nombre de petites arteres & veines capillaires, d'une couleur sanguine. C'est par rapport à ce que cette vesicule seminale s'étend ainsi, qu'Harvée l'appelle *Colliquamentum*, comme qui diroit une chose qui se liquifie à la chaleur. Il cite ensuite un long passage d'Aristote, qui prétend que le cœur est la premiere partie qui s'engendre, & que c'est lui qui fait toute l'action de la génération de l'animal. Harvée estime beaucoup les paroles de ce Philosophe, qui veut que le cœur agisse de la même maniére qu'un jeune homme, qui par sa sagesse est émancipé. Aussi voit-on que c'est ce principe qui donne l'accroissement à l'animal, en suçant l'humeur par les veines qu'il étend de tous côtés; ces veines avec un grand nombre d'arteres aboutiſſent au nombril, par où l'animal tire ſa nourriture pendant qu'il croît, & par cette raiſon on les appelle veines umbilicales.

Je crois devoir remarquer en paſſant, que ſi le point blanc que l'on voit dans le centre du *Colliquamentum*, eſt le même que celui qui paroît rouge (le cœur) un peu après, cela pourroit définir le doute où l'on eſt de ſçavoir qui des deux, le ſang, ou le cœur eſt formé le premier; car dans ce cas, ce ſeroit la chaleur du cœur qui formeroit le ſang, puiſque de blanc qu'il étoit il devient rouge, ce qui s'accorderoit fort bien à ce qui arrive dans la ſuite, c'eſt-à-dire, que le cœur eſt celui qui change le chyle en ſang, le cuiſant & l'animant par ſa chaleur, quoique cela ne paroiſſe pas à la vûe, à cauſe que quand le chyle entre dans le cœur, dans les adultes, il y entre mêlé avec le ſang de la veine cave. Malpigius même paroît favoriſer ma penſée par les paroles ſuivantes.

» Il ſemble que ce qui doit être con-
» tenu, doit ſelon l'ordre de nature ſe
» former avant que ce qui doit le conte-
» nir. Mais je n'oſe pas aſſurer que la cho-
» ſe ſoit ainſi dans cette occaſion, &
» je ſuis encore en doute pour détermi-
» ner, ſi c'eſt le cœur, ou le ſang qui ſe
forme

» forme le premier. Car quelque effort
» que j'aye fait pour m'en éclaircir, les
» sens ne m'en ont pas donné aucune cer-
» titude. Ce qui est certain & que je puis
» assurer, c'est qu'avant que la poule ait
» couvé l'œuf, on voit dans la vesticule
» seminale les premiers filamens ou traces
» de la carcasse, ou pour mieux dire de
» l'épine du dos ; (car les côtes, les bras,
les jambes, aussi-bien que la chair, ne se
forment que peu à peu dans la suite comme nous le verrons, & comme on peut
le voir dans les figures ;) » le cœur, les
» vaisseaux, & le sang que ceux-ci doivent
» contenir étant cachés à la vûe : mais
» comme on voit plusieurs petits vaisseaux
» dans l'étenduë qui est entre la carcasse,
» & l'extremité de la vesticule seminale,
» il est probable que le cœur est (comme
» on le voit après) attaché à l'épine du
» dos, étant très-certain qu'avant que les
» 30. heures soient passées, j'ai fort bien
» distingué le cœur. Il se passe donc un
» tems considerable, avant que la liqueur
» entre dans le cœur & dans les autres
» vaisseaux, & l'on voit *que ces liqueurs
sont tantôt de couleur grise & sombre, tantôt roussâtre, & enfin rouge comme est naturellement le sang ; c'est pourquoi je conjecture ce que j'ai indiqué ailleurs, que les*

Tome III. H h

vaisseaux & le cœur se forment avant le sang. Je dirai encore que si la raison nous montre que le sang est un chyle bien cuit, cette fonction appartient naturellement au cœur, qui est produit dans le centre & dans l'endroit où est pour ainsi dire le foyer de la chaleur éterée, qui forme le cœur de la maniére que j'ai dit en boüillonnant. Et cette fonction (de la sanguification) s'exerce encore par le cœur, lorsque l'animal aussi-bien que lui sont adultes. Quoiqu'il en soit, je ne puis pas me lasser d'admirer avec Harvée, l'action du feu céleste formateur du cœur, qui est le principe de l'animal, en considerant comme le feu qui est en lui, choisit (marque de sentiment) l'aliment le plus délicat qui lui convient le mieux, qui est comme je l'ai dit, la partie la plus subtile du blanc, (a) qu'Anaxagore appelle *le lait du poulet.*

Quoique j'aye suffisamment parlé de la cause efficiente sensible dans mes principes physiques ; (b) cependant ceux qui voudront être encore mieux instruits n'ont qu'à lire ce que Harvée en dit, avec tout

(a) Diog. Laërt, in vita Anaxago.

(b) Imprimez à Paris chez Cailleau.

l'esprit & la sagesse qui lui est ordinaire.

Mais après tout, qui pourra dire par quel art & par quelle méchanique le cœur, qui n'est en commençant à se former, qu'un long & gros canal de figure semblable à un boyau, comme on le peut voir dans la neuviéme figure, acquiert néanmoins dans la figure onziéme la forme qu'il conserve dans la suite ; & on remarque dans la dixiéme figure que ce boyau s'est séparé en deux, dont une partie a formé les poulmons ? Qui pourra rendre raison de ce que cette vessicule qui doit former le cerveau, qui n'étoit remplie que d'une liqueur crystaline, s'épaissit peu à peu & forme tant de fibres, d'arteres, de veines, & tout ce qu'on observe ensuite dans le cerveau ? Qui est-ce qui pourra expliquer de quelle maniere les deux autres vessicules, remplies de liqueur semblable, forment les yeux, & les diverses parties dont cet organe admirable est composé, & d'où il reçoit la faculté de voir. On voit aussi, comme Malpigius l'observe, que l'épine du dos se remplit quelque tems après d'une liqueur semblable à celle du cerveau, (d'où peut-être elle fluë,) pour former la moëlle de l'épine du dos, qui n'est qu'une extension du cervelet, de laquelle épine émanent tant de nerfs, qui lient fortement non-seulement le cœur, les poulmons, le foye, & la rate, mais toutes les parties du corps les unes avec les autres. Ce n'est pas non plus un objet de peu d'admiration, à mon avis, en voyant cette production de boutons remplis de liqueur qui se fait le long de ce commencement de carcasse, qui peu à peu s'étendent & forment les côtes du poulet, en croissant visiblement comme les branches d'un arbre, de même que les bras & les jambes qui sortent ainsi de cette carcasse informe, qui n'est à proprement parler, que le tronc ou la tige de tout l'animal futur. Par où ceux qui disent que l'animal est parfait & entier dans le sperme & dans l'œuf, devroient au moins se désabuser s'ils veulent s'en rapporter à leurs yeux, & à la représentation des figures exactes que j'expose ici, & qu'ils peuvent voir eux-mêmes en original, en mettant couver quelques œufs sous une poule. Mais que dira-t-on du cœur, des poulmons, & des autres visceres qui sont pendants au déhors de l'estomac de l'animal, que cet esprit agent & formateur peu de tems avant que l'animal naisse & sorte de l'œuf, renferme au-dedans des côtes avec des membranes, des muscles, & des chairs qu'il fabrique pour les mettre à couvert d'insulte. Diront-ils après avoir considéré ces figures, & un plus grand nombre d'autres que Malpigius nous donne, que l'animal étoit tout entier, & qu'il ne fait que croître & s'embellir. Ne pourront-ils pas se persuader, que l'ame végétale invisible forme tout ce qui n'y étoit pas, en ôtant où il y a trop, & en ajoûtant où il y manque quelque chose. Car enfin il est visible, que les côtes, les bras, & les jambes manquent au poulet, & que ces parties végétent comme les branches de l'arbre. Que les yeux qui n'avoient point de paupieres, en acquierent? Qu'à la tête du poulet qui n'avoit point de bec, il s'en produit un, comme il se forme des feüilles ou des fruits à un arbre? En un mot que la nature ouvriére & végétale commence (pour ainsi dire) par faire une espece d'ébauche de l'animal, qu'elle peint peu à peu, lui formant ensuite des membres qu'il n'avoit pas, & le couvrant de plumes ou de poil de diverses couleurs, mais toûjours de la nature de l'espece. Ce sont ces choses qui ont porté Aristote à admettre trois sortes d'ames, la végétale, la sensitive, & la raisonnable qui appartient à l'homme seulement, quoiqu'il ait encore les deux autres. Il ne faut pas croire cependant que l'ame végétale & fenfitive foient deux efpeces d'ames differentes, car l'une & l'autre proviennent d'une même fource, c'eft-à-dire, de la matiére premiére qui fe meut, & qui par fon mouvement fait végéter; ainfi c'eft une des propriétés de fon effence non-feulement de fe mouvoir, mais c'en eft une qui lui eft également attachée de fentir & de percevoir fes divers mouvemens, puifqu'elle nous fait connoître que le corps où elle eft placée, (le jaune,) fe dérange pour aller chercher une nourriture convenable à fon état prefent, & dans ce cas cette ame s'appelle fenfitive, parce qu'on apperçoit fenfiblement que l'animal qui a végété par la vertu de cette premiére matiére mobile jufqu'à fa grandeur convenable, cet animal, dis-je, étant en fa propre puiffance, donne des marques vifibles de fentiment. Peut-être même qu'il n'en étoit point privé pendant qu'il étoit dans l'œuf; puifque étant encore dedans, il fçait avec tant d'art rompre la cocque qui le renfermoit, qui eft tout ce que pourroit faire un homme induftrieux pour fortir de la prifon où il feroit renfermé.

L'on dira peut-être que ces réfléxions font belles & bonnes pour la morale, ou pour infpirer le merveilleux, mais qu'elles ne concluent rien pour la formation du poulet, dont j'attribuë la fabrique à un certain feu furprenant, & que le plus probable & le plus court eſt de dire que le poulet ou autre animal étoit formé du tems d'Adam, dans les teſticules du mâle. Il eſt vrai que cela eſt plus court. Mais qu'il me ſoit permis de demander à Meſſieurs les Méchaniciens, (qui veulent que tout ſe faſſe par leur Méchanique,) par quel art cet animal avoit été fait. Il y a apparence qu'ils répondront que Dieu qui avoit formé le monde tel qu'il eſt, avoit créé ces animaux infiniment petits dans les teſticules de leurs premiers peres. L'on attribuë donc à Dieu d'avoir créé tout d'un coup toutes les créatures qui doivent paroître dans l'Univers. Mais je demande pourquoi Dieu ne peut pas faire à tout moment & aujourd'hui ce qu'ils diſent qu'il avoit fait alors. Et puiſqu'il en faut venir à Dieu qui eſt véritablement le ſeul créateur & formateur de tout ce qui exiſte, il eſt auſſi bon de croire qu'il le fait actuellement par les reſſorts & par les principes que ſa divine ſageſſe a établis, que de ſuppoſer qu'il l'a fait du tems d'Adam. C'eſt Dieu, ſans doute, qui, par des reſſorts inviſibles & preſque inconcevables, fait l'ouvrage de la génération,

& ces ressorts ou principes le font visiblement peu à peu, à la manière d'un Peintre ou d'un Sculpteur, non pas que l'animal infiniment petit croisse & se developpe, (comme ils disent,) mais parce qu'en effet les membres se forment les uns après les autres, comme les plus habiles Anatomistes l'ont remarqué avec exactitude, ainsi qu'on le peut voir dans les figures de Malpigius. Afin même que le Lecteur n'ait pas la peine de chercher ce qu'un aussi grand homme qu'Harvée a dit sur ce sujet, je la lui épargnerai en traduisant ici ce que ce sçavant Anatomiste a observé avec sa diligence ordinaire, & dont Malpigius nous a donné des figures exactes. Il distingue la formation du poulet en quatre parties de la manière suivante.

La première partie, dit-il, consiste dans
» les membres, ou choses principales, qui
» sont comme l'origine de toutes les au-
» tres ; c'est-à-dire, du cœur, du sang, &
» de ce qui le contient, qui sont les vei-
» nes. Car non seulement le cœur & ses
» veines sont formées avant tout, d'autant
» que ce sont comme les instrumens prin-
» cipaux, par lesquels tout le reste est fait;
» mais aussi parce que le cœur & le sang
» sont les parties principales, & l'origine

» de la génération de toutes les autres par-
» ties. Ainsi on doit regarder le cœur &
» le sang comme le principe du mouve-
» ment, & comme le pere & le roi.

» Cette premiere partie de la généra-
» tion est parfaite dans l'œuf au quatriéme
» jour, quoiqu'à dire vrai, je n'ai pas pû
» observer l'ordre avec lequel cela se fait,
(Malpigius par le secours des Microscopes a trouvé que cela se faisoit en moins
de tems, mais le plus ou moins ne fait
rien à l'affaire,) » d'autant que j'ai vû au
» même tems la vessicule battant, (le
» cœur,) & les veines : Je croirois pour-
» tant qu'alors, comme je l'ai dit, le sang
» se forme le premier, par cette loi na-
» turelle qu'il doit être plûtôt formé,
» que ce qui doit le contenir, c'est-à-dire,
» les veines & le cœur ; & d'autant plus
» encore, que les autres visceres qui doi-
» vent le contenir, ne sont formés que
» long-tems après. Dans cette constitution
» les veines paroissent avant les arteres,
» du moins autant que j'ai pû l'observer :
(Notez de grace comme Harvée n'ose
rien avancer, dont il ne soit bien sûr.)

» Le second progrès de la génération
» commence vers le quatriéme jour, (suivant Malpigius, cela arrive plûtôt, comme on le voit par ses figures, mais ceci

HISTOIRE NATURELLE

ne nuit en rien au fait,) » & il consiste
» proprement dans l'accroissement des
» mêmes parties, qui ressemblent assez à
» un vermisseau, ou à ce qu'on appelle
» *Nimphe dorée*. Dans ce tems, ce petit
» vermisseau donne des marques, non
» douteuses, de vie & de mouvement.
» Comme il est parmi beaucoup d'ordu-
» res mucilagineuses, il paroît divisé en
» deux parties. La superieure, qui est la
» plus grande est repliée, & distinguée
» par trois ou quatre vessicules, qui sont
» le cerveau, le cervelet, & les deux
» yeux. Il faut remarquer aussi que dans
» la fabrique de la tête, on voit les yeux
» qui sont formés les premiers, & une
» pointe blanche qui commence à former
» le bec, qui est caché néanmoins par une
» membrane sombre. (Que je crois être
cette bube qui cache une partie du tout.)

» Dans la partie la plus petite de ce
» buste l'on voit naître la veine cave, qui
» s'étend à sa manière.

» L'on remarque dans la même partie,
» l'ombre ou l'ébauche du reste du corps.
» Car premierement on voit sortir des
» deux côtés de l'épine du dos, des li-
» gnes très-blanches qui sont le commen-
» cement des côtes. (Dans les figures de
Malpigius ce ne sont pas des pointes,

mais des vesſicules, pleines de liqueur, qui ſont comme des bourgeons que l'arbre qui végete pouſſe au dehors.) » Après
» quoi on voit pouſſer de même au dehors
» les membres qui font le mouvement,
» c'eſt à-dire, les jambes & les ailes, les
» commencemens des os & des muſcles.
(Et notez que le tout vient de la liqueur feminale, qui végete d'abord comme les bourgeons de l'arbre, qui croiſſent peu à peu.)

» Ces deux ébauches de la tête & du
» corps paroiſſent au même tems d'une
» maniére à pouvoir les diſtinguer. Mais
» le corps ſe diſtingue, & s'augmente
» plûtôt que la tête, de ſorte que celle ci,
» qui étoit plus grande que tout le corps,
» devient dans la ſuite beaucoup plus pe-
» tite;ce qui arrive ſemblablement au fetus
» humain.

» On remarque la même inégalité en-
» tre le corps & les bras. Car dans le fœtus
» humain, depuis le tems où l'embrion
» ne paroiſſoit pas plus grand que l'ongle
» du petit doigt, juſqu'à ce qu'il ait ac-
» quis la grandeur d'une grenoüille, ou
» d'une ſouris, les bras ſont beaucoup
» plus courts, de façon que ſi on les éten-
» doit vers la poitrine, à peine les extre-
» mités des doigts pourroient-elles ſe tou-

» cher ; semblablement si on recourboit
» les jambes sur l'*abdomen*, à peine pour-
» roient-elles arriver jusqu'au nombril,
» ce qui se voit fort bien dans les nou-
» veaux nés, dont le corps est un peu plus
» grand que ces parties, qui croissent in-
» sensiblement dans la suite. C'est ce qui
» fait aussi en partie que les enfans vont
» plus volontiers à quatre pattes, jusqu'à
» ce que les jambes soient crues à propor-
» tion du reste du corps, de manière qu'à
» peine se peuvent-ils tenir droits à la
» hauteur d'un coq.

» Dans ce second progrès on voit plu-
» sieurs choses que la faculté formatrice
» fait avec un certain ordre, & que tou-
» tes les parties de l'animal se produisent
» & tirent leur accroissement de cette
» matière épaisse & mucilagineuse. Ce
» n'est pas, comme quelques Physiciens le
» disent (avec Anaxagore,) que le sem-
» blable est attiré par son semblable : mais il
» faut dire que les parties se meuvent sans
» changer de lieu, & qu'en s'alterant, les
» unes se ramolissent, ou se durcissent,
» prenant differentes couleurs suivant la
» varieté des parties similiaires, devenant
» réellement & actuellement, ce qu'elles
» n'étoient qu'en puissance ; c'est-à-dire,
» que les bras, l'épine, & le reste du

» corps s'augmentent enſemble dans
» le même tems, ſe formant, ſe déſignant,
» ſe colorant; & que les os de chaque
» membre, les chairs, les nerfs, avec les
» cartilages qui dans le commencement
» de la géneration étoient ſimiliaires, &
» d'une ſeule ſubſtance, dans le progrès
» ſuivant, dis-je, ils ſe diſtinguent, &
» forment en ſe joignant enſemble des or-
» ganes, par où, avec une continuation
» mutuelle, tout le corps ſe compoſe.
» C'eſt ainſi que la tête ſe forme par le
» moyen de la membrane qui croît & s'é-
» paiſſit à l'entour, & que de l'eau lim-
» pide qui étoit dans cette membrane, &
» dans les deux autres, ſe forment le cer-
» veau & les yeux.

» Il eſt à remarquer, que la nature par
» la même matiére nutritive (& non pas
» par une ſubſtance differente, comme
» quelques uns le prétendent) nourrit tou-
» tes les parties du corps, & elle augmen-
» te ce qu'elle avoit déja commencé; je
» veux dire, qu'elle augmente cette ſub-
» ſtance mucilagineuſe, qui donne ac-
» croiſſement à notre vermiſſeau, agiſſant
» en cela comme un peintre, qui après
» avoir crayonné confuſément ſon idée,
» la diſtingue enſuite par des traits plus
» exacts, & enfin y ajoute les couleurs qui

» donnent la perfection à ce qu'il a voulu
» representer. Semblable aussi à un con-
» structeur de vaisseau, elle établit aupa-
» ravant la quille (*carina*) comme le fon-
» dement du navire, ensuite elle en bâtit
» les côtés: De même la nature commen-
» ce par le tronc du corps, & y attache
» ensuite les bras. Dans cet ouvrage elle
» forme toutes les parties similiaires,
» (comme les os, les cartilages, les mem-
» branes, les chairs, les nerfs,) de la
» même substance mucilagineuse, épaisse,
» & gluante. Dans le commencement la
» nature forme seulement des fibres gros-
» sieres, qui peu à peu deviennent mo-
» biles, ensuite cartilagineuses & épineu-
» ses, & enfin se durcissent en forme d'os.
(Ce qui se fait par la coction interieure du
feu de la semence.) » C'est ainsi que dans
» le commencement, la plus épaisse mem-
» brane qui contient le cerveau, devient
» en premier lieu cartilagineuse, & enfin
» devient un os, comme la plus subtile
» se change en tunique & en coënne; &
» dans le même ordre la chair, les nerfs,
» &c. D'une matiére mucilagineuse fort
» molle se forment les muscles, les ten-
» dons, & les ligamens par la coction. Le
» cerveau & le cervelet, qui n'étoient
» qu'une eau limpide, se coagulent en une

» substance colleuse. On voit même que le
» cerveau des enfans, avant que les os de
» l'*occiput* soient durcis, est fort mou, &
» coulant presque comme la pressure du
» lait.

» Le troisiéme progrès dans la généra-
» tion forme les visceres ; ce qui dans le
» poulet arrive environ le sixiéme ou sep-
» tiéme jour, & dans le même tems se
» forment toutes les autres parties ; c'est-
» à-dire, le foye, les poulmons, les reins,
» le conus du cœur (qui étoit comme un
» boyau) avec ses ventricules, & au sur-
» plus les intestins, qui prennent naissan-
» ce des veines, ausquelles ils sont atta-
» chés comme les champignons aux écor-
» ces des arbres. Et remarquez que dans le
» commencement ils paroissent blancs,
» sans sang, & mucilagineux, jusqu'à ce
» qu'ils fassent leur propre fonction pour
» le service de tout le corps. Les intestins
» avec le ventricule ne sont d'abord que
» des filets blancs entortillés dans la lon-
» gueur du ventre, & au même tems on
» voit que se fabrique la bouche, depuis
» laquelle jusqu'à l'anus les boyaux s'éten-
» dent. L'on remarque aussi environ ce
» tems que les testicules sont formés.

» Il faut noter, que jusques-là les intes-
» tins & les visceres ne sont pas enfermés
» dans le corps, mais on les voit tous

» pendans au dehors, même le cœur;
(comme on le peut voir entr'autres dans la dixiéme figure, & en d'autres de Malpigius,) » d'autant que jusqu'ici le tronc
» paroît comme la quille d'un vaisseau,
» & comme une maison sans couverture;
» car les boyaux, ni les visceres ne sont
» pas encore enfermés, ni dans la poitri-
» ne, ni dans *l'abdomen*. Aussi-tôt que
» *l'abdomen* se forme, le cœur s'enferme
» dans la poitrine, & comme un maître,
» ou comme un domestique, il prend le
» soin, la domination, & le gouverne-
» ment de la maison où il habite, con-
» jointement avec les poulmons, qui sont
» ses plus familiers domestiques. Dans la
» suite le foye & le ventricule se renfer-
» ment dans les hipocondres, & enfin les
» intestins entrent dans le ventre. De ma-
» niére que dans les œufs de la poule,
» dix jours après qu'ils ont été couvés,
» tout au plus, on peut voir le battement
» du cœur.

» Vers ce tems-là, la pointe du bec qui
» est trés-blanche commence à pousser, aussi
» si-bien que les ongles des pieds. On voit
» aussi dans le ventricule une matiére
» semblable au chyle, dans les intestins
» quelques excremens, & dans le foye
» qui est déja fait, on y trouve le fiel attaché

» taché, qui est de couleur verte.

» Ce qui montre clairement qu'il s'est
» fait une autre sorte de coction, diffe-
» rente de celle du commencement, &
» une préparation & nutrition differente,
» dont on voit les excremens dans les
» boyaux & dans le fiel. Mais on a raison
» de douter, comment la bile, qui est
» l'excrément de la seconde nutrition, ait
» pû être séparée par le foye, puisque l'un
» & l'autre viennent de naître ensemble.

» C'est dans cet ordre que toutes les
» parties du corps se forment, car dans
» tous les animaux que j'ai disséqués, j'ai
» vû les mêmes choses, & avec le même
» ordre.

» Mais cela est encore plus certain
» dans les plus parfaits quadrupédes,
» particulierement dans l'homme, ou l'on
» voit le cœur, les poulmons, les reins,
» le foye, la rate, & les intestins qui non-
» seulement sont commencés, mais aug-
» mentés. Leur couleur est blanche au
» commencement, aussi-bien que tout le
» reste du corps, de maniére que toutes
» ces parties ne paroissent que comme du
» sperme : C'est pour cela que l'on dit que
» ces premiers jours, sont des jours de
» lait, (*in lacte dies*,) & en effet tout
» paroit blanc, excepté les veines, parti-

» culierement les umbilicales.

» Je fuis donc porté à croire que les
» arteres umbilicales, qu'on nomme auſſi
» veines, ne ſe forment qu'après ce qu'on
» appelle proprement veines ; car ces ar-
» teres ne ſe voyent pas les premiers mois;
» & d'autant plus qu'il ſemble qu'elles
» prennent leur ſource en deſcendant
» dans l'une & dans l'autre jambe. Les
» veines umbilicales ſont déja remarqua-
» bles, beaucoup de tems même avant que
» le corps commence à ſe former, &c.

Mais c'eſt aſſez traduire, & ceux qui ne
ſe rendent pas à ce qu'Harvée nous vient
de dire du progrès de l'animal, (que j'ai
obſervé autant que j'ai pû, comme choſe
véritable,) lequel ne ſe forme que peu à
peu, & dont le progrès eſt diviſé en quatre parties, ou tems ; ceux, dis-je, qui ne
ſe rendent pas à ce que je viens de rapporter n'en ſeroient pas plus convaincus
quand même ils liroient tout ſon excellent livre, puiſqu'ils tiendront toujours
ferme dans leur obſtination, en diſant que
les parties ſont infiniment petites, & que
par conſéquent on ne les peut voir qu'à
meſure qu'elles ſe developpent. Je le veux
bien, & comme je n'écris pas pour con-
teſter, ni pour remporter le prix de la
diſpute, mais ſeulement pour dire ce que

l'on sçait, ou ce qu'on croit sçavoir sur le témoignage des sens, il faut laisser chacun dans son opinion, d'autant que je ne me charge ici que de raporter en Historien ce qu'en dit Harvée & en dernier lieu Malpigius, qui sont sans doute de grands hommes, & dont on peut renouveller les experiences, pour voir si leurs observations sont justes; rien n'étant plus facile que de faire couver une ou deux poules dans la saison, & de tems à autre casser quelques œufs. Pour moi je puis dire que le peu que j'ai vû, m'a paru conforme à ce qu'ils en disent; mais j'avouë que je n'ai pas fait les choses avec la diligence & le soin de Malpigius.

Quoiqu'il en soit, on peut voir que je trouve l'opinion des petits animaux que l'on croit voir dans le sperme, très-sujette à caution. Et je veux bien convenir que la mienne peut avoir quelque difficulté, non pas dans ce qu'on voit, mais dans l'agent invisible de cette formation; d'autant que les Méchaniciens d'aujourd'hui, qui veulent tout faire eux-mêmes, auroient peine d'attribuer quelque chose à Dieu, qui n'agit pas dans cette occasion immédiatement (à mon avis) mais très-médiatement, par les ressorts naturels qu'il a établis, dont la connoissance échappant à nos yeux, il ne nous reste que la mortification de voir notre vanité punie, & forcée d'avoüer son ignorance.

* L'on observe que les oiseaux n'ont point de diaphragme, n'en ayant pas besoin pour respirer.

Voilà tout ce que je puis dire en simple Historien, ce qui peut je crois confirmer l'opinion que j'ai avancée comme Philosophe.

* Derham de l'Académie de Londres.

Fin du troisiéme Volume.

DECRIPTION DES
Figures du Poulet dans l'Oeuf.

Traduite de Malpighii.

Premiére Figure.

AVant que l'œuf d'une poule, dit cet Auteur, soit couvé (pourvû néanmoins qu'il aye été fécondé par le coq,) on y peut remarquer ce qui suit. Au milieu du jaune, à une distance égale des deux nœuds que la glaire forme, on voit la petite cicatrice, ou pour mieux dire, l'œuf seminal, de la grandeur d'une lentille, où on peut remarquer que la nature a déja commencé à faire la premiére ébauche du Poulet. La liqueur qui est dans le centre, que nous avons dit être claire & transparente, est devenuë fort trouble, & on la voit environnée d'un cercle inégal marqué par A. qui semble quelquefois s'étendre vers les parties superieures avec les bubes B. Au milieu de la liqueur C. est le commencement de la carcasse marquée par D. qui est formée de quelques filamens glaireux & blanchâtres & qui paroissent quelquefois ne point continuer vers le sommet. Elle est en partie couverte par une bube blanchâtre designée E. Le reste qui est la liqueur moins claire, paroit à peu prés comme il est representé dans la figure & forme une bande F. qui devient le champ où la place umbilicale, composée d'une portion en partie solide & jaune, & en partie liquide & terne, & où il faut remarquer ces petites ondes ou rayons qui sont vers les extremités; ce champ est entouré d'un petit ruisseau de la liquefaction G. qui est environné d'un cercle angulaire blanc H. la figure marquée I. represente la grandeur de la cicatrice vuë sans microscope à l'ouverture de l'œuf.

Deuxiéme Figure.

Aprés le mois de Juin, lors qu'une Poule d'Inde a couvé pendant six heures un œuf, la cicatrice ou œuf seminal a cette grandeur naturelle A. laquelle s'étend sur le blanc & le jaune de l'œuf comme une goutte d'huile congelée se dilate sur un drap en se liquefiant. Dans le centre de cette liquefaction on voit la vessicule B. fort grossie, & remplie d'une humeur claire & transparente, & quelquefois terminée irrégulièrement. Le scommencemens de la carcasse C. nagent dans la liquefaction, qui est couleur de plomb, & terminée par un cercle irrégulier D. de couleur assez blanche ; autour de ce cercle on voit un grand champ clair, circulaire E. terminé par un ruisseau ondoyant F. qu'on doit toujours remarquer. Ce champ clair est varié de plusieurs petites ombres, qui se découvrent dans la suite pour le principe de plusieurs venules ; c'est pourquoi on l'appelle le champ des veines umbilicales; ce champ qui paroit blanc dans cette figure, est quelqu'autres œufs, est obscur & noirâtre. Le tout est renfermé par un cercle blanc G.

Troisiéme Figure.

Aprés douze heures d'incubation la cicatrice s'étend encore & elle liquefie la substance de l'œuf de la grandeur qu'on le voit dans la 3e. & 4e. figure. On voit dans son centre la bube ou vessicule A. qui couvre souvent la carcasse B. autour de laquelle on voit plusieurs petites bubes ou empoules C. qui sont le commencement des côtes. Ce qui doit être la tête n'est formé que par deux lignes fourchues D. qui tantot s'ouvrent & tantôt se joignent. Ces lignes & cette carcasse ne sont que des filamens glaireux. Dans la liquefaction qui est le champ umbilicale E. on voit comme de petits ruisseaux, que la suite fait connoître que ce sont les commencemens de plusieurs venules, & vaisseaux, ou quelque chose de semblable. Ce champ est entouré d'un cercle F. assez grand.

Quatriéme figure.

Aprés 18. heures d'incubation on voit à peu prés les mêmes choses, mais plus distinctement, la figure marquée A. est la cicatrice vûë sans microscope. Ce qu'il y a de plus remarquable, c'est qu'autour du col on commence déja à voir quelque commencement de chair, qui n'est proprement qu'une liqueur un peu plus gluante & épaisse, & qui n'a aucune couleur de chair. Le dernier cercle de la cicatrice se résout en plusieurs autres parties de cercles B. entrecoupées comme de petites isles, qui sont submergées par la liquefaction C.

La figure que le poulet a depuis 18. heures d'incubation jusques vers les 24. est differente, Malpighii en donne plusieurs figures, mais l'Auteur n'en met que quelques-unes afin que l'on voye comme la nature opere diversement, les unes étant plus avancées que les autres. Les voici.

5. 6. 7. & 8e. Figure.

Il faut remarquer que dans les figures 5. 6. 7. 8. toutes les lignes qui forment les carcasses ne sont que de petits filamens glaireux qui se meuvent, s'ouvrent & se resserent de moment à autre, tantôt vers la tête & tantôt vers la queuë. Quelques-unes de ces carcasses comme la 5. figure formant un creux comme d'un tuyau de plume coupé en deux. Dans les autres comme la sixiéme il se forme une double concavité A. Dans la septiéme le commencement des aîles B. sortent. Enfin dans la huitiéme ces filamens laissent une ouverture au sommet C. qui se ferme & s'ouvre de tems à autre, or il est à croire que la nature s'en sert pour l'entrée de la liquefaction. Quelques-unes de ces carcasses aprés un jour d'incubation sont remplies depuis le haut jusqu'en bas d'une humeur cristalline fort liquide qui se répand facilement & qui s'enfle quelquefois si fort qu'elle creve les filamens qui la contiennent; les petites empoulles qui commencent à former les côtes ne sont que de petites vessies remplies d'une liqueur fort claire & coulante. De la même maniére naissent aussi les ailes qui se forment comme les côtes marquées par les lettres A. B. C. D. E. F. G.

Neuviéme Figure.

Aprés 24. heures on voit que la tête forme des deux côtés comme de petites enflures A. pour commencer les yeux des vesicules du cerveau B. & du cervelet commencent à se former. Auprés de ces petites bubes est la moüelle spinale C. qui se dilatant vers la queuë donne lieu à la moüelle D. de s'étendre. L'on découvre aussi le cœur E. dans le même tems, qui ressemble alors à une grosse veine, sans oreilles & sans aucune forme de cœur.

F I N.

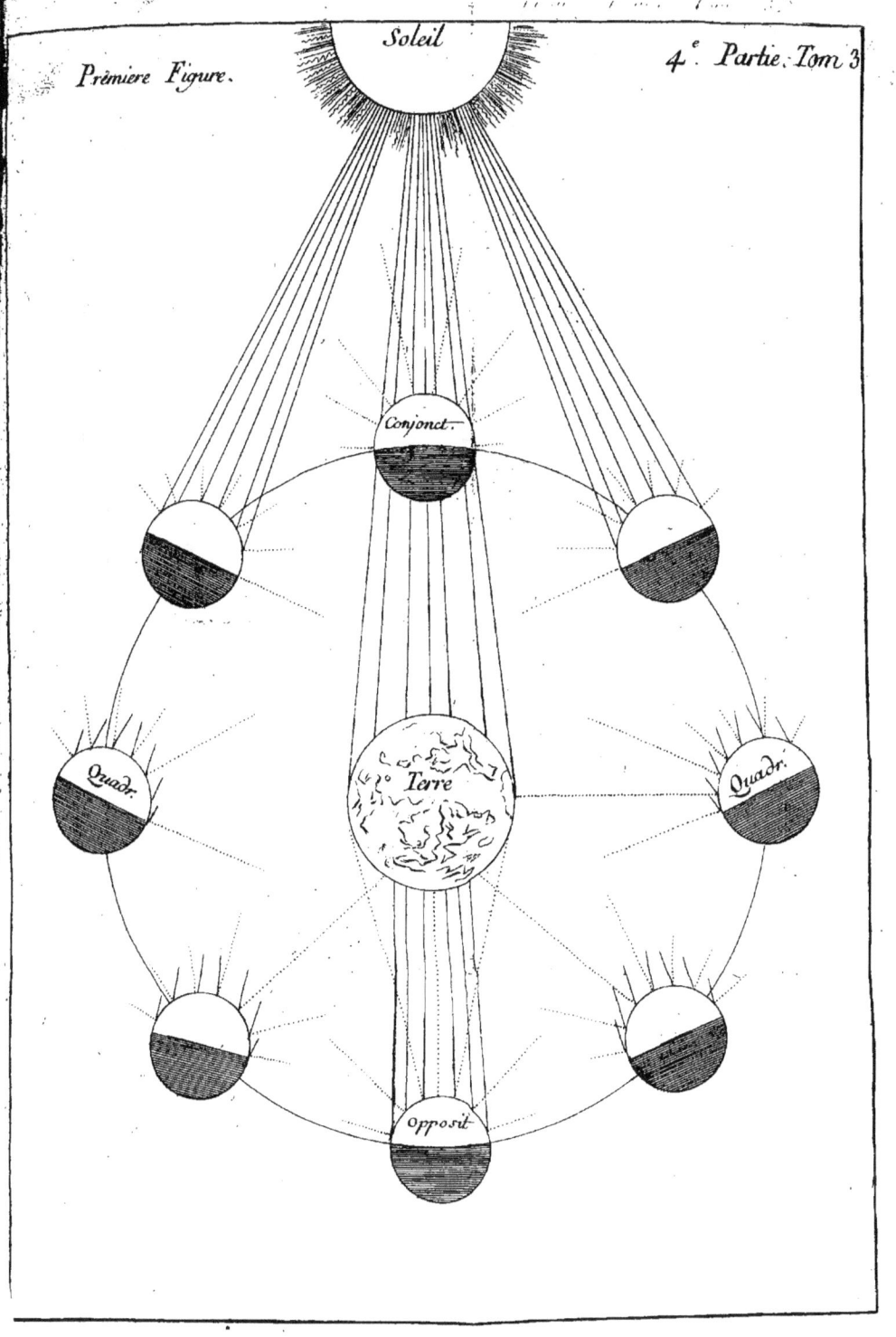

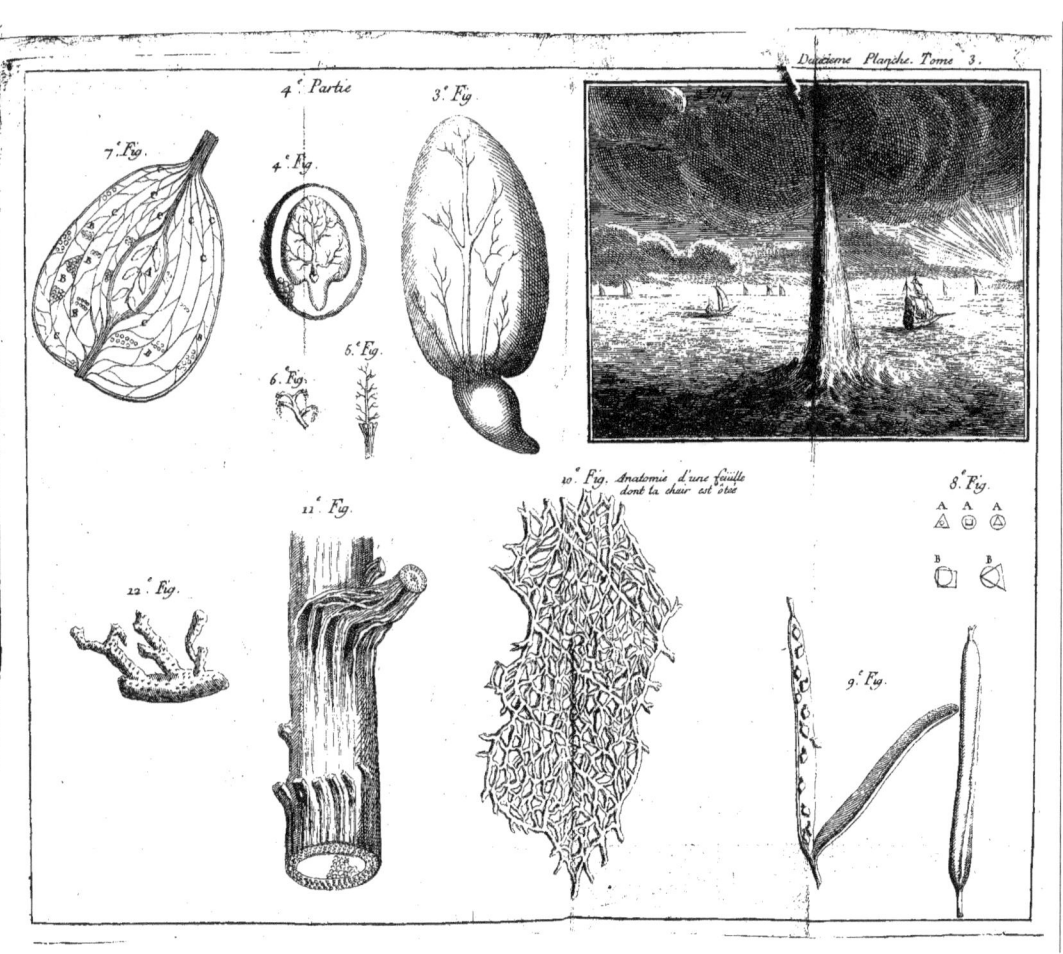

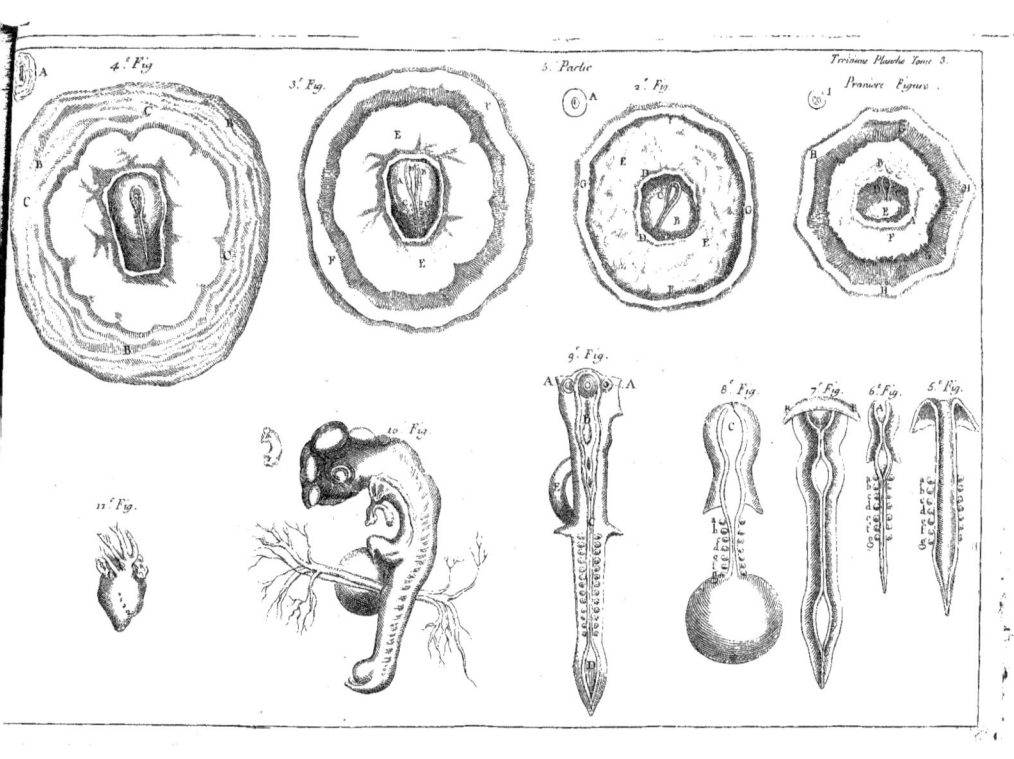

Errata du Troisiéme Volume.

Page 7. ligne 9. puits *lisés* puid. P. 10. l. 4. Donc, *lis.* Dont. P. 15. l. 30 produisent *l.* produit. P. 17. l. 9. à découvrir *l.* à en découvrir. P. 21 l. 17. 8. l. 80. P. 22. l. 1. & 2. & s'éleve & couvre plus de terres proche des côtes. *l.* comme au contraire elle s'éleve & couvre plus de terres quand elle s'aproche des côtes. P. 52. l. 8. abonce *l.* abondance. P 60. l. 15. reservoire, *l.* reservoir. P. 61. l. 27. il se pouvoit en, *l.* il s'en pouvoit. P. 70. l. 28. salées, *l.* salés. P. 73. l. 11. veneunr, *l.* veniunt. P. 92. l. 23. chacunes, *l.* chacune. P. 108. l. 11. Ro, *l.* Roy. P. 109. l. 30. veilleux, *l.* merveilleux. P. 155. l. 2. pr, *l.* par. P. 147. l. 25. cete, *l.* cette. P. 162. l. 30. ui *l.* qui. P. 176. l. 2. sechent, *l.* sechent. P. 185. figures 16. & 17. *l.* fig. 10. & 11. P. 243. l. 11. ont des germé, *l.* ont germé. P. 243. l. 21. tant, *l.* étant P. 260. l. 21. ver. *l.* verde. P. 267. l. 30. usqu'a, *l.* jusqu'à. P. 305. l. 10. e, *l.* le. P. 317. l. 3. propre former, *l.* propre à former. P. 354. l. 12. polifique, *l.* prolifiques. P. 360. l. 25. communs, *l.* connus.

Errata du quatriéme Volume.

Page 2. lig. 31. Lobos. *lis.* Lobo. P. 3. l. 30. tèss, *l.* très. P. 11. l. 28. cuillier, *l.* cuilliere. P. 14. l. 27. tache, *l.* taches. P. 18 l. 31. molles, *l.* moulles. P. 28. l. 21. on dit, *l.* on en dt. P. 30. l. 27. Il y a en, *l.* Il y en a. P. 104. l. 22. à cause que c'est ; *l.* est. p. 113. l. 29. la, *l.* le. p. 220. l. 29. & 30. ouverts les a, *l.* ouvertes à. p. 367. l. 1. Eolipile, *l.* Eliopile. 377. l. 9. ; &, *l.* est. p. 381. l. 30. mations, *l.* matins. p. 402. l. 30. pluy, l. pluye.

www.ingramcontent.com/pod-product-compliance
Lightning Source LLC
Chambersburg PA
CBHW071855230426
43671CB00010B/1346